Dorothee Schmitz-Köster

Trobadora und Kassandra und ...
Weibliches Schreiben in der DDR

Pahl-Rugenstein

Umschlag: Reihenkonzept PRV, Hanne Seinsoth
Satz: CompuSet, Bonn
Druck: Locher GmbH, Köln

CIP-Titelaufnahme der Deutschen Bibliothek

Schmitz-Köster, Dorothee:
Trobadora und Kassandra und . . . : weibliches Schreiben in der DDR / Dorothee Schmitz-Köster. – Köln : Pahl-Rugenstein, 1989
(Kleine Bibliothek ; 539 : Frauen)
ISBN 3-7609-1304-0
NE: GT

Inhalt

Ohne

den PC von Willi und Barbara
die Unterstützung meiner Freundinnen
die Zwischenstation bei Werner
die Landschaft Tibets
die neue Wohnung
den ländlichen Fluchtpunkt bei Marianne und Olaf
wäre dieses Buch nicht entstanden

Ich danke Euch!

Das Maß für den Menschen ist nicht der Mann

Bis in die siebziger Jahre hinein wurde DDR-Literatur in der Bundesrepublik kaum rezipiert. Doch dann begann sich das Bild allmählich zu verändern - heute spielen DDR-Autoren auf dem Buchmarkt und auf den Bühnen, im Feuilleton und an den Universitäten der Bundesrepublik eine wichtige Rolle. Dabei gilt ein besonders großes Interesse den Texten von schreibenden Frauen. Christa Wolf, Irmtraud Morgner, Maxie Wander, Brigitte Reimann, Helga Königsdorf und Monika Maron sind bei uns inzwischen bekannte und vielgelesene Autorinnen. Mit ihnen und mit vielen anderen schreibenden Frauen aus der DDR beschäftigt sich die folgende Untersuchung.

Die Gründe für die veränderte Rezeption von DDR-Literatur und für das besonders große Interesse an Texten von Autorinnen sind politischer und literarischer Natur. Anfang der siebziger Jahre beginnt eine Phase außenpolitischer Entspannung, in der sich eine neue, aufgeschlossenere Haltung gegenüber der DDR entwickelt. Antikommunistische Deutungsmuster liefern keine ausreichenden Erklärungen mehr, an ihre Stelle treten zunehmend kritische Auseinandersetzung mit der DDR und eigene Urteilsbildung. Von dieser Offenheit profitiert auch die Auseinandersetzung mit DDR-Literatur.

Für das Interesse an den schreibenden Frauen spielt ein zweiter politischer Faktor eine große Rolle: die neue (westliche) Frauenbewegung. Sie macht vehement auf weibliche Leistungen - auch auf künstlerische Leistungen - aufmerksam und bezieht bei ihrer Suche nach Befreiungsmodellen auch die DDR und die Texte ihrer Autorinnen mit ein.

Ein weiterer Grund ist in der Literatur selbst zu suchen. In

Themenstellung, formaler Gestaltung und ästhetischer Konzeption zeichnen sich - gegenüber Texten von Autorinnen aus den fünfziger und sechziger Jahren - deutliche Veränderungen ab. Seit Anfang der siebziger Jahre rücken Schriftstellerinnen die »soziale Befindlichkeit der weiblichen Existenz« (Morgner 1984a:1501) in den Vordergrund; sie gestalten selbstbestimmte weibliche Lebensentwürfe und verabschieden das verordnete Modell der Frauenbefreiung, das die Berufsarbeit in den Mittelpunkt stellt. Gleichzeitig beginnt eine verstärkte Reflexion literaturtheoretischer Postulate. Die Theorie des »sozialistischen Realismus«, die vorbildhafte Figuren gestaltet sehen will und vom Autor Widerspiegelung der (objektiven) Realität verlangt, wird aufgegeben. Christa Wolf entwickelt mit dem Begriff der »subjektiven Authentizität« (DdA:781) den Ansatzpunkt für eine andere Gestaltungsweise, in der die Autorpersönlichkeit einen theoretisch legitimierten Platz erhält. Ein Ansatzpunkt, der auch für andere Autorinnen im Laufe der Jahre immer wichtiger wird.

Im Unterschied zu Texten westlicher Autorinnen, die in den siebziger Jahren erscheinen, fällt besonders die umfassende Betrachtungsweise auf. Die Autorinnen aus der DDR denken über die Grenzen traditionell weiblicher Bereiche hinaus, reflektieren auf den gesellschaftlich-politischen Kontext, entwerfen weitreichende Utopien und beginnen, die Geschichte von Frauen zu erforschen und literarisch darzustellen. »Wenn jemand sich mit Frauenproblemen beschäftigt,« erklärt Irmtraud Morgner, »so beschäftigt er sich ja mit der ganzen Gesellschaft. Es interessiert ihn der Umbruch der ganzen Gesellschaft, weil ja das Frauenproblem ein Menschheitsproblem ist.« (Morgner 1976a:44)

Kritik an männlichen Verhaltensweisen und Prinzipien nimmt zwar - ähnlich wie in den Texten westlicher Autorinnen - auch hier einen breiten Raum ein, unterscheidet sich aber in Ton und Selbstbewußtsein. Dies scheint ein weiterer Grund für die Faszination westlicher Rezipienten zu sein. Jedenfalls berichtet Irmtraud Morgner in einem Interview von Lesern aus dem Westen, die es beeindruckend fanden, »... daß ich über das Thema heiter schreibe, manchmal sogar übermütig, jedenfalls nicht verbissen. Und der Komfort, über ein Thema heiter, das heißt gelassen, gerecht nachdenken zu können, beweist ..., daß in der DDR schon wohltemperierte Beziehungen zwischen den Geschlechtern üblich sind.« (Morgner 1978:20)

Um zu verstehen, warum gerade in den siebziger Jahren so gravierende Veränderungen im Schreiben der Autorinnen stattfinden, muß der gesellschaftliche, soziale und politische Hintergrund, auf den Morgner rekurriert, einbezogen werden.

1. Frauenalltag in der DDR

Ende der sechziger, Anfang der siebziger Jahre hat sich die DDR konsolidiert; sie ist ökonomisch stabil und erfährt international immer mehr Anerkennung. In der Frauenpolitik, die von Anfang an ein große Rolle spielt, kann man Erfolge vorweisen. Das erklärte Ziel - Einbeziehung der Frauen in die Berufsarbeit - ist weitgehend erreicht, über siebzig Prozent (74,8) der Frauen zwischen fünfzehn und sechzig Jahren sind 1970 berufstätig (1980 sind es 78,1 Prozent). Etwa die Hälfte von ihnen (49,1 Prozent) hat eine berufliche Qualifikation erworben (1984 sind es 80,2 Prozent). Auf dem 8. Parteitag der SED 1971 heißt es daher auch: »... die Gleichberechtigung der Frauen (ist) in unserem Staat sowohl gesetzlich als auch im Leben weitgehend verwirklicht ...« (Protokoll Bd.1:82/83)

So wichtig das Erreichte auch ist - schon bei genauerer Betrachtung der Berufswelt entsteht der Eindruck, daß die Gleichberechtigung keineswegs »weitgehend verwirklicht« ist. Frauen nehmen (bis heute) vorwiegend untere und mittlere Positionen ein, in Leitungsfunktionen sind sie nur selten zu finden. Viele verdienen auch weniger als Männer; immer noch gibt es typische Frauenberufe (Textilindustrie, Handel, Erziehungswesen, Pflegeberufe ...), in denen das Einkommen unter dem Durchschnittsverdienst aller Berufstätigen liegt. Auch im Privatbereich besteht keine Gleichheit. Zwar werden heute über achtzig Prozent der Kinder in Krippen, Kindergärten und Kinderhorten versorgt (1970 ist der Versorgungsgrad deutlich niedriger, bei den Kleinkindern nur 29,1 Prozent). Die übrigen reproduktiven Arbeiten - Waschen, Putzen, Einkaufen usw. - werden privat erledigt. Frauen leisten über siebzig Prozent der Hausarbeit und haben damit täglich zwei 'Schichten' zu bewältigen, eine im Betrieb und eine zu Hause. Die tatsächliche Belastung reicht aber über den doppelten Zeitaufwand und die doppelte Arbeit hinaus. Die beiden 'Schichten' verlangen unterschiedliche, sich teilweise widersprechende Verhaltensweisen: Im Beruf müssen Frauen sich männlichen Strukturen anpassen, das heißt rational und sachbezogen agieren, zu Hause vorwiegend emotional und personenorientiert. Eine Situation, die von Frauen verlangt, »... wie Männer zu arbeiten und wie Frauen dazu ...« (T 438) - auf diese knappe Formel bringt Irmtraud Morgner den weiblichen Alltag.

Die schwierigen Lebensverhältnisse auf der einen und ihre offizielle Beurteilung auf der anderen Seite betrachtend, äußert Christa Wolf 1974 in einem Interview die Befürchtung, daß »... der radikale Ansatz, von dem wir ausgegangen sind (»Befreiung der Frau«), steckenzubleiben droht in der Selbstzufriedenheit über eine Vorstufe, die wir erklommen haben und von der aus neue radikale Fragestellungen uns weiterbringen müßten.« (DdA 799)

Christa Wolf klagt nicht nur eine Lösung für die Doppelbelastung der Frauen ein. Sie verweist darauf, daß der Begriff der Gleichberechtigung zu kurz greift, daß »Befreiung der Frau« weiter reicht als die Schaffung gleicher Rechte für Frauen und Männer. »Ist es denn ein Ziel der Emanzipation, kann es überhaupt erstrebenswert sein, daß die Frauen »werden wie die Männer«, also dasselbe tun dürfen, dieselben Rechte wie sie bekommen und immer mehr auch wahrnehmen können, wo doch die Männer es so sehr nötig hätten, selbst emanzipiert zu werden?« (DdA 799)

Die sozialistische Theorie - und daran erinnert Christa Wolf hier - entwirft ein Bild vom 'ganzen Menschen', von der Überwindung der Entfremdung. Diese Ziele reichen über die Adaption männlicher Normen durch die Frauen hinaus, sie meinen auch etwas anderes als eine bloße Addition der alten männlichen und weiblichen Muster. Es geht um Emanzipation: um die Aufhebung der Reduktionen, die in beiden Geschlechtsrollen enthalten sind, um die Entwicklung neuer Vorstellungen von Weiblichkeit und Männlichkeit.

Solche Gedanken über Gleichberechtigung und Emanzipation findet man in den siebziger Jahren nicht nur bei Christa Wolf. In Maxie Wanders Buch »Guten Morgen, du Schöne«, in dem Gespräche mit ganz unterschiedlichen Frauen protokolliert sind, beschreiben einige von ihnen ihre Anpassung an das männliche Muster und den Mangel, den sie dabei empfinden: »Ich habe härter gearbeitet als ein Mann, um mich durchzusetzen ... Trotzdem zweifele ich manchmal, ob alles richtig war, weil ich merke ..., daß mich das Ganze ... zuviel gekostet hat an eigener Substanz.« (GM 181)

Andere setzen die eigenen Bedürfnisse dagegen: »Ich will eine Frau sein, so wie ich mir das vorstelle und wie ich mich wohlfühle.« (GM 122)

Frauen stellen also Anfang der siebziger Jahre das offizielle Modell der gleichberechtigten Frau, das sich auf die weibliche Berufsarbeit konzentriert, immer stärker in Frage und konfrontieren es mit ihren eigenen Bedürfnissen und Vorstellungen. In diesen Prozeß sind auch die schreibenden Frauen verwickelt - sie greifen ihn in ihren Texten auf, gestalten ihn und treiben ihn damit voran.

Daß diese Auseinandersetzung gerade Anfang der siebziger Jahre in Gang kommt, liegt nicht nur daran, daß der gesellschaftliche Veränderungsprozeß zu stagnieren droht. Einen anderen Grund nennt Maxie Wander im Vorwort ihres Protokollbandes: »Konflikte werden uns erst bewußt, wenn wir uns leisten können, sie zu bewältigen.« (GM 7) Die »Vorstufe« (Wolf), die erreicht wurde, erweist sich danach als notwendige Voraussetzung für die nun anstehenden Fragestellungen.

Wie schon erwähnt, trifft die Diskussion um Gleichberechtigung und Emanzipation in der DDR zeitlich mit der gesellschaftlich-politischen Aufbruchstimmung im Westen und vor allem mit der neuen Frauenbewegung zusammen. Über Medien und persönliche Kontakte ist eine Rezeption dieser Bewegung in der DDR durchaus möglich, Impulse und Einflüsse sind nachweisbar. Die westliche Bewegung darf aber weder als

Ursache noch als Auslöser für die Auseinandersetzung in der DDR mißverstanden werden. Deren Beginn reicht weiter zurück, bereits 1968 erscheinen zwei Romane, die für die Diskussion über Gleichberechtigung und Emanzipation und für die spätere Literatur wichtig sind: Christa Wolfs »Nachdenken über Christa T.« und Irmtraud Morgners »Hochzeit in Konstantinopel«.

2. Literarische Entwicklungstendenzen

Mit Lebenssituation und politischem Bewußtsein der Frauen sind zwei Ursachen für die literarischen Veränderungen in den siebziger Jahren genannt. Eine dritte ist in der Geschichte der Literatur, besonders der Literatur von Autorinnen zu suchen. Von Anfang an haben Frauen in der SBZ bzw. DDR geschrieben und veröffentlicht, es gibt also durchaus eine Geschichte schreibender Frauen in der DDR, auch wenn davon in der offiziellen Literaturgeschichtsschreibung keine Rede ist. Diese Geschichte bildet in mehrfacher Hinsicht den Ausgangspunkt für die Veränderungen der siebziger Jahre: Hier liegen (v.a. literaturtheoretische) Wurzeln, die später aufgegriffen und weiterentwickelt werden; hier dominieren Themen und Frauenbilder, an denen sich die spätere Literatur abarbeitet; hier existiert eine Schreibweise, vor deren Hintergrund andere Verfahren diskutiert werden - Verfahren, die aber diesen Hintergrund für ihre Herausbildung benötigen.

Die wichtigsten Autorinnen, die in den ersten Jahren der SBZ bzw. DDR veröffentlichen, sind Anna Seghers, Hedda Zinner, Elfriede Brüning, Marianne Bruns, Inge von Wangenheim, Ruth Werner und Berta Waterstradt.

Die literarischen Debüts dieser ersten Autorinnen-Generation reichen in die zwanziger bzw. dreißiger Jahre zurück. Schon damals sind diese Frauen (mit Ausnahme von Marianne Bruns) Mitglieder der Kommunistischen Partei und des Bundes proletarisch-revolutionärer Schriftsteller (BPRS). In der Zeit des Faschismus, des Krieges und des Exils arbeiten einige von ihnen ausschließlich journalistisch (Zinner, Waterstradt); erst in der DDR nehmen diese Autorinnen ihre literarische Produktion wieder auf.

Die Texte aus den fünfziger Jahren sind den kulturpolitischen Vorgaben und den politischen Zielen der frühen DDR verpflichtet. Über die Gestaltung von Vorbildern will man eine demokratische Umerziehung der Menschen erreichen. Gemäß diesem Programm entwerfen die Autorinnen Frauengestalten, die um die Erfüllung des offiziellen Gleichberechtigungsmodells kämpfen. Sie gehen in den Beruf und meistern die Schwierigkeiten, die dort, vor allem aber im Privatbereich entstehen, auf vorbildliche Weise. In diesen Texten tritt die Persönlichkeit der Schreibenden in den Hintergrund, eine subjektive Perspektive fehlt weitgehend. Selbst in autobiographischen Werken steht das Verallgemeinerbare, Exemplarische im Vordergrund. In literaturtheoretischen Äußerungen von Anna Seghers ist allerdings eine gegenläufige Tendenz feststellbar. Schon im Exil betont diese Autorin die Bedeutung der Unmittelbarkeit und der individuellen Erfahrung für die künstlerische Produktion. Damit entwickelt sie eine Gegenposition zu Georg Lukács, dessen Theorie in den fünfziger und sechziger Jahren die herrschende Literaturauffassung, den »sozialistischen Realismus« prägt.

In den sechziger Jahren ändert sich an der Schreibweise der Autorinnen der ersten Generation wenig. Bei der zweiten Autorinnen-Generation, die in diesem Zeitraum zu veröffentlichen beginnt, zeichnen sich aber bereits einige Veränderungen ab. Zwar stellen Christa Wolf, Brigitte Reimann und Irmtraud Morgner in ihren Texten den Produktionsbereich und die Integration der Frauen in Beruf und Gesellschaft in den Mittelpunkt, erfüllen damit die Postulate des »Bitterfelder Weges«, einer damals aktuellen kulturpolitischen Initiative. Die Einsicht, daß diese Gesellschaft ausschließlich am männlichen Muster orientiert ist und daß Frauen sich dieser Norm anpassen (müssen), beginnt sich aber bereits abzuzeichnen.

Darüber hinaus setzt - und das ist vielleicht der wichtigste Unterschied zur ersten Generation - eine Suche nach eigenen, subjektiven Schreibweisen ein, Schreibweisen jenseits der Vorgaben des »sozialistischen Realismus«.

In den Texten, die Ende der sechziger, Anfang der siebziger Jahre erscheinen, erfolgt dann der Umbruch. Die Autorinnen der zweiten Generation, Christa Wolf, Irmtraud Morgner und Brigitte Reimann, und die beiden Debütantinnen Gerti Tetzner und Helga Schütz wenden sich in ihren Romanen von der Gestaltung vorbildlicher Figuren ab. Sie erproben stattdessen subjektive Schreibweisen und lassen ihre Protagonistinnen mit umfassenden, individuellen Lebensentwürfen experimentieren.

Den Fortgang in der Geschichte der schreibenden Frauen möchte ich an dieser Stelle kurz ergänzen.

In der zweiten Hälfte der siebziger Jahre bildet sich die dritte Autorinnen-Generation heraus. Sie beginnt mit einer detaillierten Bestandsaufnahme des weiblichen Alltags, greift dabei auf eigene, individuelle Lebenserfahrungen zurück und nutzt die Möglichkeiten subjektiver Schreibweisen. Bei vielen Autorinnen gerät der gesellschaftliche Kontext allerdings in diesen Jahren an den Rand der Betrachtungen. Das Experiment mit umfassenden, individuellen Lebensentwürfen wird nur von wenigen Autorinnen (Christine Wolter, Monika Maron) fortgesetzt. Christa Wolf entwickelt sich in dieser Zeit immer deutlicher zur 'Theoretikerin' der schreibenden Frauen. Mit ihrer Erzählung »Kein Ort. Nirgends« und den dazugehörenden Essays über Karoline von Günderrode und Bettine von Brentano/Arnim beginnt sie eine Rekonstruktion der weiblichen literarischen Tradition und eine Reflexion weiblicher Schreibweisen.

In den achtziger Jahren entwickelt sich schließlich eine vierte Autorinnen-Generation. Ihre Texte bestimmen das literarische Geschehen aber nicht in gleicher Weise, wie es die vorausgegangenen Generationen zum Zeitpunkt ihres jeweiligen Entstehens tun. Texte von älteren und jüngeren Schriftstellerinnen bilden in den achtziger Jahren vielmehr einen literarischen Kontext, in dem sich verschiedene Gestaltungsweisen abzeichnen, die quer zu den Generationen verlaufen. Ein verbindendes Interesse ist die Auseinandersetzung mit Verdrängtem: mit matriarchalen Spuren in der antiken Mythologie, mit Problemen moderner

Technologie, mit dem Tod, mit dem Alter, mit Krankheit ... Frauenbefreiung bleibt ein wichtiges Thema und ein zentrales Anliegen. Die Autorinnen konzentrieren sich aber nicht nur auf den weiblichen Alltag, sondern richten ihren Blick wieder zunehmend auf historische und gesellschaftliche Zusammenhänge. Die theoretischen Reflexionen über Schreiben und Schreibweisen werden fortgesetzt: Christa Wolf entwickelt ihre Auffassung von der »subjektiven Authentizität« weiter und leistet eine umfassende Bestimmung des »weiblichen Schreibens«.

Natürlich steht die beschriebene Entwicklung in einem Zusammenhang mit der Entwicklung der DDR-Literatur insgesamt. Diese soll in der folgenden Untersuchung aber nur am Rande einbezogen werden - auf Parallelen, Wechselbeziehungen, Abgrenzungen wird lediglich verwiesen. Die Konzentration auf Autorinnen hat ihren Grund nicht nur in dem spezifischen Erkenntnisinteresse an der Geschichte des weiblichen Schreibens. Viele Autorinnen - zum Beispiel Anna Seghers und Christa Wolf mit ihren theoretischen Überlegungen, Brigitte Reimann, Irmtraud Morgner, Christa Wolf und andere mit ihren literarischen Werken - prägen und initiieren Entwicklungen der gesamten DDR-Literatur.

Das wichtigste Beispiel einer solchen Wirkung ist Christa Wolfs »Nachdenken über Christa T.«. In der neueren Literaturwissenschaft der DDR gilt dieses Buch als »innovativer Fall«, der die »Struktur des großen Nachdenkens« zum erstenmal entfaltet (Schlenstedt 1988). Ein anderes Beispiel ist Brigitte Reimanns Erzählung »Ankunft im Alltag«, die für die frühen sechziger Jahre exemplarische Bedeutung hat. Nach diesem Text wird heute eine ganze Phase der DDR-Literatur als »Ankunftsliteratur« bezeichnet. Auch das Thema der Frauenbefreiung spielt für die DDR-Literatur insgesamt eine wichtige Rolle. In den siebziger Jahren ermutigt es nicht nur viele Frauen, zu schreiben und zu veröffentlichen, sondern weckt auch bei männlichen Autoren großes Gestaltungsinteresse. Und nicht zuletzt setzen die Texte von Autorinnen in den siebziger und achtziger Jahren eine literaturtheoretische Debatte über die Rolle des Geschlechts für die literarische Produktion in Gang.

Begriffe wie 'Frauenliteratur' und 'weibliches Schreiben' werden in der Bundesrepublik und anderen westlichen Ländern seit Mitte der siebziger Jahre intensiv und zum Teil kontrovers diskutiert. In der DDR beginnt die öffentliche Reflexion über diese Begriffe wesentlich später und vorsichtiger. Dabei werden westliche Diskurse in die Überlegungen einbezogen; Christa Wolf etwa nennt in den Frankfurter Poetik-Vorlesungen, die unter dem Titel »Voraussetzungen einer Erzählung: Kassandra« 1983 erscheinen, eine Reihe wichtiger Texte, die sie während ihrer Arbeit an der »Kassandra« liest: »Ein Zimmer für sich allein« von Virginia Woolf, »Weiblichkeit in der Schrift« von Hélène Cixous, »Die imaginierte Weiblichkeit« von Silvia Bovenschen und viele andere mehr (V 126/127).

Alle Autorinnen, die sich zur Frage einer spezifisch weiblichen Schreibweise äußern, lehnen den Begriff 'Frauenliteratur' ab und weisen eine solche Klassifizierung ihrer Texte zurück. Stellvertretend sei Irmtraud Morgner zitiert:

»Was heißt hier 'Frauenliteratur'? Literatur von weiblichen Autoren geschrieben? Literatur mit weiblichen Hauptpersonen? Literatur nur für weibliche Leser? ... Wenn der Beatriz-Roman und meine anderen Bücher nur für Frauen verständlich wären, wären sie keine Literatur und folglich auch für Frauen ungenießbar. ... Die bereits in den allgemeinen Sprachgebrauch eingegangene Bezeichnung 'Frauenliteratur' ist unsinnig - andernfalls müßte beinahe alle Literatur, die bisher geschrieben wurde - fast nur von männlichen Autoren nämlich - als 'Männerliteratur' bezeichnet werden. Unsinnig, ja, und diskriminierend natürlich auch.« (Morgner 1983:65/66)

Morgner verweist damit auf eine ganze Reihe von Problemen. Da ist zum einen die Unschärfe des Begriffs: Was »Frauenliteratur« ist oder sein könnte, ist nach wie vor unklar. Hinzu kommt die Ausschließlichkeit des Begriffs (Literatur *für* Frauen), die den künstlerischen Charakter von Literatur negiert. Kunst ist ja subjektiv-konkret und gleichzeitig allgemein. Nicht zuletzt kann der Begriff diskriminierend wirken. 'Frauenliteratur' wird häufig als Etikett verwendet, das es leicht macht, einer Auseinandersetzung mit den Texten aus dem Weg zu gehen. Der Terminus 'Frauenliteratur' diskriminiert auch deshalb, weil seine herkömmliche Verwendung immer noch durchscheint. Traditionell bezeichnet der Begriff trivialliterarische Texte, die sich speziell an Leserinnen wenden und tradierte Vorstellungen von Weiblichkeit konservieren.

In Äußerungen von Waldtraud Lewin wird ein weiteres Problem deutlich: Der Begriff 'Frauenliteratur' legt implizit eine thematische Beschränkung auf 'Frauenthemen' nahe. Waldtraut Lewins Selbstverständnis geht über eine solche Eingrenzung hinaus: »Ich schreibe Menschenliteratur. Ich schreibe viele historische Sachen, aber auch phantastische Literatur, oder Kinderbücher, oder viel über Männer und Frauen. Und alles mit dem gleichen Engagement.« (Lewin 106)

Der Begriff 'weibliches Schreiben' wird von einigen Autorinnen dagegen positiv aufgegriffen. Er dient ihnen zur Reflexion der eigenen Tätigkeit und zur Auseinandersetzung mit anderen - historischen und zeitgenössischen - Autorinnen. Die umfassendste Bestimmung findet sich bei Christa Wolf, die damit die Konzeption der »subjektiven Authentizität« konsequent weiterdenkt.

»Inwieweit gibt es wirklich 'weibliches' Schreiben? Insoweit Frauen aus historischen und biologischen Gründen eine andre Wirklichkeit erleben als Männer. Wirklichkeit anders erleben als Männer, und dies ausdrücken. Insoweit Frauen nicht zu den Herrschenden, sondern zu den Beherrschten gehören, jahrhundertelang, zu den Objekten der Objekte, Objekte zweiten Grades, oft genug Objekte von Männern, die selbst Objekte sind, also, ihrer sozialen Lage nach, unbedingt Angehörige der zweiten Kultur; insoweit sie aufhören, sich an dem Versuch abzuarbeiten, sich in die herrschenden Wahnsysteme zu integrieren. Insoweit sie, schreibend und lebend, auf Autonomie aus sind.« (V 114/115)

Die andere Wirklichkeit und die anders strukturierte Erfahrung von Frauen sind auch für Monika Maron wesentliche Kriterien für die Unterschiede zwischen schreibenden Frauen und schreibenden Männern. 'Weibliches Schreiben' »... hat mit weiblichen Gefühlsstrukturen zu tun. Es hat mit weiblichen Erfahrungen zu tun. Und die sind anders als männliche. Ob das immer so sein muß, ist eine ganz andere Frage. Aber so, wie wir jetzt leben, leben viele Frauen anders als Männer. Und vielleicht ... brechen sie zum Schreiben aus anderen Motiven auf. Sie wehren sich gegen anderes ...« (Maron 1986)

Irmtraud Morgner beobachtet bei schreibenden Frauen besondere Fähigkeiten; sie weitet ihre Beobachtungen allerdings nicht zum Begriff »weibliches Schreiben« aus. »Schriftstellerinnen nutzen, glaube ich, gewisse trainierte Fähigkeiten bei der Beschreibung beginnender Veränderungen. Jahrhundertelang waren die Frauen eingesperrt, und die Welt war so klein, daß sie ihre ganzen schöpferischen und geistigen Kräfte auf einen kleinen Kreis konzentrieren mußten. Das hat außer Verkrüppelung auch eine Tugend hervorgebracht, eine bestimmte Sensibilisierung für das Detail. Und da die Veränderungen im Verhalten der Menschen nicht spektakulär beginnen, sondern zart, ist die Fähigkeit, Nuancen zu erkennen, produktiv.« (Morgner 1978:20)

Zwei Aspekte von Christa Wolfs Bestimmung weiblichen Schreibens, die von anderen Autorinnen nicht explizit aufgegriffen werden, scheinen mir besonders wichtig: der literarische Ausdruck der »andren (weiblichen) Wirklichkeit« und das Ziel der Autonomie. Texte, die sich an männlichen Normen ausrichten und den männlichen Blick reproduzieren, können nach Christa Wolf genausowenig als Manifestation 'weiblichen Schreibens' verstanden werden wie solche Texte, die nicht nach selbstbestimmten Lebensentwürfen, nach Autonomie suchen.

Christa Wolfs Reflexionen über 'weibliches Schreiben' sind Grundlage und Kriterium der folgenden Analyse. Auch von hier aus wird noch einmal deutlich, warum ausschließlich Literatur von Autorinnen betrachtet wird.

Bei der Betrachtung von Literaturwissenschaft und Literaturkritik der DDR und ihrem Umgang mit den beiden Begriffen 'Frauenliteratur' und 'weibliches Schreiben' ergibt sich ein anderes Bild.

Als die Autorinnen in den siebziger Jahren die »soziale Befindlichkeit der weiblichen Existenz« (Morgner) in den Vordergrund stellen, ist die Reaktion auf die Texte im wesentlichen positiv. Die Kritiker sind allerdings bemüht, die Texte als sozialistische zu interpretieren und damit jeden Gedanken an westlich-feministische Einflüsse zurückzuweisen (vgl. Kaufmann 1976:187). In diesem Kontext werden auch die Begriffe 'Frauenliteratur' und 'weibliches Schreiben' kategorisch abgelehnt. In den achtziger Jahren verschiebt sich das Bild. Allgemein wird anerkennend registriert, daß »... mehr und mehr Frauen schreiben« (Hähnel/Kaufmann 1985:24), daß sie Probleme in die Literatur einbringen, die »... etwas durchaus Neues in der Psychologie unserer Literatur bedeuten« (Melchert 1987:140), und daß sie »... mit ihren Werken das internationale Interesse an der neueren DDR-Literatur auf sich gezogen (haben)« (Hähnel/Kaufmann 1985:24).

Gleichzeitig werden die Termini »Frauenroman« (Kähler 1984:177), »Frauenliteratur« (Gabler 1987:739) und »weibliches Schreiben« (Lindner 1987) immer häufiger verwendet, allerdings ohne genaue begriffliche Bestimmung. Erst 1988 bzw. 1989 erscheinen Aufsätze, in denen eine genauere Reflexion der Begriffe beginnt (Lindner, Nagelschmidt).

In der theoretischen Debatte zeichnet sich damit eine zunehmende Akzeptanz der Begrifflichkeit ab - die Abwehr verlagert sich nun auf die Literaturkritik. Wichtige Texte - zum Beispiel »Amanda«, »Kassandra« und »Voraussetzungen einer Erzählung: Kassandra« - werden zwar auch zustimmend, zum Teil sogar euphorisch rezensiert, in den Vordergrund drängen sich aber Äußerungen von Autoren, Literaturwissenschaftlern und Kulturpolitikern, die mit massiver Kritik und heftigen Angriffen nicht zurückhalten. Auf letztere soll hier kurz eingegangen werden, weil sie deutlich machen, wie heftig über Literatur und über Frauenbefreiung manchmal in der DDR gestritten wird. »Wenn ich neuerdings manche Bücher weiblicher Autoren lese, scheint mir, als ob da Emanzipation als Abkehr von Mann und Kindern, bisweilen sogar von der Gesellschaft mißverstanden wird. Ich meine, da wird kritiklos manches aus der bürgerlichen Welt hineinprojiziert.« (Panitz 1983)

Eberhard Panitz ist ein Autor, der in den siebziger Jahren

selbst einige Bücher mit dem Thema Gleichberechtigung geschrieben hat. Seine Kritik erscheint exakt zum fünfzigsten Geburtstag von Irmtraud Morgner im »Neuen Deutschland« (20./21.8.1983) - allerdings ohne ihren Namen zu nennen. Egoismus und Subjektivismus - das sind massive Vorwürfe in einer sozialistischen Gesellschaft, in der Kollektivität einen hohen Stellenwert besitzt. Mit dem Vorwurf der Männer- und Kinderfeindlichkeit deutet Panitz seinen Feminismus-Verdacht nur an (der Begriff Feminismus ist in der Alltagssprache der DDR negativ besetzt); in anderen Kritiken wird aus diesem Verdacht ein zentrale Angriffspunkt. Wilhelm Girnus, Kulturpolitiker und langjähriger Leiter der Kulturzeitschrift »Sinn und Form«, setzt sich 1983 mit Christa Wolfs »Voraussetzungen einer Erzählung: Kassandra« auseinander. Über die vierte Vorlesung, in der Christa Wolf auch die oben zitierten Reflexionen über 'weibliches Schreiben' anstellt, schreibt er:

»Dadurch aber, daß Christa Wolf untergründig das Problem der unterdrückten Frauen überdies auf mir unverständliche Weise mit dem mörderischen »Wer-Wen« verknüpft, wird dem Leser - möglicherweise ungewollt - der Eindruck suggeriert, die Geschichte sei nicht in ihrem tiefsten Grunde der Kampf zwischen Ausbeutern und Ausgebeuteten, sondern zwischen Männern und Frauen, ja noch grotesker: zwischen »männlichem« und »weiblichem« Denken, sozusagen zwischen kausalem und akausalem, rationalem und emotionalem. Daß ein so blühender Unsinn in einem sozialistischen Land das Licht der Welt erblickt, das kann doch nicht wahr sein. Daß zwischen Mann und Frau gewisse Unterschiede bestehen und immer bestehen werden - Gott sei's gedankt -, auch in der Art und Weise der Aufnahme der Welt und der Hinwendung zu ihr, können nur Schwachsinnige bestreiten, daraus aber die grundlegende Dialektik des Geschichtsprozesses herleiten zu wollen, und sei es auch nur andeutungsweise oder untergründig, hat mit der Wirklichkeit so viel zu tun wie Kaffeesatz mit dem Satz des Pythagoras.« (Girnus 1983:442/43)

Girnus reduziert die Überlegungen Christa Wolfs auf zwei Punkte: auf die Relation zwischen Klassengegensatz und Geschlechtergegensatz und auf das Verhältnis von Patriarchat und

Krieg. Er wiederholt die offizielle DDR-Interpretation der marxistischen Theorie, nach der Klassenfrage und Frauenfrage im Verhältnis von Haupt- und Nebenwiderspruch zueinander stehen - eine Interpretation, die der Frauenbefreiung nachgeordnete Bedeutung einräumt und die häufig mit der Vorstellung verbunden ist, die Lösung der Klassenfrage führe automatisch zur Lösung der Frauenfrage.

Christa Wolf wendet sich nicht nur gegen diesen Automatismus. Angesichts der weltweiten politischen und militärischen Auseinandersetzungen erkennt sie immer deutlicher, daß auch sozialistische Gesellschaften nicht automatisch friedliche Gesellschaften sind und daß zwischen patriarchalen Verhältnissen und Krieg ein Zusammenhang besteht. Auf diese Überlegungen läßt Girnus sich nicht ein, stattdessen diffamiert er Christa Wolfs Entwurf, ein Ausweg aus drohender Kriegsgefahr könne in der Überwindung männlichen Denkens und Verhaltens liegen, als »Froschperspektive«, als »politisch blind« und »naiv« (Girnus 1983:445). In einer weiteren Replik steigern sich seine Vorwürfe noch: Christa Wolf sei mit diesen Positionen keine Marxistin, keine Kommunistin mehr, sondern passe sich den »Ideen der bürgerlichen Frauenbewegung« an (Girnus 1983: 1102).

Girnus' Äußerungen müssen als Versuch verstanden werden, eine intensive Auseinandersetzung über einen Text zu verhindern, der zentrale Bedeutung für Theorie und Praxis »weiblichen Schreibens« in der DDR hat. Irmtraud Morgner, die in ihrem Roman »Amanda« ähnliche Überlegungen zur weltpolitischen Lage entwickelt wie Christa Wolf, erklärt in einem Interview die Angriffe auf diese Position: »Da rührt man eben an Tabus, die Jahrtausende alt sind ... Man muß sich da nicht wundern, und was als politisches Ressentiment erscheint oder ins Feld geführt wird, das muß unter Umständen letztlich gar nicht immer politische Gründe haben. Die Gründe werden nur in politische Kleider gehüllt und sind den Männern im einzelnen vielleicht gar nicht bewußt. Diese Art von Aggressionen, die da anfangen, gehen wohl eher im Unterbewußten vor.« (Morgner 1984b:55)

Wie ungerechtfertigt die zitierten Angriffe und Vorwürfe

sind, machen viele Äußerungen von Christa Wolf und Irmtraud Morgner deutlich. Letztere beschreibt ihre Haltung zu feministischen Positionen zum Beispiel so: »Bei uns herrscht geradezu eine Berührungsangst vor dem Wort Feminismus. Das halte ich für unsinnig. Denn was heißt das eigentlich, 'Feminismus'? Es bezeichnet allgemein eine bedeutende soziale Bewegung ... Die feministische Bewegung bedeutet für mich - und auf diesem Punkt verträgt sie sich absolut mit dem Marxismus - nichts anderes als: Um uns selber müssen wir uns selber kümmern (Brecht) ... Frauen (werden) nur soviele Rechte kriegen, wie sie sich selber erkämpfen. Geschenkt wird da nichts ... Ich verstehe also nicht, warum man vor dem Wort Feminismus so erschreckt. Es heißt für mich nicht Separatismus, es heißt nicht Männerfeindlichkeit.« (Morgner 1984b:55)

Und bei Christa Wolf findet man in den »Voraussetzungen einer Erzählung: Kassandra« zur Rolle der Männer eine Äußerung, die unmittelbar an die oben zitierte Bestimmung »weiblichen Schreibens« anschließt: »Da begegnen sie (Frauen, die auf Autonomie aus sind, DSK) dann den Männern, die auf Autonomie aus sind. Autonome Personen, Staaten und Systeme können sich gegenseitig fördern, müssen sich nicht bekämpfen wie solche, deren innere Unsicherheit und Unreife andauernd Abgrenzung und Imponiergebärden verlangen.« (V 115)

4. Zum Verfahren

Es ist unmöglich, die Fülle der Texte zu berücksichtigen, die die Autorinnen im Laufe von mehr als vierzig Jahren veröffentlicht haben. Da Frauen vor allem Prosa schreiben, liegt eine Beschränkung auf diese Gattung nahe. Die wichtigsten Autorinnen der beiden anderen Gattungen sollen hier aber zumindest erwähnt werden. In der Lyrik sind bzw. waren es: Inge Müller, die schon 1966 gestorben ist, Sarah Kirsch, die seit 1977 in der Bundesrepublik lebt*, Eva Strittmatter, Elke Erb und Gisela Steineckert; unter den jüngeren Autorinnen Gabriele Eckart,

Kerstin Hensel und Christiane Grosz. Strittmatter, Kirsch, Eckart und Grosz schreiben auch Prosatexte, die vier Autorinnen werden daher in der folgenden Analyse auftauchen. Dramatische Formen - Theaterstücke, Hörspiele, Film-Szenarien - werden von DDR-Autorinnen seltener verwendet als Prosa und Lyrik. Hier wirkt offensichtlich eine Tradition der deutschen Literaturgeschichte, in der es nur wenige Dramatikerinnen gibt, weiter.

Hedda Zinner ist die einzige, die lange Zeit vorwiegend Theaterstücke schreibt. Viele Prosa-Autorinnen verfassen aber auch Hörspiele (Helga Schubert, Daniela Dahn, Irina Liebmann), Film-Szenarien (Berta Waterstradt, Helga Schubert, Helga Schütz, Christa Müller), Theaterstücke (Elfriede Brüning, Rosemarie Schuder, Monika Maron, Beate Morgenstern), Libretti für Opern und Musicals (Waldtraut Lewin).

In den letzten fünfzehn Jahren findet man in der Prosa von Autorinnen eine große Vielfalt von Genres: Romane und Erzählungen, Geschichten und Kurzgeschichten, Kinderbücher, Biographien und Autobiographien, Essays und Feuilletons, Protokolle und Tagebücher, Reportagen und Reiseberichte. Generell soll kein Genre ausgeklammert werden, auf Feuilletons, Reportagen und Reiseberichte, Biographien, historische Romane und Kinderbücher wird jedoch nur am Rande eingegangen.

Eine qualitative Klassifizierung ist immer problematisch,

---

* An dieser Stelle ist eine kurze Anmerkung zum Begriff »DDR-Autorinnen« nötig. Obwohl die Grenzziehung nicht unproblematisch ist, werden nur solche Autorinnen in die Analyse einbezogen, die in der DDR leben (auch wenn sie dort nicht veröffentlichen können). Daher werden zum Beispiel Prosa-Texte von Sarah Kirsch, die vor ihrem Weggang in die Bundesrepublik geschrieben wurden, analysiert, spätere dagegen nicht. Bei Veröffentlichungen von Katja Lange-Müller, Christa Moog und Barbara Honigmann, die alle drei zur vierten Autorinnen-Generation zu zählen wären, ist das genannte Kriterium besonders problematisch. Alle drei lebten bereits in der Bundesrepublik, als ihr erstes Buch hier herauskam, sie haben aber vermutlich viele Geschichten noch in der DDR geschrieben. Daher wird partiell auf die Bezug genommen.

trotzdem soll sie hier als Auswahlkriterium herangezogen werden. Texte von Margarete Neumann oder Marianne Bruns, Dorothea Kleine oder Ruth Kraft, Regina Röhner oder Petra Werner (um nur einige Namen zu nennen) thematisieren zwar manchmal neue Probleme oder setzen sich mit Tabus auseinander. Sie reproduzieren aber häufig alte Weiblichkeitsmuster und tendieren in ihrer literarischen Qualität zur Unterhaltungsliteratur.

Strukturiert wird die folgende Analyse durch ein Generationen-Modell, das sich an Lebenserfahrung, an inhaltlichen und formalen Parallelen in den Texten und poetologischen Übereinstimmungen orientiert. Die Vielzahl der Autorinnen und Texte aus über vierzig Jahren läßt sich vier Generationen zuordnen. Die Frauen der ersten Generation schreiben bereits in der Weimarer Republik. Sie erleben Faschismus, Emigration und Krieg und entscheiden sich nach 1945 für ein Leben in der SBZ bzw. DDR. Die zweite Generation besteht aus Frauen, die in der Zeit von Faschismus und Krieg aufwachsen, Anfang der sechziger Jahre zu schreiben beginnen und den literarischen Umbruch in den siebziger Jahren vollziehen. Die Frauen, die zur dritten Autorinnen-Generation gehören, sind Anfang der vierziger Jahre geboren und veröffentlichen seit 1975. In den achtziger Jahren schließlich beginnt die vierte Generation zu veröffentlichen - es sind Frauen, die in der Aufbauphase der DDR geboren sind.

Die Darstellung dieser vier Generationen erfolgt allerdings nicht streng chronologisch, sondern beginnt mit dem literarischen Umbruch Ende der sechziger, Anfang der siebziger Jahre. Die Vor-Geschichte, der kein eigenständiges Kapitel gewidmet ist, wird auf zwei verschiedenen Wegen aufgearbeitet: durch Rückgriffe und Rückverweise am gegebenen Ort und durch ein Gespräch mit der Autorin Elfriede Brüning. Sie hat bereits am Ende der Weimarer Republik zu schreiben und zu veröffentlichen begonnen und ist bis heute literarisch produktiv. Am Beispiel ihrer Werk-Biographie können die verschiedenen Stationen der Literaturentwicklung in der DDR insgesamt und des weiblichen Schreibens im besonderen dezidiert verfolgt werden.

Im dritten Kapitel steht die dritte Autorinnen-Generation im Mittelpunkt. Das vierte Kapitel beschreibt die unterschiedlichen Entwicklungslinien, die sich in den achtziger Jahren abzeichnen, und ordnet ihnen die jeweiligen Autorinnen zu.

Als ganzer Mensch leben

Die zweite Autorinnen-Generation und ihre Auseinandersetzung mit der Vor-Geschichte

»Kann man aber leben, wenn ganze Teile nicht mittun?« (CT 90) - fragt Christa T., die zentrale Gestalt von Christa Wolfs »Nachdenken über Christa T.«. Was geschieht mit einem Menschen, der wichtige Bedürfnisse unterdrücken muß, der Fähigkeiten nicht entwickeln kann, der keinen Ort findet, um sie zu realisieren?

Mit diesen Fragen, die um die Selbstverwirklichung des Individuums kreisen, gibt Christa Wolf ein Thema vor, über das sie und die anderen Autorinnen in den folgenden Jahren immer wieder neu nachdenken und schreiben. Aber nicht nur thematisch markiert »Nachdenken über Christa T.« einen Neubeginn. In diesem Text, in der kleinen Erzählung »Juninachmittag« und im Essay »Lesen und Schreiben« - die alle zur gleichen Zeit entstehen - vollzieht Christa Wolf eine poetologischen Paradigmenwechsel. Sie arbeitet die zentrale Rolle des Autors/der Autorin für die literarische Produktion heraus und beginnt, diese Einsicht auch in ihrem künstlerischen Schaffen zu realisieren. Was war vorausgegangen?

1. Umkehr der Perspektive
Christa Wolfs poetischer Paradigmenwechsel

Ähnlich wie Brigitte Reimann und Irmtraud Morgner veröffentlicht Christa Wolf Anfang der sechziger Jahre ihren ersten literarischen Text, die »Moskauer Novelle« (1959 geschrieben, 1961 erschienen). In dieser Zeit arbeitet sie noch als Literaturwissenschaftlerin in einem Verlag, lektoriert und schreibt Literaturkritiken.

Die »Moskauer Novelle« beschreibt den Versuch einer jungen Deutschen, ihre individuellen Erfahrungen mit Krieg und Faschismus aufzuarbeiten und ihre persönliche Schuld zu bewältigen. Der Versuch mißlingt: Eine Wiederbegegnung mit Pawel Koschkin, ehemals russischer Soldat und nun Dolmetscher in Moskau, führt bei Vera Brauer zu einer Wiederholung des gleichen Verhaltensmusters, das sie nach Kriegsende diesem Mann gegenüber entwickelte. Auch fünfzehn Jahre später wird ihre Liebe so stark von Schuldgefühlen überlagert, daß Vera nicht in der Lage ist, ihre positiven Gefühle zu leben. Sie unterdrückt ihre Zuneigung und begreift den Verzicht als Sühne der alten Schuld. Da vernünftiges Handeln und Pflichtbewußtsein für Vera einen höheren Stellenwert haben als ihre Gefühle, löst diese Entscheidung keine Trauer, ja nicht einmal Bedauern bei ihr aus.

Politisch und historisch überhöht wird das Geschehen durch die Szenerie der Stadt Moskau - eine Stadt voll »Lebensfreude« und »Schaffensdrang«, eine Stadt mit fröhlichen, lachenden Menschen. Eine Stadt, die Vera als Sinnbild einer künftigen Gesellschaft erlebt, mit der sie sich im Einklang weiß. Diese Übereinstimmung ist ein anderer wichtiger Grund für das Fehlen von Trauer oder Verlustgefühlen.

Die Schreibweise der »Moskauer Novelle« ist voller Unstimmigkeiten. Meist schlicht und reportagehaft, arbeitet Christa Wolf immer dann, wenn es um gesellschaftliche Verallgemeinerungen geht, mit überladenen Bildern oder Idyllen. Die Figuren der Erzählung wirken häufig konstruiert, anstatt Menschen voller Widersprüche zu zeichnen, entwirft Wolf idealisierte, typisierte Gestalten.

Im Essay »Über Sinn und Unsinn von Naivität« (1973) setzt die Autorin sich noch einmal mit ihrer ersten Veröffentlichung auseinander. Sie kritisiert vor allem die Schreibweise: den »Zug zur Geschlossenheit und Perfektion in der formalen Grundstruktur« und einen »Handlungsablauf, der an das Abschnurren eines aufgezogenen Uhrwerks erinnert, obwohl doch ... die Vorgänge und Gemütsbewegungen, welche Teilen der Erzählung zugrunde liegen, an Heftigkeit und Unübersichtlichkeit nichts zu wünschen übrig ließen« (DdA 46).

Zwei Jahre nach der »Moskauer Novelle« erscheint »Der geteilte Himmel« - eine Erzählung, die einen ähnlichen Grundkonflikt thematisiert. Auch hier erlebt eine junge Frau den Widerspruch zwischen ihren Gefühlen und einem politischen und moralischen Wertsystem. Rita Seidel steht zwischen Manfred, ihrem Geliebten, der nach beruflichen und politischen Enttäuschungen die DDR verläßt, und ihrer eigenen positiven Haltung zu diesem Staat. Ein wichtiger Unterschied zu Vera Brauer liegt aber in der Reaktion Rita Seidels auf diesen Widerspruch. Die Erzählung beginnt mit Ritas Zusammenbruch, deutet sogar die Möglichkeit eines Selbstmordversuchs an, verleugnet also nicht die Schärfe des Konflikts. Allerdings - und darin ähnelt Rita Seidel der Vera Brauer doch - verläuft Ritas Entscheidung nach demselben Muster: die individuellen Bedürfnisse, die Gefühle werden zugunsten einer politischen Überzeugung aufgegeben. Diese finale Entscheidung ist in der Entwicklungsgeschichte von Rita Seidel bereits vorgezeichnet. In dem Maße, in dem sie in gesellschaftlich-politische Bezüge hineinwächst - ihr Dorf verläßt, das Lehrerstudium aufnimmt, ein Praktikum in einem Waggonwerk absolviert - drängt Rita ihre Spontaneität und Emotionalität, ihre (traditionell) weiblichen Anteile immer weiter zurück. Der Liebes-Verzicht ist Höhepunkt dieser Entwicklung. Nach einem Reflexions- und Heilungsprozeß, in dem sie ihre Entscheidung aufarbeitet, ist Rita zu einer erwachsenen, selbstbewußten, aber auch vereinseitigten, ver-männlichten Person geworden.

»Der geteilte Himmel« entsteht im Kontext der kulturpolitischen Bewegung des »Bitterfelder Weges« (1959-1964), die eine Hinwendung zu Gegenwartsthemen und eine stärkere Auseinandersetzung mit dem Bereich der materiellen Produktion postuliert. Arbeiter sollen zur literarischen Produktion angeregt werden (durch Literatur-Zirkel und Brigadetagebücher), den Autoren wird empfohlen, im Produktionsbereich Erfahrungen zu sammeln und literarisch umzusetzen. Christa Wolf betreut in Halle einen Zirkel schreibender Arbeiter und wird Mitglied einer Brigade im Waggonwerk Ammendorf. Erfahrungen, Figuren und Konflikte aus diesem Lebensbereich spielen im »Geteilten Himmel« durchaus eine Rolle - erkennbar an der politischen Sozialisation von Rita Seidel oder an der Gestaltung von Nebenfiguren. Trotzdem ist das Buch kein 'Produktionsroman' geworden. Es rückt vielmehr die individuellen und gesellschaftlichen Erfahrungen zweier Menschen in den Mittelpunkt, thematisiert das Problem des Gebraucht-Werdens, der Integration und deren Preis. Rita opfert ihre Liebe für einen Platz in dieser Gesellschaft, Manfred, der dort keinen Ort für sich finden kann, flieht den gesellschaftlichen Kontext und zieht sich enttäuscht auf sich selbst zurück.

Mit dem Motiv des Gebraucht-Werdens verweist »Der geteilte Himmel« schon auf das nächste Buch der Autorin, auf »Nachdenken über Christa T.«. Auch in der Schreibweise zeichnen sich neue Strategien ab. Die beiden Erzählebenen (eine Handlungs- und eine Reflexionsebene), die Selbsterforschung der Hauptfigur durch eine erinnernde Reflexion und die dadurch entstehende subjektive Sichtweise, der Einsatz moderner Erzählmittel (innerer Monolog, erlebte Rede) - all das bereitet die Schreibweise der späteren Texte vor.

Aber so differenziert und vielschichtig »Der geteilte Himmel« auch ist - eine typisierende, schematische Gestaltung (bei den Negativ-Figuren), eine zum Klischee neigende, unbeholfene Sprache (in den Liebesszenen), ein Ton von naiver Gläubigkeit verleihen auch diesem Text den Stellenwert einer Vor-Arbeit.

Nur wenige Jahre später entwickelt Christa Wolf in »Nachdenken über Christa T.« und den Texten, die im gleichen Zeitraum entstehen, eine eigene Schreibweise und einen eigenen theoretischen Ansatzpunkt - jenseits der Vorgaben des »sozialistischen Realismus«, jenseits des »Bitterfelder Weges«. Wegen dieser Grenzüberschreitung wird das Buch auch anfangs von der Kritik heftig abgelehnt. Und es kann erst 1973 in großer Auflage erscheinen, als der 8. Parteitag der SED (1971) und in seiner Folge der 7. Schriftstellerkongreß (1973) eine kulturpolitische Wende vollziehen, die mit den vielzitierten Sätzen von Erich Honecker so beschrieben werden kann: »Wenn man von festen Positionen des Sozialismus ausgeht, kann es meines Erachtens auf dem Gebiet von Kunst und Literatur keine Tabus geben. Das betrifft sowohl die Frage der inhaltlichen Gestaltung als auch des Stils - kurz gesagt: die Fragen dessen, was man die künstlerische Meisterschaft nennt.« (Honecker 1976:287)

Die Figur der Christa T. zeichnet sich weder durch eine Verzichtshaltung noch durch eine Integrationsleistung aus. Im Gegenteil: Christa T. besteht auf der Verantwortung, auf dem Recht des Individuums, sich 'ganz' zu entfalten, alle seine Fähigkeiten zu entwickeln und seine Bedürfnisse zu realisieren. Sie weiß, daß der Mensch verkümmert, »wenn ganze Teile nicht mittun« (CT 90) - und daß eine sozialistische Gesellschaft mit derart reduzierten Persönlichkeiten nicht möglich ist.

Das soziale System, die Weltanschauung, die politische Moral werden also in »Nachdenken über Christa T.« keineswegs ausgeklammert. Auch in diesem Buch gestaltet Christa Wolf Konflikte und Widersprüche zwischen individuellen Wünschen und gesellschaftlichen Anforderungen, auch hier arbeitet sich die Protagonistin an solchen Widersprüchen ab. Die gesellschaftlichen Ansprüche sind aber keine unbefragte Größe mehr, ihre Berechtigung und ihre Richtigkeit geraten zunehmend in die Diskussion. Ausgehend von einem grundsätzlichen Einverständnis mit der gesellschaftlichen Entwicklung und einer weitreichenden Zukunftsvision kritisiert Christa T. zum Beispiel die Forderung, sich in die »Welt der Phantasielosen«, der »Tatsachenmenschen« (CT 66) zu integrieren.

Obwohl sie die übereilte Anpassungsbereitschaft ihrer Kommilitonen ablehnt, versucht sie auch selbst eine Zeitlang, ihren »Hang zum Schauen, Träumen, Geschehenlassen« einzugrenzen, sich »zur Raison« zu bringen (CT 60). Aber anders als bei Vera Brauer oder Rita Seidel scheitert dieser Versuch, Rationalität und instrumentelles Denken zur Richtschnur des eigenen Verhaltens zu machen.

Und so begibt sich Christa T. auf die Suche nach einem Platz in dieser Gesellschaft, an dem sie so, wie sie ist, gebraucht wird: mit einem Hang zur Kontemplation, mit einer gesteigerten Sensibilität, mit einem hohen Maß an Selbstreflexion und Selbstzweifel, mit einer Neigung zum Rückzug - und mit einer Spontaneität, die andere häufig als Unzuverlässigkeit deuten.

Aber alle Lebensvarianten, die sie ausprobiert, bringen sie ihrem Ziel, »man selbst, ganz stark man selbst werden« (CT 188), nur kurze Zeit näher. Den Lehrerberuf gibt sie zweimal auf; sie kann zu viele Verhaltensweisen der Schüler - Grausamkeit, Anpassung an das, was verlangt wird - nicht ertragen und verliert zunehmend die Hoffnung, ihren Vorstellungen vom »neuen Menschen« (CT 72) in der Schule näher zu kommen. Später zieht sie sich auf die Rolle einer Ehefrau und Mutter zurück und versucht noch einmal, »Dämme zu bauen gegen unmäßige Ansprüche, phantastische Wünsche, ausschweifende Träume« (CT 154).

Anfangs erlebt sie diese Rolle als Herausforderung neuer Kräfte und Fähigkeiten, nach einer gewissen Zeit aber entsteht das Gefühl des Stillstandes, des Lebens in einem »toten Kreis« (CT 199). Obwohl sich die Zeichen eines endgültigen Scheiterns in dieser Lebenssituation immer mehr verdichten, bringt Christa T. noch einmal die Kraft auf, sich erneut auf die Suche zu machen. Kurze Zeit läßt sie sich auf eine neue Liebesbeziehung ein, verlegt sich dann aber von inneren auf äußere Abenteuer. Sie entwirft und baut ein Haus - »... eine Art Instrument, das sie benutzen wollte, um sich inniger mit dem Leben zu verbinden, ein Ort, der ihr von Grund auf vertraut war, weil sie ihn selbst hervorgebracht hatte, und von dessen Boden aus sie sich allem Fremden stellen konnte.« (CT 193)

Für Christa T. hat der Hausbau eine doppelte Funktion. Er ist ein Weg der Selbstverwirklichung (das Haus entsteht ganz nach ihren Vorstellungen) und gleichzeitig eine Möglichkeit, sich selbst einen Ort, einen Platz zu schaffen, an den sie gehört. Auf den Roman als ganzen bezogen muß der Hausbau sogar als modellhafter Entwurf einer neuen Gesellschaft verstanden werden.

Aber bevor die Pläne realisiert sind, stirbt Christa T. an Leukämie - stirbt Christa T., weil ihre Kräfte aufgebraucht sind. Das Haus bleibt unvollendet, ist aber bewohnbar.

Ein dritter Versuch, dem »toten Kreis« und der tradierten Frauenrolle zu entkommen, ist das Schreiben. Christa T. hat immer geschrieben, hat immer wieder dem »unheilbaren Hang zum Aufschreiben« (CT 108) nachgegeben, obwohl alle Anstrengungen, sich damit eine Möglichkeit der Selbstverständigung zu schaffen und gleichzeitig mit der Wirklichkeit zu verbinden, immer wieder im Entwurf steckenblieben. Die Notizen, Tagebücher und Briefe, die man nach ihrem Tod findet, zeugen von ihren Plänen und von ihrem Wunsch nach »reiner, schrecklicher Vollkommenheit« - aber auch von ihrem Selbstzweifel, von ihrer Furcht, dieser Aufgabe nicht gewachsen zu sein, nie mehr als »Halbheiten« und »Stümpereien« zustande zu bringen (CT 185). Der Widerspruch der Person, die Unbedingtheit der Wünsche auf der einen, die Angst, ihr nicht genügen zu können, auf der anderen Seite, tritt hier überdeutlich zutage.

Kurz vor ihrem Tod, als Christa T. das Schreiben intensiver als Möglichkeit der Selbstverwirklichung nutzt, gelingt ihr ein Gedicht - und damit eine kurze, einmalige Auflösung des Widerspruchs. Doch ähnlich wie beim Hausbau beginnt zur selben Zeit das Sterben. Der Roman aber formuliert die Hoffnung: »Nicht lange mehr wird an dieser Krankheit gestorben werden« (CT 231).

Die Suchbewegung der Hauptfigur wiederholt sich im Roman auf verschiedenen Ebenen. Christa Wolf erfindet eine Ich-Erzählerin, eine Freundin von Christa T., die nach deren Tod mit einer intensiven Erinnerungsarbeit beginnt, um Christa T.s wahre Gestalt zu erkennen.

Dieser Erinnerungsprozeß besteht aber nicht im Ordnen des schriftlichen Nachlasses, im Auffrischen alter Bilder, im Nacherzählen einer Biographie. Erinnern bedeutet für die Ich-Erzählerin vielmehr, sich kein endgültiges Bild von Christa T. zu machen, sondern weiterzudenken, zu erfinden, wahrheitsgetreu zu erfinden (CT 57, DdA 481) und sich selbst dazu in Beziehung zu setzen.

»Und bloß nicht vorgeben, wir täten es ihretwegen. Ein für allemal: Sie braucht uns nicht. Halten wir also fest, es ist unseretwegen, denn es scheint, wir brauchen sie.« (CT 9)

Nicht als Vorbild, fügt sie an anderer Stelle hinzu und verweist damit auf eine Gestaltungsweise, von der »Nachdenken über Christa T.« deutlich abrückt.

Diese Aufgabenstellung nimmt die Ich-Erzählerin - die übrigens eine gewisse Nähe zur Autorin aufweist - in den Erzählvorgang mit hinein. Sie schildert gemeinsame Erlebnisse, fügt authentisches Material aus dem Nachlaß ein, denkt über Christa T. nach, erfindet Teile ihrer Biographie und stellt verschiedene Varianten nebeneinander. So entsteht nicht nur ein vielschichtiges Bild von Christa T., sondern auch ein mehrschichtiger Erzählvorgang, der an einen assoziativ verlaufenden »Gedankenstrom« (DdA 31) erinnert. Er zeichnet die Suchbewegung der Ich-Erzählerin nach, macht sie im Text explizit und signalisiert damit seine Offenheit - die Möglichkeit, Christa T. immer weiterzudenken.

Durch ihre Reflexionen und Erfindungen überschreitet die Ich-Erzählerin im Roman die Rolle eines erzählenden Mediums, sie tritt als eigenständiges Individuum hervor, durch dessen subjektive Perspektive die Person der Christa T. eine Brechung erfährt - eine Brechung, die aber auch umgekehrt wirksam ist. An einigen Stellen spielt der Roman auch mit diesem Verhältnis der beiden Frauen, verwischt die Unterschiede zwischen ihnen - ein Spiel, das durch die Nähe zwischen Ich-Erzählerin und Autorin eine zusätzliche Steigerung erfährt.

2. Der Autor ist ein wichtiger Mensch
Entwurf einer neuen Prosatheorie

Nicht nur die inhaltliche Problematik, auch die Schreibweise macht Christa Wolfs Roman zum Novum in der DDR-Literatur. Der Text markiert eine deutliche Abkehr von den Postulaten des »sozialistischen Realismus« (zum Beispiel vom positiven Helden, von der Lösung der Widersprüche, von der einfachen Erzählweise) und beginnt mit der Erprobung von Erzählmitteln, die auf Wolfs Rezeption moderner Literatur verweisen (Bachmann, Frisch, Böll). Die Vielschichtigkeit des Erzählvorgangs, die Aufgabe der Chronologie, die Vermischung unterschiedlicher Textarten (reflexive und erzählende Passagen, Gedichte, Prosaskizzen etc.) - diese und andere erzählerische Mittel werden in der DDR lange als bürgerlich und formalistisch abqualifiziert. Christa Wolf beginnt schon im »Geteilten Himmel«, diese Tabus ansatzweise zu durchbrechen. Aber erst in der kleinen Erzählung »Juninachmittag« und in »Nachdenken über Christa T.« gelingt ihr eine virtuose Handhabung moderner Erzählmittel.

Mit »Nachdenken über Christa T.« und dem parallel entstehenden Essay »Lesen und Schreiben« geht Christa Wolf aber noch einen Schritt weiter. In diesen beiden Texten legt sie die praktische und theoretische Grundlage für eine Theorie des Schreibens, die sie in den folgenden Jahren immer wieder reflektiert, immer weiter vertieft und bis zum Begriff des weiblichen Schreibens entwickelt. Kern dieser Theorie ist die Kategorie der Erfahrung - ein Gegenbegriff zu »Wunschbild« und »Konstruktion« (DdA 783) - und die Betonung ihres subjektiven Moments. Damit vollzieht Wolf eine deutliche Abgrenzung von der alten Forderung nach Widerspiegelung der objektiven Realität im Kunstwerk. »Lassen wir Spiegel das Ihre tun: spiegeln. Sie können nichts anderes. Literatur und Wirklichkeit stehen sich nicht gegenüber wie Spiegel und das, was gespiegelt wird. Sie sind ineinander verschmolzen im Bewußtsein des Autors.« (DdA 496)

Schreiben, Erzählen heißt nach Wolf nichts anderes als »wahrheitsgetreu erfinden aufgrund eigener Erfahrung.« (DdA 481) Der Autor kann seine Erlebnisse, Gedanken und Gefühle, seine Fragen und Probleme nicht aus dem Erzählvorgang heraushalten - im Gegenteil, all diese Aspekte gehen in ihn ein. Diese Brechung durch die subjektive Perspektive des Autors wird - so die Beobachtungen Wolfs - in moderner Prosa auch bewußt eingesetzt: »... daß der erzählerische Raum vier Dimensionen hat; drei fiktive Koordinaten der erfundenen Figuren und die vierte, «wirkliche» des Erzählers. Das ist die Koordinate der Tiefe, der Zeitgenossenschaft, des unvermeidlichen Engagements, die nicht nur die Wahl des Stoffes, sondern auch seine Färbung bestimmt. Sich ihrer bewußt bedienen, ist die Grundmethode moderner Prosa.« (DdA 487)

Modernes Erzählen entdeckt Christa Wolf zum Beispiel bei Georg Büchner, er ist nach ihrer Auffassung einer der ersten, der »sich selbst dazugetan« hat (DdA 486). Eine andere Bezugsfigur ist Anna Seghers, mit der sich Christa Wolf schon als Literaturkritikerin intensiv beschäftigt und mit der sie später eine produktive Freundschaft verbindet. In der Zeit, in der Wolf eine eigene theoretische Konzeption entwickelt, bekommen die poetischen und theoretischen Texte von Seghers aber eine besondere Bedeutung (vgl. den Essay »Glauben an Irdisches« von 1968).

Seghers weist schon in den dreißiger Jahren in einem Briefwechsel mit Georg Lukács, dessen Ästhetik die Theorie des »sozialistischen Realismus« wesentlich geprägt hat, immer wieder auf die »aktive Arbeit des Autors« hin. Sie entwirft ein Drei-Stufen-Modell der künstlerischen Produktion: Ausgehend von einem unmittelbaren Grunderlebnis erfolge eine bewußte Verarbeitung durch den Künstler, die dann auf einer dritten Stufe zu einer »Wiedergewinnung einer reicheren, vielfältigeren Unmittelbarkeit« führe. Christa Wolf schreibt dazu: »Sie selbst (Seghers, DSK) nennt den Künstler in einem bezeichnenden Vergleich 'einzigartige, eigentümliche gesellschaftliche Verknüpfung von subjektivem und objektivem Faktor, Umschlagstelle vom Objekt zum Subjekt und wieder zum Objekt.' Dieses Bild ist dialektischer als die linear aufsteigenden 'drei Stufen'; Umschlagstelle: Austausch, wohl auch Verwandlung geistiger Güter, Zusammenprall von Eigenem und Fremdem, Spannungsfeld, Gefahrenstelle.« (DdA 303/304)

Die Betonung der künstlerischen Subjektivität, des Grunderlebnisses, der Unmittelbarkeit und die Abwehr der Lukács'schen Postulate durch Seghers sind für Christa Wolf wichtige Anknüpfungspunkte für die Entwicklung der eigenen theoretischen Konzeption.

Ein weiterer Bezugspunkt, auf den an dieser Stelle nur am Rande verwiesen werden soll, liegt in der literaturgeschichtlichen Tradition, auf die Seghers - im Unterschied zu Lukács - rekurriert. Seghers befaßt sich immer wieder mit Autoren und Autorinnen aus der Zeit der Vor- und Nachklassik, mit Büchner, Kleist, Lenz, Hölderlin, Bürger, Günderrode, die alle mit dem Problem des Scheiterns ihrer literarischen Produktion ringen. Auch in ihren literarischen Texten greift sie auf diese Tradition zurück, setzt romantische Motive ein (»Das wirkliche Blau« 1967) oder stellt Figuren dieser Epoche und ihre Schreibweise zur Debatte (»Reisebegegnung« 1973). Auf diese Traditionslinie beruft sich später auch Christa Wolf - in den Erzählungen »Unter den Linden« und »Kein Ort. Nirgends«, in den Essays über die Günderrode und über die Bettine.

So wichtig Anna Seghers für die theoretischen Entwürfe von Christa Wolf auch ist, in der literarischen Praxis zeichnet sich mit »Nachdenken über Christa T.« eine Abwendung von Seghers' künstlerischem Schaffen ab. Im Essay »Fortgesetzter Versuch« schreibt Wolf 1974: »Ihre Zeit fließt anders, trägt ihr andere Beispiele zu, geschlossenere Schicksale. Sie sah nicht nur eine andere Wirklichkeit - sie sieht auch Wirklichkeit anders. Ein pädagogischer Rückhalt in manchen ihrer Bücher ist unverkennbar ... Erschütterung soll sich nach ihrer Meinung nicht entäußern. Sie ist durch die Schule gegangen, in der man es lernt, sich zusammenzunehmen. Exaltierte Gefühle und überschießende Reaktionen mag sie nicht, auch nicht in der Kunst. In solchen Fällen gebraucht sie das Wort «übertrieben»: Das find ich übertrieben. Oder auch: arg übertrieben. Da kann man auch hören, was selten vorkommt: Das versteh ich nicht.« (DdA 344)

Eine Ausnahmestellung nimmt für Christa Wolf »Der Ausflug der toten Mädchen« ein, eine Erzählung, die Anna Seghers 1943 im mexikanischen Exil schreibt. Nicht zufällig verweist Wolf immer wieder auf sie, denn hier verarbeitet die Autorin autobiographische Erfahrungen, in einer Form, die auch diese Verarbeitung in den Text hineinnimmt. »'Der Ausflug der toten Mädchen' beschreibt nicht die Entscheidung zu leben, er *ist* die Entscheidung, er schildert nicht, sondern *ist* Genesung, ein Damm gegen die gegenwärtige Bedrohung. Traumwandlerisch fast bewegt man sich, geführt von der auch hier verhaltenen Stimme, auf jener haarschmalen Grenze zwischen Realität und Vision, in einem Bereich, der wirklicher ist als die Wirklichkeit.« (DdA 309)

Die Anwesenheit der Autorin im Text, die »subjektive Authentizität«, wie es an anderer Stelle heißt, wird für Christa Wolf zu einer Methode des Erzählens, die sie seit »Juninachmittag« und »Nachdenken über Christa T.« immer weiter entwickelt. 1974 erscheinen »drei unwahrscheinliche Geschichten« unter dem Titel »Unter den Linden«: Zwei dieser Geschichten - »Lebensansichten eines Katers« (1970) und »Selbstversuch« (1972) - wirken in ihrer Schreibweise fast wie ein Ausweichen vor der oben skizzierten poetologischen Position. Wolf selbst betrachtet sie und die Titelerzählung »Unter den Linden« (1969) als »kleine Probe auf anderen Instrumenten« (DdA 802), als Experiment mit den erzählerischen Mitteln der Romantik - dem Traum, dem Märchen, der phantastisch-surrealen Gestaltung -, das sie später nur partiell fortsetzt.

Die Erzählung »Unter den Linden« läßt sich auf »Nachdenken über Christa T.« zurückbeziehen; auch hier steht die Selbstfindung eines weiblichen Individuums im Mittelpunkt. Gleichzeitig verweist dieser Text bereits auf den Roman »Kindheitsmuster», indem er den Weg der Selbstverwirklichung als (unbewußten) Erinnerungsprozeß beschreibt. Das Liebesmotiv erfährt hier und in der Erzählung »Selbstversuch« eine Interpretation, die den Beginn der Reflexion auf die spezifisch weibliche Subjektivität markiert. In der Fähigkeit zur Liebe, der »Lust gekannt zu sein« (UdL 7) und der Möglichkeit der Selbstverwirklichung in der Liebe sieht Wolf seit dieser Zeit spezifische Varianten weiblichen Verhaltens, besondere Möglichkeiten des weiblichen Geschlechts (vgl. Kapitel 2.8)

3. Das Vergangene ist nicht tot
Christa Wolfs »Kindheitsmuster« und Helga Schütz' Jette/Julietta/Julia-Geschichten

Erinnerungsarbeit ist - ähnlich wie in »Nachdenken über Christa T.« - auch in Christa Wolfs Roman »Kindheitsmuster« (1976) inhaltliches Anliegen und strukturierendes Element. Nur arbeitet die Autorin sich nicht mehr an einer anderen Gestalt ab, die bei aller Nähe doch eine andere bleibt. In »Kindheitsmuster« richtet sich der Erinnerungsvorgang auf die erzählende Person selbst, die manchmal als Fremde (als »sie«), manchmal als unmittelbares Gegenüber (als »du«) und am Ende als »Ich« erscheint, als eine Person, die mit sich selbst identisch wird. Christa Wolf ordnet Fremdheit und Nähe unterschiedlichen Lebensphasen dieser Person zu. Die 'dritte Person' ist Nelly, das Kind und spätere junge Mädchen, das in der Zeit von Faschismus und Krieg aufwächst. In der Du-Form beschreibt der Roman die Aktivitäten und Reflexionen der erwachsenen Frau, die sich über einen langen Zeitraum mit dem Kind Nelly beschäftigt, das sie einmal gewesen ist.

Diese Anredeform »Du« verleiht dem zentralen Konflikt des Romans adäquaten Ausdruck: Die erwachsene Frau kann sich nicht als 'Ich' äußern, da sie ihre Geschichte, ihre Entwicklung vergessen, verdrängt hat. Erst als sie sich auf verschiedene Arten mit ihrer Vergangenheit auseinandersetzt, wird es ihr möglich, »Ich« zu sagen.

Abgeschlossen ist der Prozeß der Auseinandersetzung mit der eigenen Geschichte damit keineswegs - in »Kindheitsmuster« verweist Wolf an einer Stelle auf die Geschichte des Sozialismus und auf das Verdrängte in ihr. Sie kleidet diesen Hinweis in die Form eines Traumes, eines Traumes von Stalins Begräbnis, der - so stellt sich im Verlauf des Trauerzuges heraus - schon lange tot und begraben ist. »Wann ... werden wir auch darüber zu reden beginnen?« (KM 229) fragt Christa Wolf. Bis heute hat sie es in ihren Texten (noch) nicht getan.

In den Passagen, die sich der Du-Form bedienen, stellt Wolf neben das »Du« ein »Wir« und richtet damit auch an die Gleichaltrigen, die Menschen der eigenen Generation die Frage: »Wie sind wir so geworden, wie wir sind?« (DdA 826) Wolf verschweigt »an keiner Stelle, daß es sich sozusagen um Autobiographisches handelt ... Wobei dieses 'sozusagen' wichtig ist, es ist nämlich keine Identität da.«(DdA 814) Neben das Bekenntnis der eigenen Betroffenheit, der eigenen Beteiligung tritt mit dem »Wir« der Verweis auf einen kollektiven Vorgang des Vergessens, des Verdrängens der eigenen Geschichte.

In der DDR und in der DDR-Literatur ist die faschistische Vergangenheit jahrelang intensiv diskutiert worden. Ausgehend von der Frage: Wie konnte es dazu kommen? ging es um die Rolle der Ökonomie, des gesellschaftlichen Systems, der politischen Parteien - und um den Widerstand. Der Anteil der Mitläufer und Dulder blieb weitgehend ausgespart. Ihre Verhaltensweisen, ihre Anpassungsstrategien werden bis Anfang der siebziger Jahre in der Literatur nicht reflektiert. So bleibt auch eine Auseinandersetzung mit der Fortdauer solcher Verhaltensmuster und ihrer Weitergabe an die nachfolgenden Generationen ausgeklammert. An diesem Punkt setzt Christa Wolf an.

In einem Gespräch über »Kindheitsmuster« nennt sie einen individualpsychologischen Grund für die beschriebene Art der Aufarbeitung: »Und mir scheint, daß wir in bezug auf die Vergangenheit Emotionen zu weitgehend herausgefiltert haben. Die stehen neben den Erkenntnissen, man ist mit ihnen allein. Das hängt damit zusammen, daß die Einsicht, sich geirrt zu haben, leichter zu ertragen ist als Scham und daß überhaupt zutreffende Erkenntnisse nicht so schwierig zu erwerben sind wie 'richtige' Gefühle. Das eine ohne das andere macht aber merkwürdig gespaltene Menschen, wie wir sie ja um uns sehen.« (DdA 831)

Christa Wolf ist übrigens nicht die einzige, die sich Anfang der siebziger Jahre erneut dem Thema Faschismus zuwendet. Auch Jurek Becker (»Jakob der Lügner« 1968), Fred Wander (»Der siebente Brunnen« 1972), Franz Fühmann (»Zweiundzwanzig Tage oder Die Hälfte des Lebens« 1973), später Hermann Kant (»Der Aufenthalt« 1977) greifen das Thema auf. Von den schreibenden Frauen ist neben Christa Wolf Helga Schütz zu nennen, die sich bereits 1970 in ihrer ersten Veröffentlichung mit dem »gewöhnlichen« Faschismus auseinandersetzt.

In den Sie-Passagen des Romans »Kindheitsmuster«, in denen das Mädchen Nelly im Mittelpunkt steht, beschreibt auch Christa Wolf das ganz alltägliche Leben dieser Jahre. Zwar fehlen die großen Ereignisse nicht, aber die Flucht vor der Roten Armee steht gleichwertig neben dem Streit zwischen Nelly und ihrem Bruder, das Verschwinden einer geistig behinderten Verwandten neben dem Bau eines neuen Hauses, die Begegnung mit einem KZ-Häftling (eine Episode, die auch schon in »Nachdenken über Christa T.« auftaucht) neben der begeisterten Teilnahme an einem Sportfest.

Es sind nicht die Ereignisse, es sind die Verhaltensweisen, die Gefühle, die Reaktionen und ihre Entstehung, die die Erzählperson interessieren: Wie lernt Nelly lügen? Wie erfährt sie, worüber gesprochen werden darf und worüber nicht? Wie erlebt sie den ersten Verrat? Wie kommt Begeisterung zustande? Mit solchen Fragen versucht die (Du-)Erzählerin, Mustern, 'Prägungen' auf die Spur zu kommen, die bis heute unbemerkt und ungebrochen weiterwirken.

Den 'Stoff' für diese Passagen versucht sie zuerst aus der Erinnerung zu gewinnen, aber diese versagt häufiger als angenommen. So drängt sich die Frage auf: Wie funktioniert Gedächtnis? Die Erzählperson nimmt diese Frage in den Erzählvorgang mit hinein, reflektiert sie immer wieder. Auch die verschiedenen Wege, der Erinnerung 'auf die Sprünge' zu helfen - durch Dokumente, durch eine Reise in die alte Heimatstadt, die heute zu Polen gehört - werden ausführlich geschildert. Vor allem Faktischen interessiert die Erzählerin aber das Aufbrechen des Vergessens, interessieren sie die Gefühle, die sich einstellen und die Träume, weil sie aus Schichten auftauchen, die bisher durch Verdrängung unzugänglich waren.

Als weiteres Segment nimmt die Erzählperson den Schreibvorgang in den Text hinein. Vom Widerstand gegen das Schreiben ist die Rede, von den besonderen Schwierigkeiten des Anfangs, von der Titel-Suche, vom Sprach-Ekel, der sich bisweilen einstellt und von der Angst, nicht mehr schreiben zu können, die sich in einem Traum äußert.

Auch das alltägliche Leben, das die Du-Person während der Schreib-Zeit führt, findet Eingang in den Text. Politische Ereignisse, besonders der Putsch in Chile, die Entwicklung in Griechenland und Zypern spielen eine große Rolle. Die Reflexionen auf den Faschismus der Gegenwart treten in ein Spannungsverhältnis zur Auseinandersetzung mit der Vergangenheit, das beide Seiten in einem anderen Licht erscheinen läßt.

Die hier getrennt aufgeführten Elemente des Textes sind in »Kindheitsmuster« assoziativ miteinander vermischt. Der

Wechsel von der Sie- zur Du-Ebene, der Übergang von Reiseerlebnissen zum Schreibvorgang, von meditativer Reflexion zur poetischen Schilderung einer Kindheitsepisode erfolgt häufig ganz unvermittelt und scheinbar übergangslos.

Diese Methode ist ein gelungener Versuch, den »Strom der Erinnerung« auch formal zu erfassen und dem poetologischen Anspruch nach subjektiver Authentizität gerecht zu werden. Wolf selbst weist auch auf einen wirkungsästhetischen Gesichtspunkt hin. In einem Interview mit dem Literaturwissenschaftler Hans Kaufmann erklärt sie die Funktion dieser Schreibweise. Sie soll erzwingen, »... daß Gegenwart und Vergangenheit - wie sie es in uns Menschen ja andauernd tun - auch auf dem Papier sich nicht nur »treffen«, sondern aufeinander einwirken, in ihrer Bewegung aneinander gezeigt werden können. Man muß also Schreibtechniken finden (und zu erkennen geben, daß und warum man sie sucht), die es fertigbringen, die fast unauflösbaren Verschränkungen, Verbindungen und Verfestigungen, die verschiedenste Elemente unserer Entwicklung miteinander eingegangen sind, doch noch einmal zu lösen, um Verhaltensweisen, auf die wir festgelegt zu sein scheinen, zu erklären und womöglich (und wo nötig) doch noch zu ändern.« (DdA 786).

Auf den ersten Blick erscheinen die Jette-Bücher von Helga Schütz wie ein Pendant zu Christa Wolfs »Kindheitsmuster«. Auch hier stellt eine Autorin - acht Jahre jünger als Christa Wolf und von Beruf Dramaturgin - ein Mädchen in den Mittelpunkt des literarischen Geschehens, beschreibt die letzten Kriegsjahre, den Aufbruch zur Flucht, die Nachkriegszeit und spannt den Bogen dann bis in die siebziger Jahre. Früher als Wolf richtet sie ihr Interesse auf den »gewöhnlichen« Faschismus und auf seine gewöhnliche Überwindung - um dann mit der Beschreibung des gewöhnlichen Lebens einer jungen Frau in der DDR fortzufahren.

Den Rückgriff auf die Vergangenheit erklärt Helga Schütz in einem Interview so: »Die Zeit des Faschismus habe ich - als Kind - sehr intensiv erlebt. Deswegen kam ich zu diesem Thema. Erklärt wird die Zeitwahl vielleicht durch einen zweiten

Grund. Ich glaube, meine Generation ist bei uns nun wirklich die allerletzte, die erlebt hat, was Faschismus ist. Und da hat man eine gewisse Verantwortung, das letzte, das noch zu überliefern ist, wirklich zu überliefern - als katastrophales Erlebnis und als Lehre. Jede Generation hat einen eigenen Blickwinkel auf diese Zeit.« (Neues Deutschland 30.8.1973)

Helga Schütz schreibt und veröffentlicht ihre Jette-Bücher nicht in strenger Chronologie. »Vorgeschichten oder Schöne Gegend Probstein« (1970) endet mit den Plänen zur Flucht vor der Roten Armee. 1972 erscheint »Das Erdbeben bei Sangerhausen«, 1974 »Festbeleuchtung«, beide Texte schildern Ereignisse aus der Nachkriegszeit. Mit »Jette in Dresden« (in der Bundesrepublik »Mädchenrätsel«, 1977) geht Schütz noch einmal zurück in das erste Jahr nach dem Krieg. »Julia oder Erziehung zum Chorgesang« (1980, in der Bundesrepublik »Erziehung zum Chorgesang«) schließlich arbeitet die Zeit vom Ende der fünfziger Jahre bis in die Gegenwart auf.

Mit der Wahl einer kindlichen Hauptfigur und mit der Rückwendung auf die eigene Vergangenheit - denn auch bei Schütz bestehen deutliche autobiographische Bezüge - scheinen die Parallelen zwischen Schütz und Wolf aber schon erschöpft. In »Vorgeschichten« und »Jette in Dresden« konzentriert sich die Autorin vor allem auf das *äußere* Geschehen, erzählt episodenhaft von den Menschen, ihren Beziehungen untereinander, ihrer Arbeit und vom Einfluß des Faschismus, des Kriegs und des Nachkriegs auf ihr alltägliches Leben. Das Geschehen wird beinahe durchgängig aus der Perspektive der Jette geschildert - damit entsteht eine Erlebniswelt, die voller Geheimnisse und Abenteuer, aber auch voller Widersprüche und Verlogenheit ist. Das Kind deckt auf, was die Erwachsenen sich selbst und anderen nicht eingestehen, spricht aus, was verschwiegen werden soll. Im Gegensatz zu Wolfs Nelly ist Jette unangepaßt, ihre besonderen Lebensbedingungen (sie wächst bei den Großeltern auf) erlauben ihr große Handlungsspielräume, die nur durch die Schule und ihre Erziehung zur Anpassung eingeschränkt werden.

Dieser spezifische Zug der Hauptfigur erlaubt der Autorin, in »Vorgeschichten« und »Jette in Dresden« aus der kindlichen

Perspektive heraus zu erzählen und trotzdem eine kritische Haltung zum Geschehen einzunehmen. In späteren Texten bildet sich eine andere Schreibweise heraus: Helga Schütz behält zwar die kindliche Perspektive in vielen Texten noch bei, durchbricht sie aber immer wieder, indem sie explizit auf die Rolle des Erzählers, seine Konstruktionen und Erfindungen verweist, diese in zugespitzter Weise einsetzt und dadurch in Frage stellt. Der Grund für diese Veränderung liegt in der Figur der Jette, die eigentlich Julietta heißt und später Julia genannt wird. Auf die Dauer kann das Mädchen dem äußeren Anpassungsdruck und dem inneren Anpassungswunsch nämlich nicht entgehen.

In »Julia oder Erziehung zum Chorgesang« (1980) entwickelt Schütz eine komplexe Schreibweise, die an Christa Wolfs »Kindheitsmuster« erinnert. Sie arbeitet mit mehreren Zeit- und Erzählebenen, vermischt die Darstellung von Ereignissen mit Erinnerungen, Reflexionen und Träumen, verarbeitet unterschiedliche Genres (Briefe, Märchen) und setzt stilistische Mittel und Motive ein (z.B. romantische Motive), die den Roman deutlich als Produkt aus der zweiten Hälfte der siebziger Jahre kennzeichnen. In dieser Vielschichtigkeit liegt aber auch die Schwäche des Buches. Die assoziative Darstellungsweise kann hier - anders als in »Kindheitsmuster« - die Fülle nicht zu einem Ganzen zusammenfügen; häufig wirken Übergänge unmotiviert, Rückgriffe funktionslos, der Wechsel der Erzählperspektive unverständlich. Helga Schütz geht es in diesem Buch nicht mehr um den »gewöhnlichen« Faschismus, sondern um den »gewöhnlichen« Sozialismus. Die Ausbildung an der Arbeiter- und Bauernfakultät (Ende der fünfziger, Anfang der sechziger Jahre) wird für Julia zu einer harten Schule der Anpassung. Unter den Mitschülern herrscht eine starke soziale Kontrolle, im Unterricht dominiert die ideologische Ausrichtung. Um mit dieser Situation leben zu können, entwickeln die meisten ein doppeltes Gesicht. Sie passen sich an, verhalten sich opportunistisch - und entziehen sich, wenn es möglich ist. Sie fliehen in die Natur, in Schein-Welten (West-Berlin), in Liebesbeziehungen.

Auch Julia hat dieses doppelte Gesicht - sie 'singt im Chor' und rettet sich in die Liebe, zu verschiedenen Männern, später zu ihrem Sohn. »Von einem Punkt an interessierten mich Wärme mehr als Sozialismus, Liebe mehr als Klassenkampf« (J 70), erklärt sie rückblickend. Achtzehn Jahre später bricht sie aus diesem Leben aus und beginnt, sich radikal zu verweigern: Sie gibt den Beruf auf, wird Hilfsschwester in der Psychiatrie (bei Menschen, die sich nicht anpassen können), trennt sich vom Ehemann und ermutigt den Sohn und seine Freundin, die sich den schulischen Anpassungszwängen entziehen wollen.

Auf diesen Sohn hat Julia in den achtzehn Ehejahren ihr ganzes Widerspruchspotential projiziert, seine Erziehung war der einzige Akt von Un-Angepaßtheit, den sie sich zugestand. »Du bist du. Laß dir die Mützen, die Gefühle und Gedanken, laß dir Worte und dein Tun nicht von anderen aufdrängen. Mach dich zu einer Person. Zieh nicht die Hosen an, die alle tragen, und zieh auch nicht deswegen eine Hose an, weil sie niemand trägt. Sieh zu, herauszufinden, was du selber von den Dingen hältst ... Verliebe dich nicht in die Freundin der Freundin deines Freundes. Verliebe dich Hals über Kopf. Passe dich nicht an. Zieh nicht den Kopf ein. Oder doch, bitte zieh den Kopf ein, damit du nicht der Größte bist, nicht der Erste. Bleib schön in der Mitte ... (J 88/89)

Der Roman schildert Gegenwärtiges (den Ausbruch aus dem gewohnten Leben) und eine Auseinandersetzung mit der Vergangenheit: Julias Versuch, herauszufinden, wie sie von der unangepaßten Jette zu einer angepaßten Julia werden konnte. Mit dieser Fragestellung führt Helga Schütz das Anliegen von Christa Wolfs »Kindheitsmuster« - Wie sind wir so geworden, wie wir heute sind? - in aktualisierter Form fort.

Einen Weg, den die Protagonistin in Zukunft einschlagen wird, entwirft der Roman nicht. Zwar ist Julia beseelt von einer utopischen Hoffnung auf die Liebe. Realisierbar ist diese aber für sie nicht, weder mit dem patriarchalischen Ehemann, den sie verlassen hat, noch mit Gabriel, einem wiedergefundenen Jugendfreund. So setzt sie ihre Hoffnung in die nächste Generation, die das leben soll, was die Mutter nicht leben kann. Julia schreibt ihrem Sohn: »Du meinst, lieber Robert, du würdest das Risiko der ganzen Hingabe nicht fürchten, wenn nur die verdammte Not mit der Sprache nicht wäre, diese Enge. Lieber! Suche nie Rückversicherung in der Sprache.« (J 106)

Das Thema Liebe und Hingabe führt Helga Schütz 1986 in dem Roman »In Annas Namen« weiter. Dort deutet sie die Schwierigkeiten der Liebe geschlechtsspezifisch (als männliche Unfähigkeit) und politisch (als Widerspruch zwischen den beiden deutschen Staaten und ihren Systemen). Auf diesen Text, mit dem Schütz eine Abwendung von der Jette/Julietta/Julia-Gestalt vollzieht, wird an entsprechender Stelle noch einmal eingegangen.

4. Die Möglichkeit der Differenzierung Gerti Tetzners »Karen W.«

Mit Schütz' »Julia oder Erziehung zum Chorgesang« ist weit in die zweite Hälfte der siebziger Jahre vorgegriffen worden, in eine Zeit, in der die Autorinnen bereits andere Einstellungen zur weiblichen Selbstverwirklichung entwickeln als Anfang der siebziger Jahre. Kehren wir zum Anfang der siebziger Jahre zurück.

Christa Wolf hat mit Christa T. eine Gestalt entworfen, die anders ist als ihre Mitmenschen. Diese Frau paßt sich nicht den gängigen Strukturen und Mustern an, sondern ist auf der Suche nach einer eigenen, individuellen Lebensform. Christa T. stirbt, bevor sie dieses Ziel erreicht, kurz vor ihrem Tod aber ist die Möglichkeit der Selbstverwirklichung in greifbare Nähe gerückt.

Wenige Jahre später bekommt Christa T. literarische Schwestern. Andere Autorinnen entwerfen Frauengestalten, die das gleiche Ziel verfolgen, die mit ähnlichen Charakterzügen und Verhaltensweisen wie Christa T. ausgestattet sind. Karen W. ist eine dieser jüngeren Schwestern, schon der Name und der Romantitel »Karen W.« verweisen darauf.

Gerti Tetzner ist neben Helga Schütz die einzige wichtige Debütantin in diesen Jahren. Zwar veröffentlichen auch Renate Feyl und Waldtraut Lewin in dieser Zeit ihre ersten Texte, beide gewinnen aber erst in den achtziger Jahren Relevanz für die hier interessierende Fragestellung.

Der erste Entwurf zu »Karen W.« entsteht bereits 1965. Unsicherheit und Selbstzweifel lassen Gerti Tetzner die Arbeit mehrmals unterbrechen, aber immer wieder beginnt sie von neuem. Eine Zeitlang besucht sie das Literaturinstitut Johannes R. Becher in Leipzig, an dem schriftstellerisch Talentierte ausgebildet werden, und korrespondiert mit Christa Wolf über die verschiedenen Manuskriptfassungen. Nach einer neunjährigen Entstehungszeit erscheint 1974 endlich der gedruckte Roman. Aus dem Briefwechsel mit Christa Wolf, der unter anderem in deren Theorieband »Die Dimension des Autors« veröffentlicht ist, können nicht nur Rückschlüsse auf die verschiedenen Entwicklungsstadien des Manuskripts gezogen werden. Die eindringlichen, wiederholten Hinweise Christa Wolfs, Gerti Tetzner solle den eigenen Erfahrungen und Empfindungen vertrauen, solle nicht das Typische, sondern das Besondere, Individuelle herausarbeiten, zeugen zwar auch von Wolfs eigenem poetologischen Konzept, das zur gleichen Zeit entsteht. Der Briefwechsel verweist aber vor allem auf die Grundlagen von Tetzners Schreiben - eigene Erfahrungen, eigene Empfindungen - und auf den komplizierten Prozeß, den die junge Autorin durchläuft, um sich von der programmatisch vorgegebenen Schreibweise, dem »sozialistischen Realismus«, zu befreien.

Im 1974 veröffentlichten Text wird dann auch deutlich, daß Gerti Tetzner letztlich den eigenen Erfahrungen vertraut hat - ohne allerdings einen autobiographischen Roman zu schreiben. Mit der literarischen Figur der Karen W. stellt die junge Autorin eine bewußte Distanz zwischen sich und dem Text her. Im Briefwechsel mit Christa Wolf wird ein Tagebuch erwähnt, das eine wichtige Grundlage für den Roman bildet. Wolf hält es im Vergleich zu einer frühren Manuskriptfassung für »echter und erregender« (DdA 116) und rät deshalb, die Tagebuchform zu wählen. Tetzner entscheidet sich gegen diese Form und wählt mit der Erfindung einer Figur eine andere Gestaltungsweise.

Trotz dieser bewußt geschaffenen Distanz bestehen aber eine Reihe äußerer Prallelen zwischen Hauptfigur und Autorin. Wie

Karen W. ist Gerti Tetzner ursprünglich Juristin, wie diese gibt sie den Beruf auf, lebt eine Zeitlang als Hausfrau und kümmert sich vor allem um die Erziehung der Tochter.

Gleich zu Beginn formuliert Karen W. als eine zentrale Fragestellung des Romans: »wie und warum wir so geworden sind und wie wir hätten sein können.« (KW 5)

Mit diesem »wir« bezieht sie ihren Mann Peters in den Reflexionsprozeß mit ein; es geht ihr um die Auseinandersetzung mit der eigenen und mit der gemeinsamen Entwicklung. Das Buch erschöpft sich aber nicht im Nachdenken über Vergangenes, im Aufarbeiten der eigenen Geschichte; es beschreibt auch eine vorwärtsgerichtete Bewegung, schildert Aktionen, Experimente, Entwicklungen.

Karen W. wächst auf dem Lande auf, macht als erstes Mädchen des Dorfes Abitur und beginnt aus einem Schuldgefühl heraus (der Vater hat angeblich Faschisten unterstützt), Jura zu studieren. Einige Jahre arbeitet sie in diesem Beruf, gibt ihn dann aber auf. Die Verdinglichung, die menschliche Beziehungen in juristischen Kategorien erfahren, und das Schwinden des emotional-sinnlichen Bezugs machen ihr die Arbeit unerträglich.

Darüberhinaus hat sie mit Peters inzwischen eine Tochter, von deren Entwicklung sie als berufstätige Frau zu wenig miterlebt. Karen W. bleibt zu Hause, erzieht das Kind und beginnt voller Interesse, am Beruf des Mannes - er ist Historiker an der Universität - teilzunehmen. Aber auf die Dauer wird dieses Leben leer und eintönig, die Beziehung zum Partner verflacht.

Schließlich bricht die Frau aus und geht in ihr Heimatdorf (damit setzt der Roman ein). Dort versucht sie, sich über die eigene Entwicklung und über die Partnerschaft Klarheit zu verschaffen; gleichzeitig macht sie sich auf die Suche nach einer Lebensform, die den eigenen Fähigkeiten und Bedürfnissen entspricht. Eine neue Liebesbeziehung und eine neue Berufsarbeit erweisen sich aber schon nach kurzer Zeit als ungeeignet, ihre Vorstellungen und Wünsche zu erfüllen. Den weiteren Weg läßt der Roman am Ende offen: Eine Rückkehr zu Peters scheint möglich, beide Partner haben sich verändert, und der Beginn einer kontinuierlichen Berufsarbeit wird angedeutet.

Auf zwei Aspekte des Romans soll hier näher eingegangen werden: auf die gegensätzliche Figurenzeichnung von Karen und Peters und auf Karens Experiment mit unterschiedlichen Lebensmodellen.

Karen liebt Peters unter anderem deshalb, weil er ein nachdenklicher und mutiger Mensch ist: Er nimmt seine Fragen und Gedanken ernst und scheut sich nicht, sie auch nach außen zu vertreten. Als junger Menesch gibt er diese Haltung auch dann nicht auf, als er Schwierigkeiten bekommt und Sanktionen erfährt. Später machen sich aber im täglichen Arbeitsleben immer stärker Anpassung, Gleichgültigkeit und Resignation breit. Peters gibt sein Forschungsthema, das in den fünfziger Jahren Anstoß erregte (die Rolle des Individuums in der geschichtlichen Entwicklung) auf und wird zu einem routinierten, langweiligen Dozenten. Die Gleichgültigkeit des Mannes läßt auch die Partnerschaft nicht unberührt; Frau und Tochter spielen schließlich in Peters Leben nur noch eine untergeordnete Rolle. Karen gelingt es dagegen, ihre hohen Ansprüche an sich selbst und an andere über Jahre hinweg aufrechtzuerhalten. Und sie bringt auch immer wieder die Kraft auf, entsprechend zu handeln.

Mit dieser Haltung ähnelt sie Christa T. - aber nicht nur ihr. Auch in Texten anderer Autorinnen werden immer wieder Frauen gestaltet, die in Bewegung sind, die an ihren absoluten Forderungen festhalten, für ihre Realisierung kämpfen und nicht aufgeben. Partiell erinnert diese Figurenzeichnung an die Gestaltungsweise des »sozialistischen Realismus«, eine gewisse Idealisierung und Heroisierung kann nicht geleugnet werden. Durchgängig ist diese allerdings nicht: Karen W., Christa T. und ihre Schwestern sind manchmal auch schwach und widersprüchlich, letztlich also gebrochene Figuren.

Unbedingtheit, Absolutheit ist also eine wiederkehrende Charakteristik der Frauengestalten. Ihnen stehen häufig Männerfiguren gegenüber, die ihre Ansprüche aufgeben, sich an die herrschenden Gegebenheiten anpassen, resignieren und zynisch werden. Peters ist nicht der einzige, ähnlich verhalten sich in Texten von Christa Wolf Manfred Herrfurth (»Der geteilte Himmel«) und der Historiker Peter (»Unter den Linden«), in Texten von Brigitte Reimann der Bruder Uli (»Die Geschwister«) und Trojanowicz (»Franziska Linkerhand«). Auch sie waren einmal Menschen voller Hoffnungen und Träume, aber die Realität der DDR-Gesellschaft hat diese unwiederbringlich zerstört. Peters ist der einzige, der durch das Verhalten einer Frau aufgerüttelt wird und seine Anpassung noch einmal durchbrechen kann. Die anderen Männer haben endgültig resigniert.

Die Häufigkeit der Konstellation verweist darauf, daß der weiblichen Figurengestaltung eine Bedeutung zukommt, die über den einzelnen Text hinausgeht. Anfang der siebziger Jahre sehen es Frauen offensichtlich als ihre Aufgabe an, Bewegung zu initiieren, Anpassung zu durchbrechen, genuin sozialistische Ansprüche - nach Entwicklung der Persönlichkeit, nach Selbstverwirklichung, nach Glück - zu artikulieren und um ihre Realisierung zu kämpfen.

Schon früh ist das Handeln von Karen W. von der Suche nach einer ihr adäquaten Lebensform geprägt. Als junges Mädchen entscheidet sie sich gegen das vorgezeichnete Frauenleben auf dem Dorf und wird Juristin. Später gibt sie diesen Beruf auf, weil er für sie sinnlos und leer geworden ist, und lebt einige Jahre als Hausfrau und Mutter. Damit verweigert sie sich bewußt dem herrschenden Anspruch nach einem »ökonomischen oder sonstwie abrechenbaren Nutzen« (KW 36) ihres Lebens. Doch auch diese Existenzweise ist auf lange Sicht unbefriedigend; sie ist so stark an den Mann gebunden, daß dessen Anpassung, dessen Erstarrung auf die Frau zurückwirkt. Nun folgt eine Zeit der Experimente. Karen nimmt verschiedene Aushilfsarbeiten an, beginnt eine neue Liebesbeziehung - und setzt sich verstärkt mit anderen Frauen und ihrer Lebensweise auseinander.

Da ist einmal Linda, eine alte Kollegin aus Karens Zeit als Juristin. Diese Frau hat nach dem Krieg Karriere gemacht, ist von der Sekretärin zur Staatsanwältin aufgestiegen. Der Preis war der Verzicht auf das persönliche Glück, das hinter beruflichen und gesellschaftlichen Anforderungen zurückstehen mußte. Ehemann und Sohn haben Linda verlassen, sie selbst wurde mit den Jahren hart und umbarmherzig.

Da ist Marlene, die genauso alt ist wie Karen. Sie leitet eine Hühnerfabrik, lebt ohne Partner und hat zwei Kinder. Karen bewundert ihre Tüchtigkeit, ihre Kraft und ihre Selbstkontrolle, erlebt aber gleichzeitig eine Kühle und Distanz, die Marlene selbst ihren Kindern gegenüber nicht ablegt. Die dritte Frau, Ruth Merten, kommt Karens eigenen Vorstellungen am nächsten. Sie arbeitet im Kuhstall einer Landwirtschaftlichen Produktionsgenossenschaft, hat also eine sinnlich-konkrete Tätigkeit, ist Mutter von fünf Kindern und lebt in einem intakten Familienverband. Ruth Merten hat »Lachen und Traurigsein nicht verlernt« (KW 292), sie ist fähig zu Kommunikation und Freundschaft. Nur Liebe, leidenschaftliche Liebe zu einem Mann hat sie nie erfahren.

All diese Modelle führt der Roman vor, ohne mit einer Entscheidung Karens für die richtige Lebensweise zu enden. Damit legt Tetzner den Gedanken nahe, daß es gar keine vorgegebene 'richtige' Lebensweise gibt. Ihre Protagonistin jedenfalls hat begriffen, daß sie immer auf der Suche sein wird, daß sie sich die Frage nach der ihr angemessenen Lebensweise immer wieder neu stellen muß.

Gerti Tetzner geht in ihrem Roman einen Schritt weiter als Christa Wolf in »Nachdenken über Christa T.«. »Karen W.« betont das weibliche Moment, reflektiert auf unterschiedliche Lebensmodelle von *Frauen*, auf die Möglichkeiten und auf die Kosten von vorgegebenen Mustern und gelebten Varianten weiblichen Lebens. So deutlich wie kein anderes Buch zuvor lehnt dieser Roman das staatlich propagierte und geförderte Lebensmuster für Frauen ab, das den Beruf in den Mittelpunkt stellt. Karriere und starke berufliche Belastungen machen die Frauen - selbst dann, wenn sie in ihrer Arbeit Erfüllung finden - hart und distanziert und führen zu einer Unterdrückung der emotionalen, sinnlichen Anteile. Ein Rückgriff auf die tradierte Lebensweise der Mutter und Hausfrau ist aber letztlich auch nicht möglich. Der Roman denunziert diese Lebensweise aber nicht als 'bürgerlich' und 'längst überholt', weil »eine Frau als Mensch zwischen Scheuereimer und Gasherd zusammenschrumpfe und im Grunde nicht arbeite, wenn sie nur Frau und Mutter ist, weil ja ihr Leben - von außen gesehen - keinen ökonomischen oder sonstwie abrechenbaren Nutzen hat.« (KW 36) Karen W. erlebt in dieser Rolle durchaus einen Zuwachs von Fähigkeiten; und Tetzner nutzt diese Erfahrung, um die einseitige Ausrichtung ihrer Gesellschaft an ökonomischen Standards zu kritisieren - eine Kritik, die später bei anderen Autorinnen (Reimann, Maron) in einem anderen Kontext (Städtebau, Ökologie) wieder auftaucht.

Karen W. besteht auf Emotionalität, auf Kommunikation, auf Anteilnahme - all diesen traditionell Frauen zugewiesenen Verhaltensweisen, die sie verloren gehen sieht. »Diese Zeit hat Gefühlsreichtum nötiger denn je ...« (KW 292), konstatiert sie mit Blick auf die technologische Entwicklung und die Integration der Frauen in diesen Prozeß.

5. Das Modell der Superfrau
Zweiter Rückblick auf die Vor-Geschichte

Die tatsächliche Bedeutung von Tetzners Roman wird erst erkennbar, wenn dieser Text mit Werken aus den fünfziger und den frühen sechziger Jahren verglichen wird, die sich mit Frauenbefreiung auseinandersetzen.

In der frühen DDR schreiben und veröffentlichen die Autorinnen der ersten Generation - Frauen, die (in der Regel) schon in der Weimarer Republik literarisch produktiv und politisch engagiert waren. Von der faschistischen Unterdrückung befreit, aus dem Exil zurückgekehrt, stellen sie ihr Schreiben nun bewußt in den Dienst der neuen Gesellschaft, die es aufzubauen gilt. Diese neue Gesellschaft aber faßt für ihren weiblichen Teil weitreichende Veränderungen ins Auge. Gemäß der marxistischen Theorie und den dort formulierten Vorstellungen von der Gleichberechtigung sollen die Frauen in das öffentliche Leben einbezogen werden - vor allem in die Berufsarbeit, anfangs aber auch in die Politik, die Rechtsprechung etc. Zu diesem Zweck werden Förderpläne entwickelt und Quotenregelungen beschlossen, die später zum Teil wieder abgeschafft werden. Veränderungen im privaten Lebensbereich finden nicht statt. Zwar wird das weitreichende Ziel der Vergesellschaftung der Hausarbeit formuliert, aus ökonomischen Gründen und - wie heute immer deutlicher wird - auch aus patriarchalen Motiven werden diese Vorstellungen jedoch nicht realisiert. Es bleibt bei moralischen Appellen an den einzelnen, die anfallenden Arbeiten im Haus partnerschaftlich zu bewältigen.

Diese Frauenpolitik hat neben ideologischen nicht zu unterschätzende ökonomische Ursachen: Nach dem Krieg braucht die DDR alle Arbeitskräfte für den Wiederaufbau.

Die Literatur - und nicht nur die von Autorinnen - greift die genannten Ziele auf. Sie will Einstellungen und Verhaltensweisen, die an traditionellen Rollenvorstellungen orientiert sind, verändern, verfolgt also letztlich eine pädagogisch-didaktische Intention. Da sie ein Massenpublikum erreichen will, muß sie dessen Bedürfnisse und Voraussetzungen beachten. Die Masse der Leser ist aber literarisch kaum gebildet, Lesegewohnheiten und Geschmack haben sich weitgehend an Unterhaltungsliteratur entwickelt. Besonders in den fünfziger Jahren versuchen die Autorinnen, diesen Voraussetzungen in der Gestaltung von Personen und Fabel, in der Sprache und der Erzähltechnik entgegenzukommen.

Grundsätzlich vertraut man auf die Überzeugungskraft des Ideals: »Um produktiv auf den Leser einzuwirken und zugleich auf die Bedürfnisse der Leser und der sich entwickelnden Gesellschaft zu antworten, muß die Literatur über die Beschreibung der Frau in ihrer gegenwärtigen Lage hinauskommen; sie muß aufzeigen, wie die Frau in der Zukunft sein soll und sein wird.« (Herminghouse 1976:286)

Die Frau der Zukunft wird in diesen Jahren als 'Superfrau' gedacht: qualifiziert und engagiert berufstätig, politisch aktiv, glücklich verheiratet und liebevolle Mutter mehrerer Kinder. Die Superfrau ist damit eine Frau, die sich ganz in männliche Lebensbereiche hineinbegibt, ohne die traditionellen weiblichen Bezüge und Einbindungen aufzugeben.

In den fünfziger Jahren erscheinen eine ganze Reihe von Romanen, die sich mit Problemen weiblicher Gleichberechtigung auseinandersetzen - zum Beispiel Marianne Bruns' »Glück fällt nicht vom Himmel« (1954), Elfriede Brünings »Regine Haberkorn« (1955), Margarete Neumanns »Der Weg über den Acker« (1955) und »Lene Bastians Geschichte« (1956). Exemplarisch soll hier auf Elfriede Brünings »Regine Haberkorn« eingegangen werden. Der Roman schildert den Weg der Protagonistin ins Berufsleben: ihr wachsendes Interesse an der Arbeit, ihre Integration ins Arbeitskollektiv und schließlich ihre Identifikation mit der Fabrik. Schon nach kurzer Berufstätigkeit ist für Regine klar, welche Bedeutung die Arbeit für sie besitzt: »Wenn sie an die Zeit zurückdachte, in der sie noch nicht berufstätig war, konnte sie sich kaum vorstellen, womit sie sich damals den lieben langen Tag vertrieben hatte ... Sie war nicht ausgefüllt gewesen, und sie hatte sich nach einer richtigen Arbeit gesehnt. Jetzt hatte sie diese Arbeit. Ihr Leben war vielleicht schwieriger geworden - aber um nichts auf der Welt hätte sie es mit ihrem früheren Dasein vertauschen mögen.« (RH 143)

Schwierigkeiten entstehen vor allem in der Ehe Regines. Ihr Mann, der nach außen weibliche Emanzipationsbestrebungen nicht ablehnt, besteht im eigenen häuslichen Rahmen auf alten Rechten und Bequemlichkeiten und nimmt, als Regine ihm diese verweigert, eine Beziehung zu einer anderen Frau auf. Erbittert fragt sich Regine: »Sollte man nicht beides miteinander vereinbaren können: die Arbeit und ein harmonisches Familienleben? Warum machte Erwin gar nicht erst den Versuch, ihr dabei zu helfen? Warum versteifte er sich auf seinen altmodischen 'Herrenstandpunkt'«? (RH 264)

Warum diese Vereinbarung eine Aufgabe der Frau ist, hinterfragt der Roman ebensowenig wie das männliche Beharren auf dem »Herrenstandpunkt«. Beide Fragen wären der Beginn einer Auseinandersetzung mit dem vorgegebenen Modell der Frauenbefreiung - aber eine solche Auseinandersetzung fehlt in den fünfziger Jahren. Stattdessen werden die aufbrechenden Konflikte mit einem Happy End - das in der Literatur dieser Jahre obligatorisch scheint - zugedeckt. Durch den Zuspruch des Parteisekretärs und das Beispiel des Sohnes, der Regine bei der Hausarbeit unterstützt, begreift der Ehemann seinen »altmodischen Herrenstandpunkt« und beginnt sich zu ändern.

Vergleicht man ein Buch wie dieses mit Texten männlicher Autoren, so sind in Konfliktgestaltung, Fabelführung und Figurenzeichnung kaum Unterschiede festzustellen (z.B. Eduard Claudius' »Menschen an unserer Seite« 1951). Die Autorinnen betonen allerdings die Schwierigkeiten in der Organisation des alltäglichen Lebens stärker (Brüning attackiert zum Beispiel die schlechte Kinderbetreuung) und kritisieren männlich-patriarchales Verhalten Frauen gegenüber. Die männlichen Autoren neigen zu einer Verharmlosung der Probleme. Sie spielen mangelnde Unterstützung und mangelndes Zutrauen der Männer ebenso herunter wie Sticheleien und sexuelle Belästigung. Häufig haben sie selbst einen ungebrochen sexistischen Blick auf Frauen (zum Beispiel Willi Bredel in der Geschichte »Petra Harms«).

Festzuhalten ist zweierlei: Im ersten Jahrzehnt der DDR-Literatur greifen Autorinnen die offizielle Frauenpolitik auf und gestalten sie, ohne sie zu hinterfragen. Aufbrechende Konflikte und Schwierigkeiten werden als private interpretiert und immer wieder harmonisierend geglättet. Entwürfe anderer Lebensweisen existieren nicht, auch nicht bei Autorinnen, deren Texte sich in ihrer literarischen Qualität deutlich von der vorherrschenden Unterhaltungsliteratur unterscheiden (zum Beispiel die von Anna Seghers).

Die Darstellung weiblicher Befreiung als Realisierung des vorgegebenen Weges macht die Frauen letztlich zu Objekten dieses Prozesses: Nicht ihre eigenen Wünsche und Ziele sind ausschlaggebend, sondern programmatisch entwickelte, staatlich geförderte Ziele.

Eine ähnliche Lenkung kommt durch die Kategorien des »sozialistischen Realismus« zustande. Sie geben eine Gestaltungsweise vor, die der Individualität der Autorinnen kaum Entfaltungsmöglichkeiten bietet. Besonders die Orientierung auf das *Ideal* der gleichberechtigten Frau läßt dem subjektiven Erleben wenig Raum. Darüber hinaus verhindert eine plakative Figurenzeichnung die Erkundung weiblicher Subjektivität: Probleme der individuellen Veränderung, innere Widerstände und

Konflikte bleiben ausgespart oder werden - wenn es nicht anders geht - Negativfiguren zugeschrieben und damit letztlich denunziert.

6. Arbeit und Liebe
Die Autorin Brigitte Reimann und ihr Roman »Franziska Linkerhand«

Wie Gerti Tetzners »Karen W.« steht auch in Brigitte Reimanns unvollendetem Roman »Franziska Linkerhand« ein weibliches Individuum im Mittelpunkt, das mit aller Kraft versucht, sich selbst zu verwirklichen. Und auch diese Geschichte der Selbstverwirklichung orientiert sich an den Bedürfnissen und Ideen des Individuums und nicht am offiziellen Frauenbild - obwohl es in gewisser Hinsicht so scheint, als erfülle Franziska Linkerhand dieses Bild auf besonders vorbildliche Weise. Franziska kommt aus großbürgerlichem Elternhaus und durchläuft den traditionellen Entwicklungsweg einer 'höheren Tochter': Schule, Studium, Heirat, Beruf. Zeit und Gesellschaft sind aber nicht danach, aus diesen Stationen ein traditionelles Schicksal werden zu lassen. In den ersten Nachkriegsjahren streift Franziska mit dem großen Bruder und seinen Freunden herum, orientiert sich an ihnen - und gerät mit der Pubertät in eine Identitätskrise, die weit in das Erwachsenenleben hineinreicht. Sie beginnt zu studieren und entdeckt ihre leidenschaftliche Liebe und ihre Begabung für die Architektur. Aus Protest gegenüber den Eltern heiratet sie einen jungen Arbeiter, dessen körperliche Schönheit sie fasziniert. Die Ehe scheitert nach kurzer Zeit, der Mann ist unzuverlässig, trinkt und wird am Ende gewalttätig. Wieder aus Protest vollzieht sie eine gewaltsame Abnabelung von ihrem Lehrer und geht in eine Neubaustadt, den Kopf voller Ideen über die Stadt der Zukunft. Der größte Teil des Romans ist dem ersten Jahr gewidmet, das Franziska Linkerhand in Neustadt verlebt: dem Konflikt zwischen der dort vorgefundenen Realität und den eigenen Vorstellungen, der Aneignung dieser ganz anderen Welt, der langsamen Auflösung der emotionalen und sexuellen Verweigerung, die durch die Mutter und den Ehemann initiiert, längst zu ihrer zweiten Natur geworden sind.

Nicht erst in Neustadt bildet die Arbeit den Lebensmittelpunkt für Franziska Linkerhand. Architektin ist nicht nur ihr Beruf, sondern ihre Berufung; hier kann sie ihre Fähigkeiten einsetzen, ihre Bedürfnisse verwirklichen, ihre Kreativität entfalten. Damit unterscheidet sie sich deutlich von Christa T. und Karen W., die beide keinen solchen Fixpunkt haben.

Aber der Roman zeigt nicht nur diese positive Seite. Im Neustädter Arbeitsleben muß Franziska Linkerhand erfahren, daß die rein ökonomische Ausrichtung des Städtebaus Entfremdungsprozesse auslöst: bei den Architekten, deren Arbeitsprozeß simpel und monoton wird und seine schöpferische Seite verliert, bei den Bewohnern dieser Städte, die keine Form des Zusammenlebens entwickeln können, sondern mit Aggression und Gewalt auf Vereinzelung und Anonymität reagieren.

Das Bild einer menschlichen Stadt im Kopf, die Pläne für eine un-menschliche Stadt auf dem Reißbrett - dieser Widerspruch fordert Franziska Linkerhands ganze Kraft heraus. Sie kämpft selbst um minimale Verbesserungen, arbeitet in ihrer Freizeit an alternativen Entwürfen, versucht, das ästhetische Empfinden der Einwohner zu bilden, beobachtet genau, was in der Stadt geschieht und konfrontiert sich immer wieder mit den Folgen des ökonomischen Städtebaus. Mit dieser ganzheitlichen Sicht, vor allem mit ihrem Interesse an den Menschen dieser Stadt nimmt Franziska Linkerhand wesentliche Aspekte des weiblichen Sozialcharakters, des weiblichen Arbeitsvermögens, das Frauen traditionell im Privatbereich einsetzen, in die Berufsarbeit hinein.

Nach einer gewissen Zeit wird sie jedoch mutlos, verläßt die Stadt - und kehrt zurück mit der Hoffnung: »Es muß, es muß sie geben, die kluge Synthese zwischen Heute und Morgen, zwischen tristem Blockbau und heiter lebendiger Straße, zwischen dem Notwendigen und dem Schönen, und ich bin ihr auf der Spur, hochmütig und ach, wie oft, zaghaft, und eines Tages werde ich sie finden.« (FL 582)

Bauen - und das macht das Zitat überdeutlich - besitzt auch

in diesem Roman symbolische Bedeutung. Franziska Linkerhands Kampf um eine menschliche Stadt muß zugleich als Ringen um eine menschliche Gesellschaft verstanden werden, die auch andere Ziele als den ökonomischen Fortschritt und die Befriedigung materieller Bedürfnisse verfolgt.

Mit ihrer Kraft, mit ihrem Beharren auf den eigenen Ideen weist Franziska Linkerhand die gleiche Unbedingtheit auf wie Christa T. und Karen W. Zwar ist auch sie Anpassungsprozessen unterworfen, aber ihre Grundhaltung »alles zu wollen, alles sofort zu wollen« bleibt ungebrochen. Anders ihre männlichen Kollegen: Ihr Realitätssinn macht sie zynisch, läßt sie resignieren oder ihre Arbeit nur noch als Mittel zum Geldverdienen betrachten. Ein weiteres Beispiel der schon erwähnten Kontrastierung von weiblichen und männlichen Figuren!

Aber vollzieht Franziska Linkerhand mit dieser Lebensorientierung tatsächlich eine Abwendung vom offiziellen Frauenbild? Als hochqualifizierte, stark engagierte Architektin entspricht sie dem Ideal. Mit ihrem ganzheitlichen Zugang zum Arbeitsbereich geht sie aber gleichzeitig weit darüber hinaus. Das Ideal der berufstätigen Frau ist an der männlichen Berufsarbeit orientiert, Franziska Linkerhand aber entwickelt eine Arbeitsweise, die zwar die männlichen Standards erfüllt, aber entscheidend von weiblichen Qualitäten lebt. Indem sie die weiblichen Fähigkeiten in die Berufsarbeit hineinnimmt und die männliche Reduktion auf 'die Sache' mißachtet, gelingt es ihr, eine Spaltung zu überwinden, die traditionell zwischen Männern und Frauen besteht und im DDR-Frauenbild in die Frauen hineinverlagert ist (im Beruf wie ein Mann, im Privatleben wie eine Frau).

Brigitte Reimann entwirft damit ein - die Geschlechtsspezifik einbeziehendes - Bild von unentfremdeter Arbeit, das bis zu diesem Zeitpunkt in den sozialistischen Persönlichkeitstheorien nicht auftaucht. Erst kulturtheoretische Veröffentlichungen der frühen achtziger Jahre (Dölling) beginnen, ähnliche Vorstellungen zu entwickeln.

Im Privatbereich ist Franziska Linkerhands Ablehnung des offiziellen Frauenbildes von einer Radikalität, die manchmal an Selbstverleugnung grenzt. Sie hat bewußt keine Kinder und keine Familie, verweigert die Versorgung eines männlichen Partners und nimmt nur zögernd Beziehungen zu Männern auf. Die Weiblichkeit ihres Körpers versucht sie zu verleugnen, sexuelle Bedürfnisse bleiben nicht nur ungelebt - Franziska Linkerhand nimmt sie lange nicht einmal wahr. Der Roman beschreibt diese Verweigerung aber nicht als Folge des beruflichen Engagments - was zum Beispiel der Roman »Karen W.« mit der Figur der Linda nahelegt. Die körperfeindlich-puritanische Erziehung, das unsensible, ja gewalttätige männliche Verhalten, die Verunsicherung über den Begriff der Weiblichkeit - all dies führt dazu, daß Franziska Linkerhand traditionell weibliches Verhalten lange aus ihrem Privatleben verbannt.

Brigitte Reimann läßt ihre Protagonistin aber nicht in diesem Zustand verharren. Sie verwickelt Franziska Linkerhand in eine intensive Liebesbeziehung, in der sich die körperliche und seelische Erstarrung löst, in der Franziska ihre Gefühle und Bedürfnisse allmählich wahrnimmt und schließlich sogar leben kann. Der Roman beschreibt erotische Gefühle und Erlebnisse mit Bildern und Metaphern, erreicht damit eine Plastizität und Genauigkeit der Darstellung, die herrschende Tabus durchbricht. Sexualität und Erotik sind bis in die siebziger Jahre hinein kein Gegenstand in der Literatur. Noch in »Nachdenken über Christa T.« wird dieser Lebensbereich an keiner Stelle tangiert. In »Karen W.« bleibt er zwar nicht ausgeklammert, beschränkt sich aber auf Andeutungen. Erst der »Trobadora«-Roman, von dem noch die Rede sein wird, macht Sexualität zum Gegenstand einer offenen, genauen Darstellung.

Auch in der Liebe will Franziska Linkerhand »alles«, Nähe und Distanz, Hingabe und Unabhängigkeit. Der geliebte Mann, Trojanowicz, ist ein realer Mensch und eine Projektionsfläche für Franziskas männliches Wunschbild, das sie »Ben« nennt und das sich an ihrem Bruder Wilhelm orientiert. Die reale Person kann letztlich Franziskas Idealen nicht entsprechen: Trojanowicz liebt sie zwar, ist auch phantasievoll und einfühlsam, aber gleichzeitig zynisch, hart und gleichgültig, wenn es um seine eigene Person und die Hoffnung auf die Veränderbarkeit der Verhältnisse geht. Mit dieser Seite will Franziska Linkerhand sich nicht arrangieren, verändern kann sie sie nicht - also verläßt sie den Mann, obwohl sie ihn liebt.

Brigitte Reimann gibt dem Roman den Charakter eines langen Abschiedsbriefes, den Franziska an »Ben« richtet und in dem sie rückblickend ihre Entwicklung vom kleinen Mädchen zur erwachsenen Frau nachzeichnet. Mit dieser Form entwirft die Autorin eine weitere Variante der 'Struktur des Nachdenkens', die auch in »Nachdenken über Christa T.«, in »Karen W.«, in »Kindheitsmuster« und in »Julia oder Erziehung zum Chorgesang« zu finden ist. Auch hier existiert keine lineare Erzählweise, sondern eine Mischung verschiedener Erzähl- und Zeitebenen. Auktoriale Passagen, die aus der Distanz erzählen, werden immer wieder unvermittelt von direkten Hinwendungen zum Gegenüber (Ben) durchbrochen, in denen Franziska als Ich-Erzählerin auftritt, das gerade beschriebene Geschehen kommentiert, an gemeinsame Erlebnisse erinnert, diese Gemeinsamkeit beschwört und ihre Gefühle ausdrückt. Der Wechsel von Nähe und Distanz macht deutlich, daß der Abschiedsbrief auch ein Liebesbrief ist, und daß er für Franziska Linkerhand selbst eine Möglichkeit der Selbstverständigung, der Aufarbeitung der eigenen Geschichte darstellt.

Die Funktion der Selbstverständigung, der Aufarbeitung der eigenen Geschichte hat der Roman auch für seine Autorin. Mit den posthum veröffentlichten Tagebüchern und Briefen der Brigitte Reimann (»Die geliebte, die verfluchte Hoffnung« 1983) ist diese Leseart belegbar. Während der Arbeit am Buch äußert sie in einer Tagebuchnotiz, daß der Roman für sie »andeutungsweise Selbstanalyse (Befreiung?)« (GvH 310) sei. Sie verarbeitet eigene Erfahrungen und Erlebnisse: die frühe Ehe und ihren jämmerlichen Ausgang, das Leben in Hoyerswerda, einer trostlosen neuen Stadt, die Liebe zum dritten Ehemann Jon, der wie der »Ben« des Romans dem Bruder gleicht ... Brigitte Reimann erfährt sogar, daß Verhaltensweisen und Reaktionen ihrer Franziska unvermutet ihre eigenen werden: »Ich fühle mich wie gefoltert, wage mich nicht auf die Straße, manchmal kann ich nicht mehr sprechen, nur unartikuliert sprechen. Und das alles habe ich in meinem Buch geschrieben, übergenau, ohne es zu kennen - so zu kennen -, und es stimmt, es wiederholt sich an mir in grausiger Form.« (GvH 312)

»Ich habe, bevor es geschah, aufgeschrieben, was geschehen wird. Unser ganzes Unglück ist vorgezeichnet: Da steht, was ich in der Realität nicht wahrgenommen hatte. Ich weiß schon, daß der Schluß des Buches anders sein wird, als ich geplant und gehofft habe (gehofft, weil ich Franziska bin).« (GvH 316)

Eigene Erfahrungen, eigene Empfindungen sind notwendige Grundlagen literarischer Produktion - diese Einsicht wird für Brigitte Reimann während der zehnjährigen Arbeit am Roman »Franziska Linkerhand« immer unabweisbarer. In Briefen und Tagebuchnotizen berichtet sie von Debatten über diese Frage und über den »sozialistischen Realismus«: über den Begriff des positiven Helden (den sie ablehnt) und über ihren Protest gegen die (postulierte) Notwendigkeit der Fabel. Beharrlich besteht sie auf einer reflexiven Schreibweise, auf assoziativer Reihung, auf Abschweifung und Offenheit und weigert sich, aus Franziska Linkerhand eine Heldin zu machen, die optimistisch in die Zukunft weist.

Ihre Auseinandersetzung mit dem damals herrschenden Literaturverständnis vollzieht Brigitte Reimann auf sinnlich-konkrete Art: in der literarischen Produktion selbst und in Debatten mit Kollegen, Lektoren und Kritikern. Sie ist keine 'Theoretikerin' wie Christa Wolf, die mit essayistischen Reflexionen die Veränderungen des eigenen Schreibens begleitet. Dieser Unterschied - der wohl auf Temperament und Lebensweise der beiden Frauen zurückzuführen ist - erscheint angesichts der Gemeinsamkeiten gering. Beide Autorinnen kritisieren zur gleichen Zeit das vorgegebene Literaturverständnis und entwickeln eine individuelle Schreibweise.

Auch bei Brigitte Reimann deutet sich dieser Schritt schon in früheren Texten an. Die Langerzählung »Die Geschwister« (1963), die bereits viele Vorausdeutungen auf den Linkerhand-Roman enthält, greift das Thema »Weggang aus der DDR« auf und gestaltet es am Beispiel eines Geschwisterpaares: Der Bruder will fort, die Schwester versucht erfolgreich, ihn zurückzuhalten. Reimann spitzt den Konflikt noch zu, indem sie die beiden Figuren in eine so enge Beziehung zueinander setzt, daß sie manchmal wie zwei Seiten einer Person erscheinen.

Für die Autorin selbst besitzt das Thema einen unmittelbar biographischen Bezug. Im Tagebuch bzw. in einem Brief schreibt sie 1961: »Jetzt sitze ich an meinem Tisch und will die Geschichte beginnen, von der ich seit Tagen träume. »Die Geschwister«, die Geschichte von meinem Lutz-Bruder (wie sie rechtens hätte laufen müssen und in Wirklichkeit eben nicht lief) ...« (GvH 115)

In diesem Text vermischen sich damit Züge einer authentischen Schreibweise, die auf eigenem Erleben basiert, mit einer überhöhten, idealisierten Darstellung (Happy End, Wunschdenken), einem wichtigen Moment des »sozialistischen Realismus«.

»Ankunft im Alltag« ist 1961 im Kontext der Bitterfelder Bewegung entstanden, die Brigitte Reimann auch in ihrer eigenen Lebenspraxis nachvollzieht: Sie geht nach Hoyerswerda und arbeitet eine Zeitlang im Braunkohlekombinat »Schwarze Pumpe«. Der Erzählung wird bereits kurz nach Erscheinen programmatische Bedeutung zugesprochen, ihr Titel führt später zum literaturgeschichtlichen Terminus der Ankunftsliteratur. »Ankunft im Alltag« ist wie Christa Wolfs »Geteilter Himmel« die Geschichte einer Anpassung. Drei junge Menschen - zwei Jungen, ein Mädchen - lernen in einem mühsamen Prozeß, sich in die Wirklichkeit eines Betriebes und damit das Herz der Gesellschaft zu integrieren. Aber anders als bei Wolf müssen die drei keinen Preis für ihre Anpassung bezahlen. Individualität und Emotionalität sind durchaus lebbar, wenn sie aufrichtig und gesellschaftlich funktional sind.

Auch dieses Buch erfüllt eine Reihe sozialistisch-realistischer Postulate. Es gibt ein Happy End, positive Helden, eine klare (plakative) Figurenzeichnung: den Gutmütig-Aufrichtigen, den Verschlagen-Egoistischen ... Das Mädchen Recha ist differenzierter gestaltet, wird aber im wesentlichen durch seine Emotionalität und Spontaneität charakterisiert.

Die traditionelle Zuschreibung der Gefühlswelt an weibliche Figuren bestimmt Reimanns ältesten Text »Frau am Pranger« (1956) durchgängig. Die Erzählung schildert eine Liebesgeschichte zwischen der Bäuerin Kathrin und dem sowjetischen Fremdarbeiter Alexej während der letzten Kriegsjahre. Erst durch diese Liebe wird Kathrin zu einer Person. Sie gewinnt Selbstbewußtsein und Selbstvertrauen und entwickelt erste politische Gedanken, besser: Gefühle, empfindet die Grausamkeit des Krieges und die Unmenschlichkeit rassistischer Ideologie.

Die Gestalt der Kathrin erinnert stark an die Frauenfiguren von Anna Seghers. Immer wieder entwirft diese Autorin weibliche Gestalten, die selbstlos und mütterlich sind, aus dem Gefühl agieren und sich in einem engen Lebenskreis bewegen (vgl. »Das Schilfrohr«, »Agathe Schweigert« etc.). In Gefahrensituationen kann ihre bescheidene Zurückhaltung allerdings in mutiges Handeln umschlagen, die Sorge um das Wohl anderer führt zu außergewöhnlichen Verhaltensweisen. Mit diesen Frauengestalten knüpft Seghers unmittelbar an das traditionelle Verständnis von Weiblichkeit an und reproduziert es, ohne es auf seine negativen Implikationen zu reflektieren.

Die Autorin selbst hat eine solche Rolle niemals gelebt - als Intellektuelle, als politisch engagierte Frau, als Emigrantin und als Funktionärin hat sie immer ein abenteuerliches Leben geführt, hat sie immer in der Öffentlichkeit gestanden. Eingang in ihr literarisches Schaffen hat dieses Leben nur in wenigen Texten gefunden - in der schon erwähnten Erzählung »Der Ausflug der toten Mädchen«, partiell im Roman »Transit«. Die Distanz zwischen Leben und Werk, die nicht nur bei Seghers, sondern in der frühen DDR-Literatur insgesamt stark ausgeprägt ist, muß für die jüngeren Autorinnen ein entscheidendes Motiv gewesen sein, andere Schreibweisen zu entwickeln. Brigitte Reimann bewundert Anna Seghers sehr - als Person (»die herrliche Anna Seghers« (GvH 121)) und lange auch als Autorin. Als sie allerdings um eine neue, individuelle Schreibweise ringt, notiert sie 1965 in einem Brief: »Zuerst sprach Anna Seghers, eine schöne, ergreifende Rede, die mich wieder zu ihr zurückführte (ihre Geschichten in den letzten Jahren fand ich kalt und klassisch) ...« (GvH 243)

7. Der Eintritt der Frauen in die Historie
Der »Trobadora«-Roman und seine Autorin Irmtraud Morgner

Das zwiespältige Verhältnis mancher jüngeren Autorin Anna Seghers und ihrem Werk gegenüber findet bei dieser durchaus ein Pendant. Die Kritikerin und Essayistin Annemarie Auer berichtet in einem Aufsatz über Morgners »Leben und Abenteuer der Trobadora Beatriz nach Zeugnissen ihrer Spielfrau Laura« von einem Telefonat mit Anna Seghers und zitiert diese so: »'Ich habe hier ein Buch von der Irmtraud Morgner - ich kann das nicht lesen - dieses Durcheinander -. Ich habe doch nichts gegen Phantasie! Das Buch von Gabriel García Marquez »Hundert Jahre Einsamkeit«, das ist schön! Das müßt ihr lesen! Steht denn überhaupt etwas drin in dem Buch von der Irmtraud - erkläre mir, sage mir, was darin steht!' Bestürzt beeiferte ich mich, einen Gedankenfaden herauszuziehen, stotterte was von den Frauen, ihre Befreiung betreffend ... Da erst hatte ich es. Die Hochzuverehrende stieß ein dreimaliges Lachen hervor, sie spottete: 'Was du mir da erzählst, das sind die Frauenbeschlüsse der UNO. So etwas ist doch kein Buch!'« (Auer 1976:1078)

Dieses »Durcheinander« ist ein Roman in dreizehn Büchern und sieben Intermezzos, die noch einmal in kleine und kleinste Kapitel untergliedert sind; ein Roman mit einer Vielzahl von Personen und mehreren Handlungssträngen, die auf ganz unterschiedliche Art miteinander verflochten sind; ein Roman, der zusammengesetzt ist aus verschiedenen Textsorten: Prosapassagen unterschiedlicher Prägung (handlungstragenden Elementen, kleinen, selbständigen Erzählungen, Tagebucheintragungen, Selbstzitaten, Legenden, Märchen ...), Theaterszenen, Gedichten, Auszügen aus Sachtexten, Zeitungsmeldungen und Interviews.

»Operativer Montageroman« nennt Morgner selbst dieses Genre, mit dem sie sich auf das Werk des Romantikers Jean Paul bezieht. Im Roman und in Interviews erläutert sie das Genre und argumentiert mit der gesellschaftlich-politischen Entwicklung: »Die orthodoxe Romanform verlangt Festhalten an einer Konzeption über mehrere Jahre. Das kann angesichts heftiger politischer Bewegungen in der Welt und einer ungeheuerlichen Informationsflut heute nur trägen oder sturen Naturen gelingen.« (T 169/70)

Zur Offenheit gegenüber der Welt kommt die Offenheit gegenüber dem schreibenden weiblichen Subjekt: »Abgesehen vom Temperament, entspricht kurze Prosa dem gesellschaftlichen, nicht biologisch bedingten Lebensrhythmus einer gewöhnlichen Frau, die ständig von haushaltsbedingten Abhaltungen zerstreut wird. Zeitmangel und nicht berechenbare Störungen zwingen zu schnellen Würfen ohne mähliche Einstimmung ... Ein Ensemble kurzer Prosa holt die Lebensbewegung des epischen Ich deutlich ins Buch, ohne sie inhaltlich fassen zu müssen.« (T 170)

Mit dem Genre des operativen Montageromans verfolgt Morgner eine ähnliche Intention wie Christa Wolf mit ihrer Theorie der subjektiven Authentizität. Auch ihr geht es darum, dem künstlerischen Subjekt Raum zu verschaffen, seinen Stellenwert bewußt zu machen und zu verteidigen. Pointierter als Wolf hebt sie dabei auf die Formgebung ab, in der sich die eigene Erfahrung ebenso manifestiert wie in Inhalt, Ton und Haltung. Darüber hinaus ist Morgner auch die erste Autorin, die in theoretischer und literarischer Auseinandersetzung um die Rolle des künstlerischen Subjekts die Bedeutung des Geschlechts betont. Weiblichkeit (ein Kultur-, kein Naturprodukt) geht nach Morgner unmittelbar in die künstlerische Produktion ein - über die konkreten Lebensbedingungen schreibender Frauen (Zeitmangel, Doppelbelastung) und spezifisch weibliche Fähigkeiten (Sensibilität für Details, Nähe zum Phantastischen, utopische Denkweise).

Daß (weibliche) Erfahrung in der Kunstproduktion eine entscheidende Rolle spielt, wird auch Irmtraud Morgner - ähnlich wie Christa Wolf und Brigitte Reimann - erst mit zunehmender Schreiberfahrung bewußt. »In der Kunst darf man nur von Gegenständen reden, die man kennt. Das heißt, die man selbst angefaßt hat, durchlebt ... Ich mußte also lernen, daß Schreiben etwas mit persönlichen, charakterlichen Gegebenheiten, vor allem auch mit Biographie zu tun hat ... Denn die Persönlichkeit ist das einzige, was in der Literatur zählt.« (Morgner 1984a: 1509)

Morgner, die wie Christa Wolf Germanistik studiert und eine Zeitlang als Literaturkritikerin gearbeitet hat, veröffentlicht ihre erste Erzählung 1959 (»Ein Signal steht auf Fahrt«). 1961 erscheint der Roman »Ein Haus am Rand der Stadt«, 1964 die Erzählung »Notturno«. Diese frühen Texte sind geprägt von der Intention, die gängigen literarischen Muster zu erfüllen. Die Kritikerin Annemarie Auer urteilt aus einem Abstand von fünfzehn Jahren: »Ich lernte Irmtraud Morgner in ihrem zweiten Roman »Ein Haus am Rand der Stadt« (1961) kennen. Mehr noch als bei jenem unschuldsvollen ersten Erzeugnis, dessen »Milieu immerhin ein Stück von ihr« war (Morgners Vater war Lokführer, DSK), fiel das Schreibtalent der jungen Frau bei diesem zweiten »redigierbaren« Schreibversuch auf die eigene Gläubigkeit einerseits, die kurzsichtigen »Leitsätze rühriger Literaturentwickler« andererseits herein. Das Buch war gebaut nach der Schnur, sah daher ganz nach einem Roman aus. Nur waren die Konflikte läppisch, die Haltung beflissen; das Ganze, ganz beflissen, war ein derart harmloses, also unwahres - moralisch gesprochen: verlogenes - Produkt, daß ich keinen Grund sah, mich mit der Verfasserin ins Benehmen zu setzen.« (Auer 1976:1086/87)

Auch Morgner selbst fällt bereits Anfang der siebziger Jahre ein hartes Urteil. Die ersten drei Veröffentlichungen hält sie für wertlos, denn »literarische Qualität ist für mich: größtmögliche Nähe des Autors zu sich selbst.« (Morgner 1973:53)

Der Umbruch erfolgt - soweit von heute aus rekonstruierbar - mit dem Roman »Rumba auf einen Herbst« (1965). Der vollständige Text ist unveröffentlicht und inzwischen auch verloren, Morgner montiert aber Passagen in den Trobadora-Roman ein (die sieben Intermezzos). Verbindende Momente zwischen den beiden Texten sind Sprache und Stil, die bereits auf den späteren Roman verweisen, und die Personen: In »Rumba auf einen Herbst« stehen die wichtigsten Männerfiguren des Trobadora-Romans im Mittelpunkt, zwei der drei weiblichen Hauptfiguren werden erwähnt. So erzählt - aus der Perspektive des späteren Romans - »Rumba auf einen Herbst« die Vorgeschichte dieser Figuren.

Die veröffentlichten Passagen des Romans kreisen um einen Vater-Sohn-Konflikt, den Morgner durch einen Bezug zum 'Über-Vater' Stalin politisch verallgemeinert. Auch das zentrale Thema des späteren Romans - die Geschlechterfrage - klingt bereits an. Morgner beschreibt einen Rollenkonflikt zwischen einem Mann und einer Frau und beginnt, Männlichkeit als Strukturprinzip der männlichsten aller Naturwissenschaften, der Physik, zu deuten. Spätere Texte entwickeln daraus eine weitere Variante der Figurenkonstellation, die schon bei Christa Wolf, Brigitte Reimann und Gerti Tetzner auffiel: eine ironisch zugespitzte Gegenüberstellung von fanatischen Naturwissenschaftlern und Frauen aus der 'Zunft der Fahrenden'.

Die Männer Paul (aus »Hochzeit in Konstantiopel« 1968) und Hubert (aus »Gauklerlegende« 1970) interessiert nichts als ihre Arbeit, die sich durch ein hohes Maß an Abstraktheit und Distanz zu konkreten Lebensprozessen auszeichnet. Frauen spielen für sie lediglich als Ideenlieferantinnen, Zuhörerinnen und Bettgefährtinnen eine Rolle. Bele (aus »Hochzeit«) und Wanda (aus »Gauklerlegende«) lassen sich diese Zuschreibungen auf Dauer nicht gefallen. Bele versucht mit phantastisch-verrückten Geschichten, Paul auch innerlich für sich zu gewinnen; als sich aber bei Paul keine Verhaltensveränderungen abzeichnen, entschließt sie sich, diesen Mann nicht zu heiraten. Auch Wanda wählt den Weg in die Phantasie: Sie erfindet sich einen mittelalterlichen Gaukler, mit dem sie Wunder und Abenteuer erlebt, während Hubert an einer wissenschaftlichen Konferenz teilnimmt. Selbstbewußtsein und Phantasie der beiden Frauen haben ihre Wurzel in ihrer Zugehörigkeit zur 'Zunft der Fahrenden'.

Diese Zunft bestand ehemals aus Zirkus- und Jahrmarktleuten, aus Gauklern und Spielern, Dichtern und Musikern... Morgner fügt eine moderne Variante hinzu: Bele ist Straßenbahnschaffnerin, Wanda fährt einen blauen Bus der Marke Ikarus, ursprünglich wollte sie sogar fliegen. Im Trobadora-Roman entscheidet sich die Germanistin Laura für eine Arbeit als Straßenbahnfahrerin, und die Trobadora Beatriz gehört als

Minnesängerin schon im traditionellen Sinn zu dieser Zunft. Der kleine Roman »Die wundersamen Reisen Gustav des Weltfahrers« (1972) gehört ebenfalls in diesen Kontext. Die Wahl einer männlichen Hauptfigur muß allerdings als Ironisierung des Motivs verstanden werden: Der Lokführer Gustav verarbeitet seine Weltreisen als Bestätigung seiner Kleinbürgerlichkeit und seines Ordnungsfanatismus.

Die weiblichen Figuren sind Fahrende in doppeltem Sinne: Sie sind in innerer und äußerer Bewegung, voll Neugier auf Menschen und Welt, auf tatsächliche und phantastische Abenteuer - und sie erzählen davon. Auch Morgner, die sich als Kind wünschte, wie der Vater Lokführer zu werden, ist in diesem Sinne Fahrende: Neugier, Offenheit, Bewegung in realen und phantastischen Räumen kennzeichnen seit »Hochzeit in Konstantinopel« ihr Schreiben. Fahren ist also letztlich eine Freiheits-Metapher, ähnlich wie in späteren Texten anderer Autorinnen das Reisen häufig als eine solche Freiheitsmetapher verwendet wird.

»Leben und Abenteuer der Trobadora Beatriz nach Zeugnissen ihrer Spielfrau Laura« konzentriert sich nicht wie die anderen Romane dieser Jahre auf die Darstellung eines Individuums, dessen Innen- und Außenwelt sensibel und einfühlsam nachgezeichnet wird. Morgner charakterisiert ihre Figuren nur knapp, ohne deshalb plakativ zu sein. Der Einsatz satirischer Mittel bei der Figurenzeichnung hat daran entscheidenden Anteil. Statt einer Protagonistin entwirft die Autorin drei zentrale Frauenfiguren, von denen jede eine historische Dimension verkörpert: die Trobadora Beatriz die Vergangenheit, Laura Salmann die Gegenwart, Valeska Kantus die Zukunft.

Die Trobadora Beatriz de Dia ist eine mittelalterliche Minnesängerin, die tatsächlich gelebt hat. Wegen ihres normüberschreitenden Verhaltens - sie besingt einen Mann, den sie liebt - wird sie im 12. Jahrhundert zur Verrückten erklärt. Sie läßt sich von den höheren Mächten, mit denen sie in Verbindung steht (Frauen aus Mythos und Geschichte), in einen achthundertjährigen Dornröschenschlaf versetzen und hofft darauf, in einer frauenfreundlichen Gesellschaft wieder aufzuwachen. Das

Frankreich des Jahres 1968 macht diese Erwartung aber zunichte. Beatriz schöpft neue Hoffnung, als sie von der DDR, dem »gelobten Land« hört. Schon kurz nach ihrer »Ansiedlung im Paradies« erlebt sie aber neue Enttäuschungen: Die herrschenden Sitten sind keineswegs frauenfreundlich, und alle Anstrengungen, die Menschen durch Kunst zu verändern, bleiben ohne Wirkung.

In der DDR trifft Beatriz auf Laura Salmann, nach außen eine 'typische' DDR-Bürgerin: Sie ist geschieden, alleinerziehend und berufstätig. Es gelingt der Trobadora, Laura als Spielfrau anzuwerben; die beiden Frauen freunden sich an und unterstützen sich gegenseitig - Laura schreibt für die Trobadora, Beatriz hilft bei der Kinderversorgung. Den Plan, die Welt im Interesse der Frauen zu verändern, hat die Trobadora aber nicht aufgegeben; da die Kunst nicht wirksam ist, verlegt sie sich auf die Vorbereitung anarchistischer Aktionen. Darüber kommt es zwischen den beiden Frauen zu einer heftigen Strategiedebatte; Laura bezichtigt Beatriz des Linksradikalismus und plädiert selbst für schrittweise Veränderungen, denn »wer die Welt verändern will, muß Geduld haben.« (T 166)

Um die Trobadora zu beruhigen, erfindet sie ein Ablenkungsmanöver: Beatriz soll sich auf die Suche nach dem legendären Einhorn machen, dessen Gehirn, pulverisiert und dem Trinkwasser beigegeben, die Menschen »zu klugen, gütigen, friedlichen Erdenbürgern kommunistischer Überzeugung« (T 168) macht. Während Beatriz in Europa herumzieht und allmählich zu der Einsicht kommt, daß die DDR im Vergleich zu den Männergesellschaften der anderen Länder ein »Paradies für Frauen« ist, begegnet Laura auf wunderbare Weise dem idealen Mann, dem Märchenprinzen. Benno ist an Kindern interessiert, erledigt seinen Anteil an der Hausarbeit und liebt Laura außerdem. Beatriz kehrt geläutert in die DDR zurück, Laura heiratet Benno, die drei könnten friedlich zusammenleben - wenn Morgner den Konflikt nicht in Bewegung halten würde. Bei Beatriz setzt ein Prozeß der Über-Anpassung ein: Sie wird begeisterte Hausfrau und verändert ihre literarische Arbeit, indem sie auf die »Romanform der Zukunft«, den Montageroman, verzichtet und plötzlich Bitterfelder Geschichten schreibt. Laura bekommt im Gegenzug Lust auf Reisen und Abenteuer. Die höheren Mächte, die Laura auch den Märchenprinzen zugeführt haben, entrücken sei eines Nachts ins Pariser Musée de Cluny und zeigen ihr die sechs Wandteppiche der »Dame mit dem Einhorn«. Morgner interpretiert die dargestellten Szenen als Vor-Schein einer künftigen Gesellschaft, als Ausdruck der Hoffnung auf Ganzheit und Liebe - und betont das Fehlen alles Männlichen. Am Ende des Romans stürzt die Trobadora, beflügelt vom Wahlsieg der französischen Linken, beim Fensterputzen in den Tod.

Der Anpassungs- und Beruhigungsprozeß der Trobadora bildet einen deutlichen Kontrapunkt zu Frauengestalten wie Christa T., Karen W. und Franziska Linkerhand, die sich nicht mit bestehenden Verhältnissen und vorgezeichneten Entwicklungen zufriedengeben. Aber auch innerhalb des Trobadora-Romans entstehen durch die Veränderung der Trobadora Widersprüche. Sie erscheint wie eine Vertrauenserklärung gegenüber der offiziellen Politik, die unbestreitbar wichtige Maßnahmen für die Frauenbefreiung initiiert hat. Das tödliche Ende und der Protest Lauras gegen die Entwicklung der Trobadora aber verweisen auf ein Scheitern dieser abwartenden, sich bescheidenden Haltung.

Damit läßt sich an Morgners Roman sehr genau der Konflikt ablesen, der Anfang der siebziger Jahre aufbricht. Neben das Wissen, daß in der DDR Veränderungen im Interesse der Frauen stattgefunden haben, tritt die Erfahrung der Grenzen, die einer wirklichen Befreiung im Wege stehen. Morgner unternimmt im Trobadora-Roman noch einen Versuch, den Widerspruch zu versöhnen - das wird auch an der Figur der Valeska, auf die später noch eingegangen wird, deutlich.

Trotzdem zeigt der Text an einigen Stellen bestehende Grenzen in Thorie und Lebenspraxis pointiert und genau auf. Ein Beispiel ist die Auseinandersetzung mit Sexualität, in der Morgner eine Quelle von Unruhe und Produktivität erkennt: »Sexualität ist eine kostbare Unruhe, die erotische Beziehungen ermöglicht, nicht nur zu Menschen, sondern auch zu Landschaften, Tönen, Farben, Gerüchen - zu Erscheinungen dieser Welt überhaupt. Ohne sie gibt es keinen Enthusiasmus, kein

Feuer des Geistes, keinen Esprit. Kein Denker, kein Politiker, kein Wissenschaftler, kein Dichter, kein Komponist arbeitet nur mit dem Kopf. Er arbeitet als Ganzheit: der Kopf ist ein Teil seines Körpers, nicht sein Widersacher.« (Morgner 1976b: 333)

Morgner betont die Bedeutung staatlicher Maßnahmen (Streichung des Paragraphen 218, Vergabe kostenloser Verhütungsmittel) für die Befreiung der Sexualität, arbeitet aber gleichzeitig heraus, daß trotz dieser Voraussetzungen »... die Erotik bei uns die letzte Domäne der Männer (ist) ... die die Männer begreiflicherweise hartnäckig verteidigen ...« (T 112) Im Roman attackiert sie diese Domäne mit direkter Kritik an patriarchalem Sexualverhalten, mit offensiver Aneignung des männlichen Körpers und mit utopischen Entwürfen befreiter Sexualität.

Ein anderes Beispiel, das auf die Grenzen der offiziellen Befreiungsstrategie verweist, ist das weibliche Geschichtsbewußtsein. Frauengeschichte ist verschüttet und verdrängt - bis zu diesem Zeitpunkt auch in der DDR, die wenigen Ausnahmen (Hedda Zinners Roman über Louise Otto-Peters oder Marianne Bruns' Darstellung der Frauenbewegung des 19. Jahrhunderts) bestätigen die Tatsache nur. Nach Morgner kann daher weibliches Geschichtsbewußtsein über weite Strecken nur legendär sein. Mit der Trobadora, den griechischen Göttinnen (Demeter, Persephone), den Gestalten aus dem Mythos (Penthesilea) und der Fabelwelt (der schönen Melusine) entwirft sie einen legendär-historischen Horizont, in den sie facettenhaft auch real-historische Figuren wie Tamara Bunke, Alexandra Kollontai und andere 'Vorkämpferinnen', aber auch Frauen, die ein Stück DDR-Geschichte verkörpern, einfügt. Der »Amanda«-Roman (1983) erweitert diesen Horizont wenige Jahre später um ein Vielfaches.

Weibliches Geschichtsbewußtsein ist aber notwendig, damit Frauen aktiv am Entwurf der Zukunft teilnehmen können, damit sie von Objekten der Politik zu handelnden Subjekten werden. Auch diese Zukunfts-Dimension fehlt im Trobadora-Roman nicht, sie ist vor allem an die Gestalt der Valeska Kantus gebunden. Valeska ist eine leidenschaftliche und erfolgreiche Naturwissenschaftlerin, die wie ein Gegenbild zu den fanatischen männlichen Kollegen anderer Texte wirkt: Ihre Arbeit ist moralisch legitimiert und gesellschaftlich nützlich (Valeska arbeitet an der Herstellung künstlicher Nahrungsmittel, die den Hunger in der Welt beseitigen sollen) und ist nicht der einzige Lebensinhalt dieser Frau, sondern eingebettet in ein Netz sozialer Beziehungen.

Wie die Trobadora findet sich Valeska mit den gegebenen Verhältnissen ab: mit der Doppelbelastung, mit Männern, deren Verhalten und Gefühle von den alten Rollenklischees bestimmt sind. Die Problematik dieses Verhaltens ist ihr durchaus bewußt: »Wenn ich historisch gerecht sein will, darf ich dir (dem Mann, DSK) deine sittlichen Gewohnheiten nicht persönlich anlasten, sie sind die allgemein herrschenden. Unserem Staat darf ich sie aber auch nicht anlasten, sonst ist mir die Sicht verstellt für die großen Verbesserungen, die er gesetzlich in nur fünfundzwanzig Jahren durchgesetzt hat, das heißt, ich muß mich prinzipiell mit meiner Lage abfinden. Und das tu ich ja auch, niemand kann aus der Historie austreten, ich finde mich ab. Aber nicht passiv. Das wäre mein Ende.« (T 218)

Als 'aktives Abfinden' versteht Valeska die phantastisch-utopischen Geschichten, die sie in ihrer Freizeit schreibt. Die literarische Produktion versetzt sie in eine »utopische Spannung«, aus der ihr Arbeitsfähigkeit, Kreativität und Optimismus zuwachsen. Daß ein solches Leben eine Gratwanderung ist, macht Morgner deutlich, indem sie Valeskas Existenz als äußerst bedrohte entwirft. Valeska verunglückt schwer, hält sich vorübergehend im Hades, dem Reich der Toten auf, kann aber wieder zu den Lebenden zurückkehren.

In einer der phantastisch-utopischen Geschichten beschreibt Valeska das Leben in einer Frauenwohngemeinschaft. Diese Lebensform macht nicht nur eine ideale Bewältigung der alltäglichen Arbeit möglich, sondern läßt auch Nähe und Zärtlichkeit zwischen den Bewohnerinnen und ihren Kindern entstehen. Sexualität bleibt allerdings weiter auf Männer bezogen, die außerhalb der Wohngemeinschaft leben.

Eine andere Geschichte bildet den Schluß des Trobadora-Romans. Beatriz, die den Text von Valeska bekommen hat, gibt ihn wenige Tage vor ihrem Tod an Laura weiter. Laura liest ihn am Begräbnistag als Testament, als »Offenbarung«, denn er verkündet eine »gute Botschaft« von künftigen Möglichkeiten des Zusammenlebens der Geschlechter.

Diese »gute Botschaft« soll hier in einem anderen Kontext betrachtet werden. Ursprünglich hat Morgner die Geschichte für einen Sammelband des Rostocker Hinstorff-Verlages verfaßt, der weibliche und männliche Autoren dazu aufgefordert hatte, eine Geschichte mit dem Motiv des Geschlechtertauschs zu schreiben. Morgners Text wurde aber in diesem Band, der 1975 unter dem Titel »Blitz aus heiterm Himmel« herauskam, nicht abgedruckt. In der Bundesrepublik erschien er als eines der letzten Kapitel des Trobadora-Romans und in dem kleinen Sammelband »Geschlechtertausch«, in dem auch die Texte von Sarah Kirsch »Blitz aus heiterm Himmel« und Christa Wolf »Selbstversuch« abgedruckt sind.

8. Das andere Geschlecht
Drei Geschichten mit dem Motiv des Geschlechtertauschs

Alle drei Geschichten beschreiben die Verwandlung einer Frau in einen Mann, greifen damit auf ein literarisches Motiv zurück, das schon in der griechischen Antike auftaucht und seit der bürgerlichen Aufklärung immer wieder neu interpretiert wird (vgl. Friedrich Schlegels »Lucinde« oder Virginia Woolfs »Orlando«). Bei Christa Wolf ist die Verwandlung geplant und initiiert, bei Sarah Kirsch und Irmtraud Morgner ein Produkt des Zufalls. Der neuentstandene Mann kehrt bei Wolf bewußt und endgültig zum Frauendasein zurück, bei Morgner ist ein Wechsel des Geschlechts jederzeit möglich, und Kirschs Katharina bleibt ein Mann.

Die Unterschiede zwischen den drei Geschichten gehen aber weit über die Handlungsebene hinaus.

Morgners Valeska verwandelt sich in einen Mann, um einem existentiellen Konflikt zu entgehen. Ausgerechnet in dem Moment, in dem sie ihren eigenen Wert bewußt wahrnimmt und akzeptiert, droht ein Rückfall in überwunden geglaubte persönliche Abhängigkeit. Valeska kann im Beruf einen aufsehenerregenden Erfolg verbuchen und kommt endlich zu der Überzeugung, »eine nicht jederzeit ersetzbare Wissenschaftlerin zu sein« (T 424) - eine Überzeugung, die ihr Mann Rudolf, der ebenfalls Wissenschaftler ist, schon immer für sich geltend machte. Bedroht sieht Valeska ihr neues Selbstbewußtsein durch eine Veränderung im Zusammenleben mit ihrem Mann. Das Paar hat keine gemeinsame Wohnung - ein Zustand, den die Frau begrüßt, erspart er ihr doch die Hausfrauen-Arbeit für den Ehemann, der solche Dienste als selbstverständlich voraussetzt. Nun sollen sie eine gemeinsame Wohnung bekommen, und Valeska fürchtet nicht nur die zusätzliche Arbeit, sondern auch die Nähe, die sie für zerstörerisch hält. Dreimal äußert sie den Wunsch: »Man müßte ein Mann sein«, trinkt Kaffee - und ist verwandelt. Aber nur äußerlich, innerlich bleibt sie eine Frau. Zwar bedient sie sich der »privilegierenden Uniform« des männlichen Körpers (T 429), anderen Frauen gegenüber verhält sie sich aber solidarisch und einfühlsam - so, wie Frauen sich den 'neuen' Mann wünschen. Auch für die Liebe zu Rudolf, an der sich durch den Geschlechtswechsel nichts ändert, gibt es eine Lösung. Denn als sich die beiden zum erstenmal gegenüberstehen, erweisen sich alle Befürchtungen und Ängste als unbegründet; die vorgeprägten Muster von Männlichkeit und Weiblichkeit lösen sich auf: »Da erkannten sie, daß sie notfalls die Bilder entbehren konnten, die sie sich voneinander und andere für sie gemacht hatten. Da wußten sie, daß sie einander liebten. Persönlich - Wunder über Wunder.« (T 443)

Nun werden sogar »ideale eheliche Zustände« möglich - eine Ehe zwischen Gleichen, in der auch die häuslichen Verpflichtungen gleich verteilt sind. Ein Zugeständnis macht Morgner bei aller Utopie aber doch: »Um die landläufigen moralischen Vorstellungen nicht zu verletzen, legte Valeska übrigens die männliche Körperform während des Beischlafs vorübergehend ab.« (T 443)

Am Ende erhält Valeskas Verwandlung Modellcharakter: Andere Frauen vernehmen die »gute Botschaft« vom Geschlechtswechsel und folgen Valeskas Beispiel.

Morgner zeichnet mit dieser Geschichte einen Entwurf weiblicher Befreiung, der die Übernahme männlicher Privilegien und die Bewahrung weiblicher Qualitäten propagiert. Valeska als Frau-Mann führt experimentell vor, daß durch diese Kombination männliche Unterwerfungswünsche und Selbstüberschätzung auf der einen, weibliche Bescheidenheit auf der anderen ein Ende finden. An ihre Stelle tritt eine Verbindung von Selbstbewußtsein *und* Sensibilität, Solidarität *und* Festhalten an eigenen Interessen. Zwar erinnert dieser Entwurf noch an das offizielle Frauenbild, das den Frauen für den Berufsbereich die männlichen Werte, für den Privatbereich die weiblichen vorschlägt. Morgners Kritik an männlichem und weiblichem Verhalten und die Überschreitung der alten Grenzziehung zwischen Männlichem und Weiblichem verweisen aber deutlich auf die Überwindung der offiziellen Vorgabe.

Auch das Zugeständnis an die herrschenden Sitten, mit dem Morgner Valeskas partielle Rückverwandlung in eine Frau begründet, erweist sich bei genauer Betrachtung nicht als Anpassung, sondern als Kritik: Die heterosexuelle Norm wird als bloße Festlegung jenseits der Biologie gedeutet.

Sarah Kirschs Geschichte weist den Anspruch, ein Modell der Veränderung zu beschreiben, gleich eingangs zurück. »Blitz aus heiterm Himmel« ist vielmehr eine satirische, manchmal auch bittere Auseinandersetzung mit männlichem Verhalten und vorgegebenen Rollenzuweisungen.

Katharina ist eine junge emanzipierte Frau: Sie arbeitet wie Valeska in der Forschung, lebt allein, hat aber eine Liebesbeziehung zu Albert, einem Lkw-Fahrer mit patriarchalen Gewohnheiten. Nach dreitägigem Schlaf erwacht sie eines Tages überraschend als Mann. Nicht nur Körper und Stimme, auch Gewohnheiten, Geschmack, Interessen und Selbstbewußtsein sind plötzlich männlich. Ironisierend arbeitet Kirsch mit gängigen Männlichkeitsklischees: Interesse für Fußball, Vorliebe für sachlich-symmetrische Wohnungsgestaltung, Genuß körperlicher Arbeit, Geringschätzung des Weiblichen - all das stellt sich mit der körperlichen Veränderung automatisch ein. Katharina, die nun im Text 'Max' und 'er' heißt, ist anfangs zwar bestürzt über die Verwandlung und macht sich Sorgen um die Liebesbeziehung. Doch dann treten die neuen Möglichkeiten - eine wirkliche Freundschaft mit Albert, die niemand zerstören kann - in den Vordergrund; der Gedanke an eine mögliche Rückverwandlung wird Max »widerlich«. Albert reagiert wie erwartet, er akzeptiert Max. Unerwartet ist allerdings seine Bereitschaft, sofort und ohne Aufforderung seinen Anteil an der Hausarbeit zu übernehmen. »Jetzt, wo ich selbern Kerl bin, jetzt kriechich die Ehmannzipatzjon, dachte Max.« (G 21)

Die Verwandlung Katharinas in einen Mann verwandelt auch Albert: Einem Menschen gegenüber, den er als gleichwertig empfindet, verhält er sich spontan solidarisch. Kirsch kritisiert in ihrer Geschichte männlich-patriarchales Verhalten und seine Grundlage, die Geringschätzung der Frau. Sie zeigt, daß eine Veränderung nicht durch eine Vermännlichung der Frauen, durch eine Negation der Weiblichkeit erreichbar ist. Das macht die Ironie der Darstellung genauso deutlich wie der vollständige Verlust der erotischen Beziehung zwischen Max und Albert, der sich aus dem Verlust der Weiblichkeit wie selbstverständlich ergibt.

Wenn Frauen werden wie die Männer, gewinnen sie vielleicht Anerkennung und Freundschaft, die erotisch-sexuelle Attraktion zwischen den Geschlechtern aber wird aufhören. So bleibt nur eine Veränderung der Männer, die die Gleichwertigkeit der Geschlechter auch innerlich akzeptieren müssen.

Auch Christa Wolfs »Selbstversuch« postuliert eine grundlegende Veränderung der Männer und das Ende der weiblichen Anpassung an von Männern gesetzte Normen und Werte.

Ihre Geschichte lotet das Motiv der Geschlechtsänderung am tiefsten aus, denn sie nutzt die Möglichkeit, in die männliche Innenwelt hineinzuschlüpfen. Daß dabei der weibliche Blick auf den Mann erhalten bleibt und damit Kritik dominiert, liegt in der Logik der Geschichte und in der Intention der Erzählerin. Auch in »Selbstversuch« steht eine (allerdings namenlose) Naturwissenschaftlerin im Mittelpunkt. Sie hat sich in einem jahrelangen Lernprozeß die männlichen Spielregeln ihres Berufs antrainiert, um ihren Hang zum Absoluten ausleben zu können. Mit Erfolg - ihr Chef äußert einmal als höchstes Lob, daß sie ihm »jeden männlichen Wissenschaftler ersetze« (G 71).

Aber trotz aller Anpassung an männliche Normen kann auch diese Frau der Zwickmühle »zwischen Mann und Arbeitsdrang, Liebesglück und Schöpfungswillen, Kinderwunsch und Ehrgeiz« (G 80) nicht entgehen. Der eigens »für ihr Geschlecht erfundene Kompromiß« (G 76), das DDR-Modell, bietet für sie keinen Ausweg, sie lehnt ihn ab und treibt stattdessen ihre Anpassung an die männliche Norm bis ins Extrem: Sie läßt sich in einen Mann verwandeln, wird damit ganz zum »Geschöpf« männlicher Wissenschaft.

Die Geschlechtsumwandlung selbst schildert Wolf als wissenschaftliches Experiment, das im Jahr 1992 stattfindet. Natürlich wird der Vorgang genau protokolliert, der neuentstandene Mann unterliegt einer ständigen Kontrolle. Die tatsächliche Veränderung kann die naturwissenschaftliche Betrachtungsweise aber nicht erfassen, Fakten- und Zahlengläubigkeit versagen. Was wirklich geschieht, beschreibt die Versuchsperson rückblickend in einem subjektiven Traktat, das das wissenschaftliche Protokoll ergänzt und korrigiert.

Anfangs ist Anders, wie die Frau nun heißt, nur äußerlich ein Mann, der erstaunt zur Kenntnis nimmt, wie unterschiedlich die Umwelt auf Frauen und Männer reagiert. Dann aber treten weibliche Verhaltensweisen, Gefühle, Wertungen immer stärker zurück; selbst der Raum der Erinnerung verändert sich. Gefühlstaubheit und Sprachverlust stellen sich ein, im Protokoll entsteht eine Lücke. Nach dieser Krise ist der Mann Anders auch innerlich 'geboren': affektfrei, unverwundbar, gleichgültig, »aller alten Bindungen los und ledig« (G 94). Anders ist bereits so sehr Mann, daß er diesen Zustand als ungeahnte Freiheit genießt. Ein Schock rettet ihn und leitet seine Rückkehr ins weibliche Dasein ein. Er begegnet seinem Chef, als dieser einmal keine Maske trägt, und erkennt, daß er (weil er ein Mann ist) nicht lieben kann und es auch weiß.

Liebe zu diesem liebesunfähigen Mann aber war für die Versuchsperson (das stellt sich im Laufe der Geschichte heraus) ein entscheidendes Motiv für die Umwandlung - Liebe und der Wunsch, hinter das Geheimnis dieses Mannes zu kommen, ihn

»zu erkennen« (G 87). Die Einsicht, daß männliche Privilegien mit Liebesfähigkeit bezahlt werden müssen, läßt Anders umkehren.

Er bricht den Versuch ab und wird nun zu einer Frau, die mit dem eigentlichen, dem selbstgewählten Experiment beginnt: dem »Versuch, zu lieben. Der übrigens auch zu phantastischen Erfindungen führt: zur Erfindung dessen, den man lieben kann.« (G 100)

Wolfs Abkehr vom männlich geprägten Modell der gleichberechtigten Frau könnte nicht deutlicher sein. Ihr experimenteller Gang bis zum Extrem verweist auf seine Paradoxien und macht gleichzeitig deutlich, welche Aufgabe die Frauen nun zu bewältigen haben: das selbstbestimmte weibliche Experiment, das neue Möglichkeiten menschlichen Zusammenlebens und einen weiblichen Entwurf vom Mann einschließt!

Das Ende der Hoffnungen?

Die dritte Autorinnen-Generation

1. Schreibanfänge - Schreibmotive

»Nachdenken über Christa T.«, »Karen W.«, »Franziska Linkerhand« und der »Trobadora«-Roman haben für die Geschichte weiblichen Schreibens unmittelbare und gleichzeitig weitreichende Folgen. Das Thema Frauenbefreiung, der Entwurf individueller weiblicher Lebensmodelle und die Authentizität der Schreibweise schaffen - vor dem Hintergrund der konkreten Lebenssituation dieser Jahre - ein produktives literarisches Klima. Viele Frauen beginnen in der zweiten Hälfte der siebziger Jahre, eigene Texte zu schreiben oder treten erstmals mit ihren Texten an die Öffentlichkeit. Schon nach wenigen Jahren ist erkennbar, daß sich eine neue Autorinnen-Generation herausbildet, die das Literaturgeschehen bis Anfang der achtziger Jahre weitgehend bestimmt. Die bereits etablierten Autorinnen veröffentlichen in diesem Zeitraum nur wenig. Von Anna Seghers erscheint »Steinzeit, Wiederbegegnung« (1977), von Elfriede Brüning »Partnerinnen« (1978), von Christa Wolf »Kindheitsmuster« (1976), »Kein Ort. Nirgends« und die beiden Essays über Karoline von Günderrode und Bettine von Brentano/Arnim (1979), von Helga Schütz schließlich »Jette in Dresden« (1977).

Texte von Helga Schubert und Charlotte Worgitzky sind 1975 die ersten Veröffentlichungen der neuen Generation. Ihnen folgen 1976 Bücher von Rosita Ionescu, Christine Wolter und Angela Stachowa. 1978 kommen Helga Königsdorf, Brigitte Martin und Maxie Wander erstmals mit einer selbständigen Veröffentlichung heraus. Monika Maron beendet im selben Jahr ihren ersten Roman, der aber in der DDR nicht erscheinen kann. 1979 schließlich folgen Bücher von Beate Morgenstern, Christa Müller und Monika Helmecke.

Die neuen Autorinnen sind fast alle Ende der dreißiger, Anfang der vierziger Jahre geboren, gehören damit zu einer Generation, die noch die Last der Vergangenheit trägt. »Nicht selbst in Krieg und Faschismus verwickelt, dennoch nicht wirklich davon befreit« (BA 1975:106) - schreibt Gerti Tetzner über diese rückwärtige Verstrickung. Gleichzeitig stehen sie der Hoffnung auf eine bessere Zukunft skeptisch, desillusioniert gegenüber, gehören damit zu der Generation, »vor der die Begeisterung endete« (Schubert VZ 14).

Nicht nur im Lebensalter, auch im Lebensverlauf gibt es eine Vielzahl von Parallelen zwischen den neuen Autorinnen. Die meisten haben eine Hochschule besucht und üben einen intellektuellen Beruf aus: Schubert ist Psychologin, Königsdorf Mathematikerin, Wolter Lektorin, Maron Journalistin, Stachowa Ökonomin, Martin Wirtschaftsingenieurin, Müller Dramaturgin, Worgitzky Schauspielerin. Die Lebenswege von Helmecke, Morgenstern, Ionescu und Wander weichen von diesem gradlinigen Muster ab, diese Frauen arbeiten in wechselnden Berufen, als Sekretärin, Kranführerin, Buchverkäuferin, Laborantin ... Alle sind schon jahrelang im Beruf, ehe sie - meist erst im vierten Lebensjahrzehnt - zu schreiben beginnen. Die meisten bleiben auch nach ihrem literarischen Debüt vorerst berufstätig. Die Arbeit selbst ist ihnen wichtig, bietet zudem einen sozialen Hintergrund und 'liefert Stoff' für die literarische Produktion. Hinzu kommt anfangs auch die Unsicherheit über die eigene Kreativität. Die meisten Frauen setzen ihre literarische Tätigkeit nach dem Debüt aber fort, nur Rosita Ionescu und Christa Müller haben bisher kein zweites Buch veröffentlicht. Diese beiden und Brigitte Martin sind die einzigen, die heute nicht freiberuflich arbeiten - was allerdings auch noch andere, vor allem familiäre Gründe hat. Alle anderen sind freiberufliche Autorinnen, Helga Schubert, die einen Tag in der Woche in einer Ehe- und Familienberatungsstelle arbeitet, ist mit dieser Einbindung in den alten Beruf eine Ausnahme.

Eine weitere Parallele zwischen den Autorinnen besteht im

Privatbereich: Alle - mit Ausnahme von Beate Morgenstern - haben Kinder und waren oder sind verheiratet.

Außer Stachowa und Ionescu leben die neuen Autorinnen in Berlin und Umgebung. Sie kennen sich untereinander, haben Kontakte über den Schriftstellerverband, bilden aber keine Gruppe, keine 'Bewegung schreibender Frauen', wie sie sich in den siebziger Jahren in der Bundesrepublik konstituiert. Es gibt aber Freundschaften zwischen Autorinnen verschiedener Generationen, die sich häufig aus Arbeitskontakten entwickeln: Helga Schubert zum Beispiel wird von Christa Wolf und Sarah Kirsch unterstützt, Helga Königsdorf, Renate Feyl und Charlotte Worgitzky haben Kontakte zu Irmtraud Morgner. Maxie Wander, die Ende der siebziger Jahre stirbt, bildet einen wichtigen Mittelpunkt. Ihre Tagebücher und Briefe (»Leben wär' eine prima Alternative«) dokumentieren ein ganzes Geflecht von Freundschaften und Kontakten.

2. Berührungen
Frauenprotokolle Maxie Wanders und Sarah Kirschs

Individuelle, offene Lebensentwürfe von DDR-Frauen protokolliert Maxie Wander in ihrem Buch »Guten Morgen, du Schöne«, das kurz vor ihrem Tod 1977 erscheint. Neunzehn Frauen haben ihr für das Buch Rede und Antwort gestanden: Alte und Junge, Arbeiterinnen und Intellektuelle, Schülerinnen und eine Hausfrau. Auffällig ist das Selbstbewußtsein dieser Frauen, das sie Bedürfnisse und Ansprüche deutlich artikulieren läßt und sie gleichzeitig in die Lage versetzt, eigene Fehler und Schwächen zu benennen und zu reflektieren.

Dieses Selbstbewußtsein macht deutlich, wie weit diese Frauen das alte Rollenmuster bereits hinter sich gelassen haben. Die Protokolle belegen aber auch eine tiefe Unzufriedenheit, ein tiefes Ungenügen.

Partnerschaften mit Männern, die nicht fähig oder nicht willens sind, eine Frau wirklich zu »erkennen«, wirklich zu lieben, sind die augenfälligste Ursache für dieses Lebensgefühl. Das

Ungenügen reicht aber weiter - nicht nur bei Margot W., einer 36jährigen Physikerin, hinter der sich die Autorin Helga Königsdorf verbirgt: »Irgendwie kommt mir jetzt die Erkenntnis, etwas Wichtiges versäumt zu haben, was auch zum Menschsein gehört ... wenn man Nuancen nicht mehr beachtet und einfach zu vieles ausklammert, dann verarmt man mit der Zeit, etwas Großes verströmt, und plötzlich weiß man, man hat viel zu hastig gelebt ... Ich bin nicht prinzipiell gegen Leistung ..., aber man muß sein Ziel ständig überprüfen, und der Mensch darf dabei nicht kaputtgehen ... Wenn man sich lange auf Leistung trimmt, zerstört man etwas Wichtiges in seiner Persönlichkeit.« (GM 105)

Das sagt eine Frau, die sich dem männlichen Lebensmuster verschrieben, die dem Beruf die Priorität in ihrem Leben eingeräumt hat. Nun beginnt sie zu begreifen, welchen Preis eine solche Orientierung hat - und artikuliert das Bedürfnis nach Neuem, Ungelebtem.

Margot W. ist nicht die einzige, die herrschende Werte und Prinzipien - Leistung, Rationalität, Herrschaft - in Frage stellt, Prinzipien, die sich bei näherer Betrachtung als Kennzeichen einer männlich dominierten, an Männern ausgerichteten Gesellschaft erweisen. Sie ist auch nicht die einzige, die im Gegenentwurf eigene Vorstellungen von einer menschlichen Gesellschaft entwickelt. Ruth B., eine Kellnerin, fragt: »Welche Gesellschaft bauen wir eigentlich auf? Man hat doch einen Traum ... Ich träume: Die Menschen werden wie Menschen miteinander umgehen, es wird keinen Egoismus mehr geben, keinen Neid und kein Mißtrauen. Eine Gemeinschaft von Freunden.« (GM 79)

Maxie Wander gelingt es, in den Gesprächen eine Offenheit herzustellen, die keinen Lebensbereich, und sei er noch so unöffentlich, ausspart. Von Träumen und Ängsten, von Gefühlen und sexuellen Bedürfnissen ist genauso die Rede wie von positiven und negativen Erfahrungen in der Berufswelt. Es muß eine Bereitschaft zum Gespräch, ein Bedürfnis nach öffentlicher Selbstreflexion vorhanden gewesen sein, das in den protokollierten Gesprächen mit dem Talent der Autorin, »rückhaltlos freundschaftliche Beziehungen zwischen Menschen herzustellen« (Wolf DdA 197), zusammentrifft.

Dieses Talent, die 'weibliche' Empathie, kommt in den Protokollen nicht unmittelbar, sondern nur im Sub-Text zum Ausdruck: in einer Haltung des Zuhörens und Ernstnehmens, die sich deutlich von Ausfragen, Entlarven, Entblößen unterscheidet.

Auch in anderer Hinsicht spielt die Subjektivität der Autorin eine wichtige Rolle. Maxie Wander hat die Tonbandaufzeichnungen der Gespräche nicht nur abgeschrieben, sondern auch geformt: Sie hat gestrichen und umgestellt, ergänzt und sogar erfunden! Die Anwesenheit der Autorin in den Protokollen, die unmittelbar an Christa Wolfs ästhetisches Prinzip der »subjektiven Authentizität« erinnert, verweist auf das Überschreiten des rein Dokumentarischen und auf den künstlerischen Charakter des Buches.

Als »Fünf Erzählungen aus dem Kassetten-Recorder« charakterisiert Sarah Kirsch ihre Frauen-Protokolle, die sie unter dem Titel »Die Pantherfrau« (1973) vier Jahre vor Maxie Wanders Buch veröffentlicht. In diesem Buch steht die Berufsarbeit im Zentrum. Von privaten, intimen Dingen sprechen die fünf Frauen kaum - ihre Offenheit ist deutlich geringer als die der Gesprächspartnerinnen von Maxie Wander. In Selbstdefinition und Lebensziel stimmen sie (noch) mit dem vorgegebenen Befreiungsmodell und den herrschenden gesellschaftlichen Wertvorstellungen, zum Beispiel dem Leistungsideal, überein: »Ich möchte in geringer und angespannter Zeit alle meine Aufgaben in den Griff kriegen«, (PF 73) sagt zum Beispiel »die Abgeordnete« am Schluß des Gesprächs. »Alle meine Aufgaben« - das erinnert an die literarischen Vorbild-Gestalten aus den fünfziger Jahren, denen es gelang, Beruf, Familie und Politik miteinander zu vereinbaren. Auch mit den gesellschaftlichen Zuständen herrscht mehr Übereinstimmung als bei Maxie Wanders Gesprächspartnerinnen - die Kritik, die in Kirschs Protokollen geäußert wird, geht nicht an die Wurzeln der patriarchalen Strukturen in der DDR.

Trotz dieser Unterschiede besteht aber eine deutliche Verbindung zwischen beiden Büchern. »Die Pantherfrau« steht am

Anfang einer neuen Art dokumentarischer Literatur, in der die Autorin 'anwesend' ist, die deshalb auch mit Christa Wolf als »Vorform von Literatur« verstanden werden kann (DdA 201). Denn obwohl sich Sarah Kirsch im Nachwort der DDR-Ausgabe als »Chronistin« ausgibt, bearbeitet auch sie die Interviews. Sie kommentiert sie sogar, indem sie am Schluß jedes Protokolls die Aussagen, die ihr wichtig sind, noch einmal zusammenstellt und hervorhebt.

In den achtziger Jahren knüpfen Christiane Barckhausen, Christine Müller und Christine Lambrecht an Kirschs und Wanders Protokollbände an. Sie arbeiten mit ähnlichen Mitteln und erkunden mit ihrer Hilfe »weiße Flecken« in der DDR-Literatur.

3. Geschichten vom weiblichen Alltag und vom alltäglichen Patriarchat

Experimente mit individuellen Lebensentwürfen, die das offizielle Muster hinter sich lassen, bilden also die Verbindung zwischen den Romanen von Wolf, Morgner, Reimann und Tetzner und Maxie Wanders Protokollband. In allen Büchern ist von der Komplexität des weiblichen Lebens und von einer Vielzahl unterschiedlicher Bedürfnisse und Wünsche die Rede. Der zugrundeliegende Anspruch, »als ganzer Mensch zu leben, von allen Sinnen und Fähigkeiten Gebrauch machen zu können« (Wolf DdA 207), ist unverkennbar.

Denselben fundamentalen Anspruch erheben auch die neuen Autorinnen, und auch ihnen geht es um individuelle Lebensweisen und um Kritik alter und neuer vorgegebener Muster. In ihren Texten geben sie aber die Komplexität der Darstellung auf, verfolgen zum Beispiel nicht mehr die ganze Entwicklungsgeschichte einer Person - Etappen wie Kindheit und Jugend, beruflichen Werdegang und beruflichen Alltag, erste Liebe und schmerzliche Trennungen, Versuche der Selbstdefinition und Phasen des Selbstverlustes. An die Stelle des umfassenden Blicks, an die Stelle der »Totalen« tritt eine Schreibweise, die an das Spotlight der Bühne erinnert. Ausschnitte werden beleuchtet und bis in die kleinsten Verästelungen hinein beobachtet. So kommen Dinge zum Vorschein, die bisher unbeachtet blieben, weil sie eingeschliffen sind, weil sie verdrängt wurden, weil sie unwichtig schienen. Kleine Genres wie Erzählungen, Kurzgeschichten oder - schlicht - Geschichten scheinen den neuen Autorinnen für ein solches Verfahren besonders geeignet.

Der Einsatz von kleinen Formen ist in der Geschichte des weiblichen Schreibens nicht neu. Ein wichtiger Unterschied zu älteren Texten liegt allerdings darin, daß die neuen Autorinnen in der Regel auf spektakuläre Ereignisse oder Höhepunkte, zum Beispiel auf einen besonderen Erzählanlaß verzichten - anders als etwa Anna Seghers oder Sarah Kirsch in ihren Erzählungen (vgl. zum Beispiel »Die Kraft der Schwachen« von Anna Seghers oder »Die ungeheuren bergehohen Wellen auf See« von Sarah Kirsch).

Neu ist in der zweiten Hälfte der siebziger Jahre aber die Häufigkeit, mit der kleine Genres verwendet werden. Ein Grund ist sicher die Intention, das genaue Betrachten von Ausschnitten und Details; ein anderer der Debütcharakter der Geschichten. Kurze Texte sind vermutlich für junge Autorinnen besser zu bewältigen als umfangreiche Romane.

Morgner macht in einem Interview noch auf einen weiteren Grund aufmerksam, indem sie über den Zusammenhang dieser Schreibweise mit spezifisch weiblichen Fähigkeiten reflektiert: »Schriftstellerinnen nutzen, glaube ich, gewisse trainierte Fähigkeiten bei der Beschreibung beginnender Veränderungen. Jahrhundertelang waren die Frauen eingesperrt, und ihre Welt war so klein, daß sie ihre ganzen schöpferischen und geistigen Kräfte auf einen kleine Kreis konzentrieren mußten. Das hat außer Verkrüppelung auch eine Tugend hervorgebracht, eine bestimmte Sensibilisierung für das Detail. Und da die Veränderungen im Verhalten der Menschen nicht spektakulär beginnen, sondern zart, ist die Fähigkeit, Nuancen zu erkennen, produktiv.« (Morgner 1978).

Leserinnen und Leser müssen bei dieser Schreibweise die Totale zu den Details und Ausschnitten selbst ergänzen. Eine produktive Rezeptionshaltung, die zum Beispiel auch Morgners Trobadora-Roman verlangt.

Ob die Gesamtheit der Erzählungen und Geschichten, der Ausschnitte und Details einen umfassenden Blick, eine Totale ergeben, wird im Verlauf der Untersuchung noch zu klären sein.

Der Ausschnitt, den die Autorinnen wählen, scheint manchmal beliebig: Da geht es um ein Kind, das sich einen Hund wünscht (Helga Schubert), um Männer, die eine Wette austragen (Monika Helmecke), um einen Neunzigjährigen, der seinen Geburtstag feiert (Beate Morgenstern). Die meisten Geschichten rükken aber den weiblichen Alltag in den Mittelpunkt und leisten eine detaillierte Bestandsaufnahme des ganz 'normalen' Frauenlebens, seiner Belastungen, seiner Widersprüche, seiner Defizite. Ein wichtiges Thema ist die Doppelbelastung der Frauen. Die neuen Autorinnen konzentrieren sich hier auf die Mutterrolle, auf die Anstrengungen des täglichen Lebens mit Kindern. Die andere Seite der doppelten Last, die Berufsarbeit, tritt deutlich in den Hintergrund - sie ist zwar vorhanden, wird aber kaum dargestellt.

Monika Helmecke, selbst Mutter und eine Zeitlang Hausfrau, schreibt in der Geschichte »30. September« (aus »Klopfzeichen«) das Protokoll eines x-beliebigen Tages. Eine ununterbrochene Kette von Handgriffen und die Notwendigkeit, immer präsent zu sein, sind seine bestimmenden Elemente. Zentraler Konflikt ist der Widerspruch zwischen den Ansprüchen der Mutter und den Ansprüchen der Kinder - ein Widerspruch ohne Ausweg. Kommen die Kinder zu kurz, hat die Mutter ein schlechtes Gewissen, bleiben die Ansprüche der Frau auf der Strecke, ist sie unzufrieden, frustriert. Zerrissenheit und Aufsplitterung der Kräfte sind die Folge. Genau, fast minutiös, in einer zerhackten, gehetzten Sprache schildert Helmecke diese äußere und innere Situation.

Zieht man Texte anderer Autorinnen hinzu, entsteht das Bild einer Diskussion über dieses Thema. Maria Seidemann nimmt in der Geschichte »Der hilfreiche Rabe« (aus »Der Tag, an dem Sir Henry starb«) das Bild der Rabenmutter wörtlich. Sie erfindet einen sprechenden Raben, der die Kindererziehung übernimmt und der Mutter damit den Rücken für den Beruf freihält. Am Ende sind die Kinder zu Raben geworden und fliegen davon. Die Lösung des Konflikts kann also auch nicht darin liegen, die Kinder wegzugeben, aufzugeben oder gar auf Kinder zu verzichten.

Die umgekehrte Perspektive fehlt in den Geschichten nicht: Die Probleme der Kinder, die aus der neuen Lebensweise der Mütter resultieren, werden ebenfalls thematisiert. Aus Christa Müllers erstem und bisher einzigem Prosaband »Vertreibung aus dem Paradies« stammt die eindrucksvolle Geschichte »Candida«. Das kleine Mädchen Candida erlebt seine Kindheit als sieben Jahre Unglück; Einsamkeit und Verlassenheit sind die prägenden Erfahrungen. Die Mutter, alleinerziehend wie die meisten Protagonistinnen der Geschichten, hat keinen Handlungsspielraum. Sie muß die Tochter immer wieder zurücklassen, selbst als sie dem Kind zuliebe eigene Lebensvorstellungen opfert, den geliebten Beruf aufgibt und mit Nachtwachen ihr Geld verdient. Bei Christa Müller bekommt der Konflikt damit eine tragische Dimension. Das Thema der Doppelbelastung wird von den neuen Autorinnen insgesamt eindringlich und authentisch gestaltet. Die eigenen Erfahrungen, das eigene Leid sind als Hintergrund deutlich erkennbar; autobiographische Bezüge, die in Texten von Brigitte Martin und Christa Müller offensichtlich sind, können auch für andere Autorinnen angenommen werden.

Einige Geschichten stellen Kinder und Jugendliche in den Mittelpunkt und thematisieren nicht unmittelbar Probleme weiblicher Befreiung. In Christa Müllers Text »Verteidigung des Katers« wird der Umzug in ein Neubaugebiet vor allem für die Kinder zur Katastrophe. Charlotte Worgitzky schildert in der Geschichte »Verdorbene Jugend« (aus »Vieräugig oder blind«) die erste Liebeserfahrung von zwei Jugendlichen und die Gegenreaktion der Erwachsenen: Sie verlangen Anpassung an Leistungsdenken und herrschende Moralvorstellungen.

Die Wahl kindlicher oder jugendlicher Protagonisten hat in der Erwachsenenliteratur der DDR Tradition. Erinnert sei vor allem an Christa Wolfs Nelly (»Kindheitsmuster«) und an Helga Schütz' Jette-Figur, aber auch an Bücher von Ulrich Plenzdorf (»Die neuen Leiden des jungen W.« 1973), Rolf Schneider (»Reise nach Jaroslav« 1974) und Volker Braun (»Unvollendete Geschichte« 1975). In all diesen Texten hat die Perspektive der Kinder oder Jugendlichen Verfremdungsfunktion: Anpassung, Unterdrückung und Selbstbetrug werden durch ihren Blick entlarvt. Die neuen Autorinnen setzen diese Tradition fort, geben aber ihren Darstellungen eine emanzipatorische Wendung. Charlotte Worgitzky zum Beispiel schreibt zu ihrer Figurenwahl: »Je länger ich darüber nachdenke, desto überzeugter bin ich, daß nur, wenn sie (die Kinder, DSK) die Möglichkeit haben, von klein auf vorurteilsfrei all ihre Fähigkeiten zu entfalten, eines Tages Männer *und* Frauen gleichberechtigt miteinander und füreinander leben können.« (BA 1975:121)

Es gibt auch Autorinnen, die nicht nur über Kinder, sondern auch für Kinder schreiben. Zu ihnen gehören Helga Schubert und Maxie Wander, in den achtziger Jahren Waldtraut Lewin, Jutta Schlott, Christiane Barckhausen, Christiane Grosz und Maria Seidemann. Auch in der Kinderliteratur reicht die Tradition schreibender Frauen weit zurück: In der Weimarer Republik haben zum Beispiel Alex Wedding, Hermynia Zur Mühlen und Auguste Lazar Kinderbücher geschrieben, die bekannt und erfolgreich waren. In den ersten beiden Jahrzehnten der DDR wird diese Tradition von Liselotte Welskopf-Henrich, Inge Müller, Ilse Korn, Gisela Karau und Lilo Hardel fortgesetzt - von Lilo Hardel, inzwischen schon weit über siebzig, und Gisela Karau bis heute.

Die Auseinandersetzung mit den Geschlechterbeziehungen nimmt in den Geschichten der neuen Autorinnen den größten Raum ein. An männlichem, aber auch an weiblichem Verhalten wird aufgezeigt, wie Unterdrückung funktioniert, wie sie sich bis ins kleinste Detail auswirkt.

Schritt für Schritt entlarvt Charlotte Worgitzky einen solchen Unterdrückungsmechanismus. Die Erzählung »Quäze« (aus »Vieräugig oder blind«) beginnt mit einer glücklichen Liebesbeziehung und endet für Quäze - die Protagonistin mit dem Hexennamen - genau da, wo sie nie enden sollte: in einer Ehe, die in jeder Hinsicht traditionell ist. Quäze ist für Haushalt und Mann verantwortlich, verdient das Geld und hat weder Zeit noch Kraft für ihre eigentliche Arbeit, das Schreiben. Dabei sind ihr die Mechanismen, die sie in diese Situation bringen, durchaus bewußt, sie wehrt sich auch dagegen - und scheitert trotzdem, am Verhalten des Mannes und am eigenen Verhalten. Die traditionellen Muster von Männlichkeit und Weiblichkeit setzen sich wie eine Naturgewalt durch. Nicht zuletzt richtet sich der ironische Ton der Geschichte auf die Entlarvung dieser 'Natürlichkeit'.

Helga Königsdorf arbeitet mit satirischen Mitteln, um Verwunderung und Befremden über das normale, alltägliche Verhalten von Männern zu erzeugen. In der Geschichte »Bolero«, die zuerst in der DDR-Ausgabe »Meine ungehörigen Träume« abgedruckt ist und später auch in der westdeutschen Ausgabe »Mit Klischmann im Regen« erscheint, berichtet eine Ich-Erzählerin von ihrer Zeit mit einem verheirateten Liebhaber. Dieser verhält sich ganz 'normal': Er kommt, wann es ihm paßt, ruht sich aus, schläft mit der Frau - und verschwindet wieder. Daß die Frau sich verlassen fühlt, daß sie emotional und sexuell unbefriedigt bleibt, bemerkt er nicht einmal. Und die Frau läßt dieses Verhalten zu - nur um einen Liebhaber zu haben. Eines Abends wird ihr allerdings klar, daß sie sich trotz aller Unzufriedenheit und Einsamkeit so an ihn gewöhnt hat, daß sie abhängig geworden ist. Spontan entschließt sie sich zur Trennung - und stürzt den Mann vom Balkon!

Von solchen Männern ist ein radikaler Abschied nötig - oder besser: von solchen Verhaltensweisen und ihrem Pendant, der weiblichen Akzeptanz. Die Radikalität des Schlusses zeigt aber auch, daß Gelassenheit auf seiten der Frau nicht möglich ist, zu sehr gleicht der Fenstersturz einer Verzweiflungstat. Um einen solchen Mann einfach zu verlassen, fehlt die Kraft, die Unabhängigkeit, die Selbstsicherheit.

Geschichten aus dem zweiten Buch von Königsdorf (»Der Lauf der Dinge«, 1982) setzen das Thema fort. Neben das Individuum mit seinen Wünschen und Bedürfnissen, Widersprüchen und Schwächen stellt Königsdorf nun häufiger die Mitmenschen und die gesellschaftliche Moral. Drei Ehemänner hatte die Ich-Erzählerin aus der Geschichte »Die Wahrheit über Schorsch« - und kommt zu dem Schluß: »... ich habe nichts gegen Männer, ich habe lediglich keine Verwendung für sie, und das kann sehr wohl an mir liegen ... Ich brauchte wirklich keinen Mann. Es ist nur wegen der Leute. Eine Frau in meinem Alter, die keinen Mann vorzeigen kann, wird als wandelnder Mißerfolg eingestuft.« (KiR 104)

So souverän wie diese Protagonistin sind die Frauen in Texten von Martin und Stachowa nicht. Sie fühlen sich ohne männlichen Partner einsam, unglücklich und verloren. Das negative Bild von der un-bemannten Frau existiert nicht nur in den Köpfen der 'Leute' ungebrochen weiter; es läßt auch die Frauen selbst immer wieder neue Bindungen mit Männern eingehen - und immer wieder enttäuscht Abschied nehmen.

Nicht nur bei Martin und Stachowa, in fast allen Geschichten, in denen es um die Geschlechterbeziehungen geht, suchen die Frauen einen Märchenprinzen. Alle haben das Ideal der romantischen Liebe vor Augen - und finden Männer, die nicht lieben können (vgl. Wolfs »Selbstversuch«).

Die Geschichten leisten damit Kritik an männlichem Verhalten und am negativen Bild der un-bemannten Frau. Sie artikulieren darüber hinaus die weibliche Sehnsucht nach anderen Beziehungen, nach Liebe, Nähe und Verständnis. Eine Reflexion dieser Bedürfnisse und Sehnsüchte aber fehlt, die Frage zum Beispiel, ob die romantische Liebe und das Bild vom Märchenprinzen nicht idealisierte Vorstellungen sind, denen niemand entsprechen kann, wird nicht gestellt.

Eine Ausnahme macht Christine Wolters Geschichte »Ich habe wieder geheiratet« (aus »Wie ich meine Unschuld verlor«), die das Ideal des Märchenprinzen persifliert. Wolter erzählt von einer glücklichen Partnerschaft, in der Zuneigung, Achtung, Harmonie und Unabhängigkeit existieren. Allerdings hat die Geschichte einen Haken: die Erzählperson und der Märchenprinz sind beide - weiblich. Die geschlechtliche Identität der Ich-Erzählerin bleibt lange verboren, während der Lektüre scheint es immer wieder so, als handele es sich um einen Mann.

Erst in dem Moment, in dem der Blick der Umwelt auf die beiden Personen fällt, ist von zwei Frauen die Rede.

Einen Märchenprinzen gibt es nicht, es gibt nur eine Märchenprinzessin, aber mit ihr ist eine sexuelle Beziehung nicht möglich. Die Parallele zu Sarah Kirschs Geschlechtertauschgeschichte »Blitz aus heiterm Himmel« liegt auf der Hand: Dort wird eine Beziehung zwischen Gleichen als Beziehung zwischen Männern - ohne Sexualität - gedacht. Wolter beschreibt die weibliche Variante.

Der genaue Blick der Autorinnen klammert Sexualität nicht aus; vorsichtig beginnen sie, auch gänzlich tabuisierte Bereiche wie Sexualität zwischen Frauen aufzuarbeiten.

»Meine ungehörigen Träume« heißt die Titelgeschichte von Königsdorfs erstem Erzählband. In diesen »ungehörigen« Träumen äußern sich vor allem die »ungehörigen« sexuellen Bedürfnisse und Wünsche einer Frau. Königsdorf erzählt zurückhaltender, verschlüsselter als zum Beispiel Morgner im Trobadora-Roman, bedient sich der indirekten erzählerischen Möglichkeiten des Traums, um über Sexualität zu schreiben. Der Traum hat aber gleichzeitig eine inhaltliche Funktion, er verweist auf Verdrängtes, auf Unbewußtes, das sich nur im Schlaf, jenseits der rationalen Kontrolle an die Oberfläche schieben kann.

Fünf Träume einer Ich-Erzählerin werden beschrieben, in einem geht es unter anderem um Sexualität zwischen Frauen. Während die Ich-Erzählerin einem Mann nachjagt, trifft sie eine andere Frau, das Schneewittchen, mit dem sie eine erotische Begegnung erlebt. Der Einsatz einer Märchenfigur im Traum betont die 'Unwirklichkeit' des Geschehens gleich zweimal. In einem anderen Traum taucht der Märchenprinz auf - als Ideal mit einem »Glorienschein«. »Ihn umgab ein intensives Zärtlichkeitsfeld wie ein heller Glorienschein. Ohne sich um mein Bewußtsein zu scheren, wurde mein Körper ein resonanzfähiger Empfänger. Die Stimme des Fremden lief wie Märzwind über meine Haut.« (KiR 40) Neben solch beglückenden Traum-Erlebnissen gibt es auch destruktive Elemente, Gewaltphantasien, Unterwerfungswünsche, Mordgedanken.

Am Ende jedes Traums steht die Ernüchterung, das Erwachen - von einer Figur herbeigeführt, die Königsdorf den »Direktor« nennt. Er ist Schiedsrichter, Ratgeber, Über-Vater und Konkurrent - eine Verkörperung männlich angemaßter Autorität, eine Personifizierung des Über-Ichs. So zeigen die fünf Träume zweierlei - das Durchbrechen von Tabus und Schranken und das Über-Ich, das auf Tabus und Schranken besteht, sie letztlich wieder aufrichtet!

Geschichten, die das Thema Sexualität in unverschlüsselter Form bearbeiten, rücken die Unterdrückung und Verachtung in den Mittelpunkt, die Frauen von Männern erfahren.

»Die Liebe mit ihm war nicht sonderlich erfreulich. Er kam ohne weitere Einleitung über mich und beschäftigte sich an mir mit sich.« (KiR 9) - so beschreibt Königsdorf in »Bolero« das sexuelle Verhalten des Liebhabers. Die Folgen dieser »Beschäftigung« interessieren nicht nur diesen Mann wenig: »Die Pille und das Recht, eine Schwangerschaft zu unterbrechen, haben den Mann endgültig von der Verpflichtung befreit, sich über die Sache irgendwelche Gedanken zu machen.« (Königsdorf UT 137)

Dabei sind Verhütung und Schwangerschaftsabbruch nur oberflächlich betrachtet in der DDR keine Probleme mehr - das Konfliktpotential hat sich allerdings verlagert. Die neuen Autorinnen stellen in ihren Geschichten vor allem psychische und moralische Fragen in den Mittelpunkt. In »Klopfzeichen» (Helmecke) gerät eine junge Frau durch Schwangerschaft und Schwangerschaftsabbruch aus ihrer alltäglichen Bahn. Sie phantasiert sich nach dem Abbruch in eine Schwangerschaft hinein, beginnt, körperliche Veränderungen wahrzunehmen, sich mit dem 'Kind' durch Klopfzeichen zu verständigen. Dieses 'Kind' ist für sie das einzige Wesen, mit dem Kommunikation möglich ist, nur in dieser Beziehung erlebt die Frau Nähe. Aber der Traum vom Kind wird am Ende zum Alptraum. Als der Entbindungstermin näherrückt und das 'Kind' durch Klopfzeichen an die Geburt erinnert, bricht die Traumwelt zusammen.

Mit ihrem Roman »Meine ungeborenen Kinder« (1982) greift Charlotte Worgitzky das Thema in den achtziger Jahren erneut auf. Sie arbeitet die Geschichte des Schwangerschaftsabbruchs vor 1972 auf (damals wurde der Paragraph 218 abgeschafft) und gestaltet Probleme, die heute nach wie vor existieren: mit Ärzten, die Frauen bestrafen, mit einer Umwelt, die mit abschätzigen Urteilen schnell bei der Hand ist ... Und Rosemarie Zeplin, eine Autorin der vierten Generation, beschreibt in ihrem zweiten Buch »Alpträume aus der Provinz« (1984) die ungewollte Schwangerschaft eines jungen Mädchens. Aus Angst vor Entdeckung gerät es in einen Zustand von Passivität und Selbstbetrug, einen Zustand, der mit totaler Isolation und Selbstverlust endet.

4. Leistungen und Verluste der Alltagsgeschichten

Verglichen mit den Romanen vom Anfang der siebziger Jahre wirkt die Figurengestaltung der Geschichten insgesamt reduziert. Die dortige Vielfalt der Lebensbereiche, Aktivitäten und kommunikativen Beziehungen können und wollen die kurzen Texte nicht auffächern. Durch die Konzentration auf einen oder wenige Aspekte - Sexualität, den Alltag mit Kindern etc. - gewinnen sie vielmehr die Möglichkeit, wenig Beachtetes, Unreflektiertes, aber auch Verdrängtes ans Licht zu holen und damit neue Themen, neue Fragestellungen zu entwickeln.

Für die Männerfiguren der Geschichten bedeutet diese Konzentration eine Reduzierung auf patriarchales Verhalten. Sie sind Frauen gegenüber rücksichtslos, egoistisch und fügen ihnen im Grunde nur Leid zu. In vielen Geschichten tauchen Männer überhaupt nicht auf, sie existieren nur in den Köpfen der Frauen: in ihren Erinnerungen und in ihren Phantasien und Träumen - dann allerdings meist als idealisierte Märchenprinzen.

Die Frauenfiguren sind vorwiegend als 'negative Heldinnen' gestaltet, als unglückliche, unter den Widersprüchen leidende Wesen, die diesen Zustand nur selten verändern können. Eine Darstellung, die durchaus als (späte) Reaktion auf die Prinzipien des »sozialistischen Realismus« verstanden werden kann.

Die Ursachen für das Leid der Frauen liegen in den äußeren Lebensbedingungen, aber auch bei den Frauen selbst: Sie bringen häufig keine Kraft, keine Energie zum eingreifenden Handeln auf. Figuren wie Franziska Linkerhand etwa, die mit ausdauernder Energie gegen die miserablen Zustände angehen, sind in den Geschichten nur selten zu finden (etwa in Königsdorfs »Lemma 1«). Ein Beispiel: Maria, die Mutter von »Candida« (aus »Vertreibung aus dem Paradies«), läßt in einer verzweifelten Situation, in der sie für ihr Kind wieder einmal keinen Platz findet, ihre ganze Sorge, Angst und Wut in einem Aufschrei heraus: »Das Erziehungssystem ist in Ordnung in diesem Staat, was?« (VP 43) Nach diesem Ausbruch verläßt sie den Raum, es folgt keine Diskussion, keine gemeinsame Suche nach Lösungen. Die täglichen Probleme verbrauchen die Kräfte dieser Frau, die Organisation des Alltags läßt sie nicht mehr über dessen Rand hinaussehen. Diese Figurenzeichnung wirkt ernüchternd, macht aber klar, daß Gestalten wie Franziska Linkerhand mit ihrer Ausdauer, ihrer Kraft und ihrem Mut noch deutlich von einer Darstellungsweise geprägt sind, die vorbildliche, heldinnenhafte Züge betont.

Thematisch konzentrieren sich die Geschichten auf die traditionell weiblichen Lebensbereiche Kinder und Partnerschaft. Berufsarbeit, lange ein wichtiges, ja zentrales Thema, oder gesamt-gesellschaftliche Probleme tauchen in der Regel nur am Rande auf. Auch hier ein Beispiel: In der Titelgeschichte von Angela Stachowas erstem Erzählungsband »Stunde zwischen Hund und Katz« macht die Protagonistin Urlaub in ihrem Heimatort. Eines Tages findet sie den alten Badeplatz wieder: Ehemals ein idyllischer See, ist er nun zu einer Müllkippe verkommen. Enttäuscht verläßt Hannah den Ort, sie ist nicht etwa empört über die Zerstörung der Natur, sondern reflektiert über ihre Enttäuschung.

Natürlich gibt es Ausnahmen, Autorinnen und Geschichten, die sich thematisch nicht derart auf Probleme mit Kindern und Männern konzentrieren. Beate Morgenstern etwa wählt immer wieder den regionalen Rahmen des Prenzlauer Bergs und schildert, wie Menschen - Kollegen, Freunde, Nachbarn, Zufallsbekanntschaften - im Alltag dort miteinander umgehen. Bei ihr gibt es auch eindrucksvolle Männergestalten, etwa »Bruno«, der um eine Freundschaft trauert, oder den »Herrn in Blaßblau«, der versucht, seine Homosexualität offen zu leben.

Eine andere Ausnahme ist Helga Königsdorf, die neben Geschichten über den Geschlechterkonflikt auch solche über den Naturwissenschaftsbetrieb schreibt, in dem sie lange gearbeitet hat. Mit satirisch-grotesken Mitteln entlarvt sie Karrierismus und verdeckte Konkurrenzmechanismen, entfremdete Arbeit und den Unsinn eines verabsolutierten Leistungsprinzips (vgl. »Lemma 1«, »Krise«, »Eine Idee und ich«).

Die dritte wichtige Ausnahme ist Helga Schubert. Ihr erster Erzählungsband »Lauter Leben« quillt geradezu über von der Vielfalt der Themen. Und doch kreisen die Geschichten immer um menschliches Verhalten. Satirisch-liebevoll beschreibt Schubert die Konformität der Non-Konformisten (»Meine alleinstehenden Freundinnen«), hilflose Erziehungsversuche (»Ein Hund«), plötzliche Verhaltensänderungen (»Spätes Mädchen«) ...

Im zweiten Geschichtenband (der 1982 in der Bundesrepublik unter dem Titel »Das verbotene Zimmer« und - mit einigen Abweichungen - 1984 unter dem Titel »Blickwinkel« in der DDR erscheint) zeichnet sich eine zunehmende Konzentration auf die eigene Geschichte ab.

Für die Veränderungen, die im weiblichen Schreiben in so kurzer Zeit eintreten, gibt es eine Reihe von Gründen.

In den Beziehungen zwischen Mann und Frau bzw. Mutter und Kind existieren viele Probleme, die zwar individuell empfunden und erlitten, in der Öffentlichkeit aber nicht in dem Maße thematisiert werden, wie es für eine Veränderung nötig wäre. Auch in der Literatur sind die Themen, die in der zweiten Hälfte der siebziger Jahre im Mittelpunkt stehen, bis zu diesem Zeitpunkt eher unterrepräsentiert.

Daß nun im Gegenzug die Berufsarbeit, die in den vorausgegangenen Jahrzehnten im Zentrum der literarischen Gestaltung stand, weitgehend ausgespart bleibt, hat nicht nur literarische Gründe. Dahinter steht die Kritik am offiziellen Frauenbild und an einem Verständnis von Persönlichkeitsentwicklung, nach dem Identitätsbildung und Glück allein durch Berufsarbeit erreichbar sind. Aus dieser Perspektive betrachtet kann die Besinnung auf traditionell weibliche Lebensbereiche als Versuch gewertet werden, Gegen-Bilder zu entwerfen - Gegenbilder, die auf Ganzheit bestehen.

Bezieht man die politischen und kulturpolitischen Ereignisse dieser Jahre ein, eröffnet sich allerdings eine andere Interpretationsmöglichkeit. 1976 wird Wolf Biermann ausgebürgert, Künstlerinnen und Künstler, unter ihnen auch Christa Wolf, Sarah Kirsch, Helga Schütz und Elke Erb, schreiben einen Protestbrief. Im Schriftstellerverband gibt es heftige Auseinandersetzungen, einige Autoren werden ausgeschlossen, andere treten aus, wieder andere, unter ihnen Sarah Kirsch, verlassen die DDR. Die Kulturpolitik droht sich damit nach einer Phase des Aufbruchs, der Öffnung erneut zu verfestigen, zu verhärten. Ein Indiz dafür könnte Monika Marons Roman »Flugasche« sein, der eine umfassende politische Kritik leistet und daher nicht erscheinen kann. Die Alltags-Geschichten der jungen Autorinnen verzichten auf eine umfassende Kritik, klammern gesamt-gesellschaftliche Themen weitgehend aus, zeigen Figuren, die keine Kraft zur Veränderung haben - dies alles kann auch als Rückzug, als Resignation verstanden werden.

5. Phantastische Auswege, wunderbare Lösungen

Auf den ersten Blick scheint es ein Widerspruch zu sein, daß einige Geschichten dennoch auf Auswege und Lösungen verweisen. Aber es ist nur scheinbar ein Widerspruch, denn die Auswege sind phantastische Auswege, die Lösungen wunderbare Lösungen.

Nie zu schlafen müssen, um die Fülle der Aufgaben bewältigen zu können - das wünscht sich die Protagonistin von Charlotte Worgitzkys Geschichte »Karriere abgesagt« (aus »Vieräugig oder blind«). Der Wunsch wird erfüllt: Clara Zetkin erscheint in Engelsgestalt, nennt allerdings eheliche Treue als Bedingung. Eine andere Frau glaubt, daß zwei getrennte Leben

- eins für die Familie, eins für die künstlerische Arbeit - die Lösung für ihre Probleme sein könnten (»Lauf weg - kehr um« aus Helmeckes »Klopfzeichen«). Diesmal ist es eine Fee, die den Wunsch erfüllt.

Während diese beiden Frauen noch an ihr altes Leben gebunden bleiben, entwirft die Ich-Erzählerin aus Helga Schuberts Geschichte »Vogelschreien« (aus »Lauter Leben«, auch in »Das verbotene Zimmer«) ein umfassendes Fluchtmodell. Sie will alle Brücken hinter sich abreißen und im Süden ein Haus ganz nach eigenen Vorstellungen bauen. Ähnlich wie in »Nachdenken über Christa T.« ist das Haus auch hier Sinnbild eines unabhängigen, selbstbestimmten Lebens. Im Verlauf der Geschichte malt sich die Erzählerin dieses Haus immer konkreter aus - um am Ende festzustellen, daß sie dort nicht leben kann. Die totale Ausrichtung auf individuelle Bedürfnisse birgt die Gefahr in sich, in der Isolation zu enden. Ähnlich geht es den Frauen, die auf märchenhafte Weise mehr Zeit bekommen haben. Auch sie entfernen sich immer mehr von den Mitmenschen, sind am Ende einsam, und die Künstlerin ist nicht mehr arbeitsfähig.

Die Wege, die zu einem selbstbestimmten Leben führen sollen, sind also nicht gangbar, Rückzug auf sich selbst, übermenschliche Leistungen oder Trennung in zwei verschiedenen Wesen führen nicht zum Ziel. Bei genauem Hinsehen stellen sich diese Wege auch als bereits bekannte heraus. Worgitzkys 'Modell' der Schlaflosigkeit ist nichts anderes als eine Umbenennung der 'Superfrau', die alle Aufgaben miteinander vereinbaren kann, während Helmeckes Vorschlag, sich in zwei Wesen aufzuspalten, an die Aufspaltung in weibliche und männliche Aufgabenbereiche erinnert. Die Geschichten spielen diese Varianten noch einmal durch, benutzen für ihr Experiment Elemente des Märchens und der Phantastik - und führen alle Lösungsmöglichkeiten ad absurdum. Damit erweist sich der benannte Widerspruch tatsächlich als scheinbarer. Es gibt keine Lösungen, keine Auswege - das Ideal eines selbstbestimmten, unabhängigen Lebens existiert zwar weiter, wird aber immer unerreichbarer, immer unwirklicher.

Einige Texte verweisen bereits im Titel auf ihren 'unwirklichen' Charakter. »Märchen« nennt Christine Wolter die Geschichte, die den Strandtag einer glücklichen Familie beschreibt (in »Wie ich meine Unschuld verlor«). Bei genauem Hinsehen ist dieser Strandtag wirklich ein Märchen - die Familie besteht aus einem geschiedenen Paar, das vergangenes Glück für einen Tag aufleben läßt. Viraika, die Titelfigur aus Stachowas gleichnamiger Geschichte (aus dem zweiten Erzählungsband »Geschichten für Majka«), versucht, einen Mann für sich zu gewinnen. Sie scheitert, gewinnt aber durch diese Erfahrung an Selbstbewußtsein und Stärke. Viraika ist allerdings eine Märchenprinzessin, der Untertitel der Geschichte »Ein Märchen« läßt keine Illusionen aufkommen.

Märchenform, -figuren und -motive werden in der zweiten Hälfte der siebziger Jahre immer häufiger eingesetzt. Die Autorinnen nutzen die Möglichkeit, Bekanntes durch den Märchenton zu verfremden. Darüber hinaus bieten Märchenfiguren und -motive die Möglichkeit, Wünsche und Hoffnungen zu formulieren, aber gleichzeitig auf die Kluft zwischen ihnen und der Realität zu verweisen. Ein bewußter Rückgriff auf literarische Traditionen, zum Beispiel auf die Romantik, in der Märchen eine große Rolle spielten, scheint bei den neuen Autorinnen allerdings nicht vorzuliegen - jedenfalls fehlt jeder Hinweis darauf.

In der zweiten Hälfte der siebziger Jahre erfährt also die Zukunftskonzeption im weiblichen Schreiben eine deutliche Veränderung. Die Romane von Wolf, Morgner, Reimann und Tetzner gehen noch davon aus, daß ein selbstbestimmtes Leben für Frauen realisierbar ist. Die Geschichten der neuen Autorinnen formulieren dasselbe Ziel - der Möglichkeit zur Realisierung aber stehen sie skeptisch gegenüber. Ein selbstbestimmtes Leben ist ein Märchen, ein Traum, eine Utopie. Was bleibt, ist die Sehnsucht danach.

6. Historische Verfremdung
Christa Wolfs »Kein Ort. Nirgends«

Die wörtliche Bedeutung von Utopie - kein Ort, Nirgend-Ort - macht Christa Wolf zum Titel ihrer Erzählung, die 1979 erscheint. Die Nähe zu den neuen Autorinnen ist auffällig. Hier wie dort hat die Utopie 'keinen Ort', hier wie dort klafft zwischen ihr und der Wirklichkeit eine tiefe Kluft.

Aber warum wählt Christa Wolf für diese Aussage eine Zeit zu Beginn des 19. Jahrhunderts, warum wählt sie als Figuren Menschen, die in dieser Zeit gelebt haben: Karoline von Günderrode, Bettine von Brentano/Arnim, Heinrich von Kleist und den Kreis der Frühromantiker?

In diesen Menschen, in dieser Zeit erkennt Wolf Analogien zur eigenen Gegenwart. Auch die Zeit der Frühromantik ist eine Zwischen-Zeit: Der Feudalismus stirbt ab, eine bürgerliche Gesellschaft bildet sich heraus. Zwar fordert diese neue Gesellschaftsform zum Entwurf neuer Lebensmodelle heraus, sie formuliert aber gleichzeitig Grenzen und beginnt, Abstriche an den eigenen, ursprünglichen Zielen zu machen. Aus Idealen wie 'Entfaltung der Persönlichkeit' und 'Vernünftigkeit der Gesellschaft' werden die verkürzten Vorstellungen von Nützlichkeit und Verwertbarkeit. Die Parallele zur DDR, zu ihrem Umgang mit Idealen, ist offensichtlich - erinnert sei hier noch einmal an Christa Wolfs Vorwort zu Maxie Wanders Protokollen und an die Protokolle selbst.

Die Frühromantiker können sich der Entwicklung ihrer Zeit nicht entziehen, vor allem die Männer nicht, die den öffentlichen Ansprüchen in anderer Weise ausgesetzt sind als die Frauen. Diese müssen sich weniger anpassen, so paradox das auch scheinen mag, da die Abhängigkeit vom Mann, von der Familie nach wie vor besteht. In diesen Jahren werden Frauen zu Teilnehmerinnen des intellektuellen Lebens; hier finden sie einen Freiraum, der ihnen die Möglichkeit bietet, die eigene Lage zu reflektieren, das gesellschaftliche Leben zu kritisieren und utopische Gegenentwürfe zu entwickeln. Die engen Grenzen der Frauen-Rolle sind damit weit überschritten.

In den Ideen der Frühromantikerinnen erkennt Christa Wolf

die Wurzeln der Ansprüche, die Frauen in der DDR heute formulieren, Ansprüche, die sich vor allem auf die Entwicklung der eigenen Person und auf den Umgang der Menschen miteinander richten.

Ein dreifacher Bezug zwischen dem Beginn des 19. Jahrhunderts und der DDR-Gegenwart also: in der gesellschaftlichen Situation, im Aufbruch der Frauen und in den Zukunftsentwürfen.

Auch andere DDR-Autoren greifen in diesen Jahren auf die Zeit der Romantik zurück; Franz Fühmann zum Beispiel arbeitet über E.T.A. Hoffmann. Mit der Hinwendung zu dieser Epoche durchbrechen die Autoren ein bis dahin geltendes Tabu. Bis in die siebziger Jahre hinein blieb die Romantik in Literatur und Literaturwissenschaft der DDR unbeachtet, trotz früher Hinweise von Anna Seghers. Die Auffassung von Georg Lukács bestimmte das allgemeine Urteil, er sah in den romantischen Autoren eine scheiternde Generation, warf ihnen persönliche Unfähigkeit und individuelle Neurosen vor. Solche Autoren konnte die frühe DDR nicht gebrauchen. Sie bezog sich auf eine andere Literaturtradition, auf die Klassik, die Aufklärung, den bürgerlichen Realismus. Ende der siebziger Jahre erst beginnt eine Auseinandersetzung mit der Romantik, die bis heute andauert (vgl. z.B. Brigitte Struzyks »Caroline unterm Freiheitsbaum« 1988).

»Eine kühne Idee, zwischen Frau und Mann könnten andre Beziehungen walten als die von Herrschaft, Unterordnung, Eifersucht, Besitz: gleichberechtigte, freundschaftliche, hilfreiche. Schwester sein, Freund (die männliche Form!) - unerhörte Angebote.« (DdA 531) »Kein Ort. Nirgends« erzählt von solch kühnen Ideen, von Beziehungen zwischen Menschen, die Züge von Gleichheit, Offenheit und wirklicher Freundschaft in sich tragen.

Da ist der Freundeskreis der Frühromantiker, den Kleist, besuchsweise unter ihnen, so erlebt: »Kleist ist noch nie unter Menschen gewesen, die ihre Grenzen gegeneinander so weit überschreiten und sich doch nicht verfeinden. Ein Widerschein der Hoffnung, gewisse Träume seiner Jünglingsjahre, derer er sich heute schämt, könnten wahr werden: Zutrauen kein Unding, Liebe kein Phantom.« (KON 76)

Da sind die Frauen, die sich zueinander hingezogen fühlen und sich dieser Anziehung auch nicht widersetzen. »Diese jungen Frauen haben einander etwas zu geben, was ein Mann ihnen nicht geben könnte, eine andre Art Verbundenheit, eine andre Art Liebe. Als könnten sie, allein miteinander, mehr sie selbst sein; sich ungestörter finden, freier ihr Leben entwerfen - Entwürfe, die denen der Männer nicht gleichen werden.« (DdA 540)

Da sind die zentralen Figuren Karoline von Günderrode und Heinrich von Kleist, die sich auffallend ähneln. Beide verfolgen dieselben Ziele, wollen ein Werk schaffen, wollen unbedingt leben. Beide tragen androgyne Züge, überschreiten die engen Grenzen der Geschlechtsrollen. Und beide sind Außenseiter, selbst im Kreis der Frühromantiker. Schlafwandlerisch sicher beginnen die Frau und der Mann ein Gespräch, in dem wirkliche Verständigung möglich wird. Christa Wolf hat dieses Verstehen besonders eindringlich im letzten Teil der Erzählung gestaltet, in dem Gedanken und Worte hin- und herfließen, in dem kaum noch unterscheidbar ist, welche der beiden Personen denkt oder spricht.

Und da ist schließlich die Günderrode, die Hauptfigur: eine Schriftstellerin, deren erste Gedichtsammlung zu dem Zeitpunkt, als die Erzählung einsetzt, gerade erschienen ist. Diese Frau versucht verzweifelt, ihren Wunsch nach Autonomie und ihre Liebe zu Savigny zu verwirklichen - und ist trotz der Kämpfe, der Widersprüche, der Momente der Selbstentfremdung mit sich eins. Die Identität mit sich selbst macht es möglich, daß sie Unsagbares sagen kann, daß sie offen und verletzlich ist. Aber gleichzeitig ist die Nähe ihres Todes spürbar - nicht nur weil sie immer einen Dolch bei sich trägt, nicht nur weil wir wissen, daß sie sich damit töten wird. Eine Persönlichkeit wie die Günderrode ist in dieser Zeit zum Scheitern verurteilt. Sie kann die Widersprüche, in denen sie lebt, auf Dauer nicht aushalten, kann ihre Ansprüche immer weniger einlösen. Wäre eine solche Person auch heute zum Scheitern verurteilt? Christa Wolf läßt diese Frage nur scheinbar offen, am Ende der Erzählung gibt sie mit einem Bloch-Zitat ihre Antwort: »Wenn wir zu hoffen aufhören, kommt, was wir befürchten, bestimmt.« (KON 117)

Christa Wolf verfährt damit ähnlich wie die neuen Autorinnen: Eine Utopie wird aufgebaut, ihr Scheitern, ihr Untergang angedeutet - doch dann folgt der Satz: Hoffen wir weiter!

In »Kein Ort. Nirgends« treibt Christa Wolf die Annäherung an die andere Zeit, an das historische Figurenensemble bis in die Form, bis in die Sprache. In den Text sind eine Fülle von Originalzitaten einmontiert, die vor allem aus Briefen, aber auch aus literarischen Werken von Günderrode und Kleist stammen. Wolfs Sprache ist der Ebene dieser Zitate angeglichen, insgesamt herrscht der hohe, elegische Ton, der später auch die »Kassandra« prägt. Stilmittel und Motive, die in der Romantik häufig auftauchen, werden gezielt eingesetzt, etwa die dialogische Struktur oder der Traum. Es sind vor allem die Träume, die den literarischen Figuren Tiefendimension verleihen: Sie bringen Ängste und Sehnsüchte zum Ausdruck, dienen den Träumenden als Mittel der Selbsterkundung und der Vorahnung und ermöglichen schließlich eine besondere Art der Kommunikation. Im »Traumgespräch« zwischen Günderrode und Kleist erahnen beide die Gedanken des anderen, ohne daß sie ausgesprochen werden müssen.

Mit der Darstellung einer anderen Zeit und eines historischen Figurenensembles leistet Christa Wolf eine Verfremdung, eine »Verkleidung«, von der sie sich eine spezielle Wirkung erhofft: »Sollte Literatur der Selbstmaskerade so vieler Menschen ihrerseits zu begegnen suchen, indem sie sich immer weiter maskiert, unkenntlich macht, in Kostüme flüchtet, mit Bildern, Gleichnissen, Mythen arbeitet? Sich «in Verkleidung» einschleicht hinter die Abwehrpanzer ihrer Leser?« (DdA 510) Gleichzeitig bietet diese »Verkleidung« einen Rahmen, um aus der 'historischen' Distanz heraus die Folgen der aktuellen politischen Ereignisse zu reflektieren. »Kein Ort. Nirgends« ist 1977 geschrieben, im Jahr nach der Ausbürgerung Biermanns. Für Christa Wolf, die sich in diesen politischen Konflikt massiv einmischt, stellt sich nach den Sanktionen durch Schriftstellerverband und Partei die Frage nach dem Sinn ihrer künstlerischen Arbeit und nach den Wirkungsmöglichkeiten, die ihr bleiben. In einem Interview beschreibt sie die Situation: »Eine Gruppe von Autoren wurde sich darüber klar, daß ihre direkte Mitarbeit in dem Sinne, wie sie sie selbst verantworten konnte und für richtig hielt, nicht mehr gebraucht wurde. Wir waren ja Sozialisten, wir lebten als Sozialisten in der DDR, weil wir dort uns einmischen, dort mitarbeiten wollten. Das reine Zurückgeworfensein auf die Literatur brachte den einzelnen in eine Krise; eine Krise, die existentiell war. Daraus ist bei mir unter anderem die Beschäftigung mit dem Material solcher Lebensläufe wie denen von Günderrode und Kleist entstanden. Das Problem am Gegenwartsmaterial zu bearbeiten, wäre mir gar nicht möglich gewesen, das wäre naturalistisch und banal geworden, platt.« (DdA 878)

Karoline von Günderrode und Bettine von Brentano/Arnim werden für Christa Wolf noch aus einem weiteren Grund interessant. Bei den Romantikerinnen entdeckt sie nicht nur eine vergleichbare gesellschaftliche Situation und ein ähnliches Zeitgefühl, nicht nur Ansätze weiblicher Befreiung, sondern auch Ansätze einer anderen Ästhetik.

Im Vorwort zu Maxie Wanders Protokollen macht Wolf auf literarische Genres aufmerksam, die sie in der Literatur von Frauen des 19. Jahrhunderts immer wieder findet: Tagebücher, Briefe, Gedichte und Reisebeschreibungen, die »... persönlichsten und subjektivsten Literaturformen, auf Selbstaussage, Anrede und Dialog gegründet, Formen, in denen die Schreibende sich ungezwungener, auch geselliger bewegen kann als in den Strukturen von Roman und Drama.« (DdA 202) Und in ihrem Essay über die Bettine »Nun ja, das nächste Leben geht aber heute an« hebt Wolf besonders die »Mischform« hervor, die Bettine in ihrem Günderrode-Roman verwendet. Die Mischform erlaubt, Erinnertes und Erfundenes zu verknüpfen, macht es als offene Form möglich, Erfahrungen zu überliefern, ohne sie deformieren zu müssen, und Personen in ihrer Widersprüchlichkeit, Ganzheit, Inkommensurabilität zu zeigen. Diese Beobachtungen stellt Wolf bewußt in den Kontext ‘schreibende Frauen’, ohne zu dieser Zeit explizite und weitergehende Gedanken über ‘weibliches Schreiben’ zu formulieren.

Die Phänomene, die sie an den historischen Texten herausarbeitet, weisen auf Wolfs eigenes Werk zurück. »Kindheitsmuster« verknüpft auf seinen verschiedenen Ebenen Tagebuch, Reisebeschreibung und Reflexionen, Erinnertes und Erlebtes. Die Erzählung »Kein Ort. Nirgends« steht im Kontext von zwei Essays (über die Günderrode und Bettine von Brentano/Arnim) und einer Gründerrode-Werkausgabe, die Christa Wolf zur gleichen Zeit herausgibt. Betrachtet man diese vier Texte zusammen, dann ergibt sich das Bild einer Mischform, die unterschiedliche Möglichkeiten des Sprechens und Schreibens eröffnet. Im Kassandra-Projekt versucht Wolf später, die unterschiedlichen Wege der Annäherung an eine Figur, der Erarbeitung eines Stoffs noch enger aneinanderzubinden.

6. Räumliche Verfremdung
Christine Wolters »Die Hintergrundsperson oder Versuche zu lieben«

Christa Wolf unternimmt eine ‘Reise’ in die Vergangenheit, um sich Klarheit über die eigene Gegenwart zu verschaffen, die neuen Autorinnen (Schubert, Stachowa, Müller, Wolter) reisen in die Ferne, in andere Länder. Die Entfernung vom ‘Jetzt’ oder ‘Hier’ dient gleichermaßen dazu, eine andere Perspektive gegenüber Vertrautem einzunehmen. Darüber hinaus eröffnen die Bilder von anderen, fremden Lebenszusammenhängen einen Raum, in dem eigene Wünsche und Hoffnungen bewußter und leichter artikulierbar werden. Reisen, so läßt Christine Wolter die Protagonistin ihres Romans »Die Hintergrundsperson oder Versuche zu lieben« sagen, Reisen ist »... ein Zauber, der alle Maße außer Kraft setzt. Da wird man von sich selbst getrennt, vom gewöhnlichen Leben, von dem sicheren Bild, das man von sich hat.« (HP 163)

Die Vorliebe der neuen Autorinnen für das Reisemotiv hat sicher auch einen Grund in den eingeschränkten Bewegungsmöglichkeiten der DDR-Bürger. Der enge Spielraum verleiht dem Reisen zusätzlichen Reiz und macht es schon vor-literarisch zu einem Bild für Sehnsucht und Freiheit.

Bei Christine Wolter spielen Motiv und Sujet der Reise auch aus biographischem Anlaß eine Rolle. Sie arbeitet als Italienisch-Dolmetscherin, Übersetzerin und Herausgeberin von italienischer Literatur und lebt seit ihrer Heirat mit einem Italiener (1978) in Mailand. Vor diesem Hintergrund ist es nicht erstaunlich, daß in ihren Texten Bilder von Heimat und Fremde, Ankommen und Abreisen immer wieder auftauchen und sich auch ständig verändern.

1973 beginnt Wolter mit Reise-Skizzen (»Meine italienische Reise«), 1976 folgt das - im engeren Sinne - literarische Debüt mit dem Erzählungsband »Wie ich meine Unschuld verlor«. Von ihm war bereits die Rede, auch hier taucht das Reise-Motiv auf (»Verona«, »Partizánska cesta«). Nach einem weiteren Band mit Reiseskizzen (»Juni in Sizilien« 1977) erscheint 1979 der erste Roman: »Die Hintergrundsperson oder Versuche zu lieben«, der in der Bundesrepublik den Titel »Stückweise leben« trägt. Christine Wolter schreibt dieses Buch noch in der DDR, auch die Protagonistin hat dort ihre Heimat.

Mit dem Titel (der DDR-Ausgabe) stellt Christine Wolter einen unmittelbaren Bezug zu Christa Wolfs Geschichte »Selbstversuch« her. Steht dort das eigentliche Experiment, der »Versuch zu lieben«, am Ende der Erzählung noch aus, so wagt Wolters Roman dieses Experiment. Und die Autorin sieht auch eine Möglichkeit des Gelingens: Für sie ist Liebe nicht nur ein Traum, eine Hoffnung, ein Ideal. Mit diesem Ausblick nimmt Wolters Buch in der zweiten Hälfte der siebziger Jahre eine absolute Ausnahmestellung ein.

Karla, Dolmetscherin und damit klassische Hintergrundfigur, rückt in Wolters Roman in den Mittelpunkt. Eine Dienstreise nach Italien wird für sie zum Anlaß, sich noch einmal mit ihren Liebes-Versuchen auseinanderzusetzen.

Von einer gescheiterten Ehe ist am ausführlichsten die Rede. Gewöhnung, Abstumpfung, zu große Nähe, später Eifersucht und Mißtrauen, noch später ein Kind als letzter Bindungsversuch - das sind die Stationen einer Beziehung, die mit einer großen Liebe begann. Wichtiger als diese Stationen, wichtiger als die Suche nach dem Schuldigen ist für das 'Experiment' der lange Trennungsprozeß, der Karla noch immer beschäftigt. Und wichtiger ist auch das Ergebnis: die Fähigkeit, selbständig zu handeln, für sich einzustehen - und allein zu sein.

Den zweiten Liebes-Versuch siedelt Wolter auf der Gegenwartsebene des Romans an, einer kurzen Italienreise von DDR-Filmleuten, für die Karla übersetzt. In Rom trifft sie den verheirateten Carlo wieder - einen Mann, der vom Namen her als ihr alter ego angelegt ist. Karla könnte bei ihm bleiben, als seine Geliebte - aber das Leben einer Kollegin, die einen solchen Weg wählte, führt ihr vor Augen, was sie im Grunde schon weiß. Ein Leben in der Fremde würde sie von sich selbst wegführen, obwohl Italien, ein Ur-Bild deutscher Sehnsucht, auch ihr Traum-Land ist.

Der dritte Liebes-Versuch verweist auf die Zukunft, auf einen schemenhaft dargestellten Mann mit dem deutschesten aller Männernamen: Hans. Karla träumt von diesem Mann, führt mit ihm Traumgespräche - und begegnet ihm wirklich. Bei ihm findet sie ihre eigene Sprache, sie, die immer in 'fremden Zungen' redet. Er hört zu, kann sich selbst dabei vergessen - ein sensibler, offener Mensch.

Allerdings hängt das Gelingen der Liebe nicht allein von ihm ab. Die Fähigkeiten der Frau, die sie nach dem ersten Liebes-Versuch mühsam erworben hat, sind ebenso wichtig: auf jemanden zuzugehen, sich ohne Sicherheitsgarantie zu öffnen, und dabei doch Distanz zu bewahren und die Kraft, wieder fortzugehen. Die Liebe zwischen Karla und Hans bleibt damit bewußt ein Versuch, ein Experiment.

Es gibt noch einen vierten Versuch - die Liebe Karlas zu ihrem Sohn. Dieses Kind, das einmal Bindeglied für eine zerbrechende Liebesbeziehung sein sollte, ist für Karla in der Zeit der Trennung vom Ehemann der einzige Trost, der einzige Lebenssinn. Aber erst als sie beginnt, den Sohn als selbständiges Wesen wahrzunehmen, kann sie ihn wirklich lieben, ohne übersteigerte Ansprüche an ihn zu stellen und ohne sich selbst seinen - vermeintlichen - Ansprüchen zu unterwerfen. Durch dieses Kind bekommt sie einen neuen Zugang zur Welt: »Seit das Kind da ist, sehe ich auch die anderen, ja ich bemerke sie eigentlich erst jetzt. Ich verstehe andere besser.« (HP 167) Aus dieser Erfahrung heraus äußert Karla einen Gedanken, der beinahe ketzerisch wirkt: »Was für ein dummes Wort: Selbstverwirklichung. Denn man wird wirklich durch die anderen, die anderen sind es, durch die wir existieren, für die wir existieren. Durch dich, Kind, habe ich es gelernt, spät.« (HP 192)

Mit diesem Plädoyer formuliert Wolter einen Gedanken, der für die meisten Schriftstellerinnen aus der DDR kennzeichnend ist. Selbstverwirklichung soll und kann nicht ohne andere stattfinden, Frauenbefreiung soll sich nicht gegen andere richten - auch nicht gegen Männer. Nur in Auseinandersetzung mit ihnen und durch Veränderungen auf beiden Seiten ist Befreiung möglich!

Die Existenz *für* andere, von der im Zitat auch die Rede ist, erinnert allerdings stark an die traditionelle mütterliche Aufopferung, die Aspekte des Selbstverlusts in sich trägt. Diese Seite der Frauenrolle wird hier und in Texten anderer Schriftstellerinnen bisher nicht reflektiert.

Christine Wolter ist die erste Autorin ihrer Generation, die für ihr zweites Buch eine große Form wählt, nachdem sie anfangs kleine Genres bevorzugt. In den achtziger Jahren werden ihr andere darin folgen: Helga Königsdorf, Brigitte Martin, Beate Morgenstern, Charlotte Worgitzky und Rosemarie Zeplin veröffentlichen dann ebenfalls Groß-Erzählungen bzw. Romane.

7. Ein Vorgriff auf die achtziger Jahre Monika Marons »Flugasche«

Monika Maron ist die einzige Autorin, die Ende der siebziger Jahre mit einem Roman debütiert. Schon auf den ersten Blick erinnert das Buch an die Romane von Tetzner und Reimann. Es ist zwar kein Entwicklungsroman, erfaßt keine Totale, beschreibt aber mehr als einen Ausschnitt. Vor allem die Liebesbeziehungen und die Berufsarbeit nehmen einen breiten Raum ein. Auch auf den zweiten Blick hält der Roman dem Vergleich stand. Josefa Nadler, die Protagonistin der »Flugasche«, verfolgt dasselbe Ideal wie Karen W. und Franziska Linkerhand: »Das Eigentliche, nachdem sie suchte, war die ihr gemäße Biographie, einmalig und für keinen anderen passend als für sie. Sie kannte nicht viele Menschen, von denen sie sicher annahm, daß sie mit ihrem Eigentlichen identisch waren.« (F 99)

Ähnlich wie in Wolters Roman wird auch hier eine Dienstreise zum Auslöser des Romangeschehens. Die Journalistin Josefa fährt aber nicht wie Karla an den Ort ihrer Träume, sondern in die schmutzigste Stadt Europas, nach B. (Bitterfeld). Mit dieser Reise bricht ein schon lange schwelender Konflikt in Josefa auf: Was soll sie in ihrer Reportage schreiben? Soll sie das geschönte Bild liefern, das man von ihr erwartet, oder soll sie die Wahrheit schreiben, die man nicht veröffentlichen wird? Die Wahrheit über die 180 Tonnen Flugasche, die jährlich aus einem veralteten Kraftwerk auf die Stadt niederregnen, die Wahrheit über die gesundheitlichen Folgen für die Menschen, die Wahrheit darüber, daß diese Situation seit Jahren aus ökonomischen Gründen nicht geändert wird?

Nach langem Zögern schreibt Josefa die Wahrheit - und bekommt Schwierigkeiten in ihrer Redaktion und in ihrer Parteigruppe. Sie verschlimmert die Situation noch, als sie einen Brief an den zuständigen Minister schreibt, in dem sie gegen die Bitterfelder Verhältnisse protestiert. Josefa hätte wissen können, hätte wissen müssen, daß ihr Versuch, für die Wahrheit einzustehen, auf Widerstand stößt - sie wollte es nicht wissen. Ihre Erschütterung über die Reaktionen, die sie hervorruft, ist daher umso größer. Sie wird zunehmend apathisch, verstummt in Auseinandersetzungen und verweigert sich schließlich ganz: Statt zu den »Aussprachen« zu gehen, bleibt sie im Bett, statt zu kämpfen, kündigt sie ihre Stelle.

Im Laufe der Romanhandlung geht Josefas Umgebung auf Distanz. Die Kollegen unterstützen sie nicht, einige fallen über sie her, der Freund verläßt sie, die Partei denkt an Ausschluß. Auch in ihren kommunikativen Beziehungen erreicht Josefa zuletzt einen Nullpunkt.

Doch dann geschieht ein Wunder. Der »Höchste Rat« beschließt, das alte Bitterfelder Kraftwerk aus Rücksicht auf die Gesundheit der Bürger stillzulegen!

Je stärker Josefa sich aus dem äußeren Leben zurückzieht, desto intensiver tritt ihre Innenwelt nach außen. Phantasien und Träume signalisieren den Rückzug, die Flucht aus der äußeren Wirklichkeit, verleihen aber gleichzeitig Verdrängtem Ausdruck und leiten einen Erkenntnis- und Heilungsprozeß ein. Josefa hat Glücksphantasien, in denen sie durch die Stadt fliegen kann, und Angstzustände voll skurriler Fratzen und Gespenster, die an Gemälde von Hieronymus Bosch erinnern. Manchmal träumt sie ganz realistisch, dann wieder in verschlüsselten Bildern. In einem dieser Träume hält sie im Brechtschen Ton eine Rede zum Frauentag. Voller Ironie dankt sie darin den Männern für die Veränderungen, die sie an den Frauen vollzogen haben - und ermahnt die Frauen: »Wenn ihr so weiterschreit nach Gleichberechtigung, dann nehmen sie uns eines Tages noch in die Regierung, dann wären wir gefangen und müßten mitspieln nach der Männer Regeln. Ich frag euch, Frauen, wollt ihr das?« (F 161)

Schlüsselfunktion für den Roman haben der Theater-Traum und der Vergewaltigungs-Traum. Auf einer Bühne, die ganz in Lila getaucht ist, kämpfen zwei uralte Frauen, Mutter und Tochter, einen endlosen Machtkampf aus. Die Ältere will Selbständigkeit und Unabhängigkeit der Jüngeren verhindern, indem sie ihr Wissen vorenthält und sie zur Lüge zwingt. Die Jüngere darf zum Beispiel nicht aussprechen, daß alles lila ist. Die Tochter rächt sich, indem sie die Mutter als Frau ohne Brüste, als Nicht-Frau entlarvt.

Der Theater-Traum verweist auf Josefas Verhältnis zu Luise, einer alten Kollegin, die Josefa bei den Auseinandersetzungen um die Reportage partiell unterstützt. Er führt Josefa vor Augen, wie abhängig und unmündig sie ist, läßt sie aber gleichzeitig erkennen, daß Luise (die ältere Frau des Traums) die Wahrheit leugnet. Sie sieht die Einheitsfarbe Lila (die Einheitsfarbe Rot?) nicht oder will sie nicht sehen, macht sich also entweder Illusionen oder trägt durch bewußtes Verleugnen der Wahrheit zur Aufrechterhaltung der Macht (der Farbe Rot) bei. Luise, die in der äußeren Realität weit oben in der Hierarchie steht, ohne Brüste zu träumen, deutet darüber hinaus auf den Preis einer solchen Stellung hin: Frauen in Machtpositionen büßen ihre Weiblichkeit ein.

Der Vergewaltigungs-Traum bezieht sich auf die zweite wichtige Person in Josefas Leben, auf Christian, den Freund. Im Traum agieren eine Frau und ein Mann, der nur ein Bein hat. Die Beschädigung hindert den Mann aufzubrechen, um seine Hoffnungen zu realisieren. Die Frau will sich daher allein zum »Ozean«, einem Sinnbild des Glücks und des Unbekannten, aufmachen. Die Kraft dazu gibt ihr das »besondere Kind«, mit dem sie schwanger geht. Dieses Kind könnte ihr eigenes Ich sein, die Schwangerschaft ein Zeichen dafür, daß sie im Begriff ist, sich selbst hervorzubringen. Es kommt aber nicht zum Aufbruch: Die Frau bleibt aus Mitleid und verliert ihre Energie, der Mann schlägt, vergewaltigt und tötet sie.

Als Josefa diesen Traum erzählt, erinnert sie Gefühle und Ahnungen, die sie bei sexuellen Begegnungen mit dem Freund hatte, Gefühle von Enteignung, Ahnungen von Kampf. Christian, der ihrer Erzählung zuhört, gibt den Schlüssel für die Deutung - er fühlt sich durch Josefas Traum erkannt, setzt die Gefühle des Mannes unmittelbar zu den eigenen in Beziehung. Durch den Traum kommen Josefa und ihr Freund damit zu Einsichten, die sie im Wachzustand verdrängt haben. Vor diesem Hintergrund muß die Trennung als Josefas Rettung verstanden werden.

Zwar erscheint zu Beginn des Romans gerade diese Liebesbeziehung als Rettung, denn in ihr erlebt Josefa Geborgenheit und Nähe, Zärtlichkeit und eine intensive Sexualität. Als sich die Konflikte um Reportage und Brief aber zuspitzen, wird immer offensichtlicher, daß jeder der beiden Partner im anderen die Stärke und Souveränität sucht, die ihm selbst fehlt. Damit bekommt die Liebesbeziehung einen Charakter, den auch Josefa nicht will.

Im Vergewaltigungs-Traum wird aber auch Josefas Kraft deutlich, Utopien zu formulieren, ihnen nachzugehen - und sich selbst hervorzubringen. So betrachtet, ist die Frau am Ende des Buches zwar am Nullpunkt angekommen, der letzte

Schritt aber, die Kündigung, bedeutet zugleich das Ende der Apathie, das Ende von Anpassung und Lüge, das Ende der Unterwerfung unter die Entscheidungen anderer. Der Nachsatz des Romans, der von der Stillegung des alten Bitterfelder Kraftwerks berichtet, bestätigt Josefas Verhalten.

Monika Marons Buch ist bis heute in der DDR nicht erschienen. Der stellvertretende Kulturminister Klaus Höpcke erklärte dazu 1981 auf der Leipziger Buchmesse, das Buch hätte in der DDR veröffentlicht werden können, wenn Maron auch die positive Seite der Arbeit dargestellt hätte. Der wirkliche Grund kann das nicht sein, denn andere Bücher von Frauen stellen die positive Seite der Arbeit in diesen Jahren auch nicht dar! Eine wichtige Rolle bei der Nicht-Veröffentlichung spielen wohl die Themen des Buches: die Umwelt- und Menschenzerstörung, die eine Folge des absoluten Primats ökonomischen Denkens sind, und die Verlogenheit der Medien, die geschönte Bilder einer 'schlechten' Wirklichkeit zeigen. Diese Themen kommen offensichtlich zu früh, erst Mitte der achtziger Jahre, vor allem nach Tschernobyl, beginnt eine vorsichtige Debatte über das rein ökonomische Denken und seine Folgen in Öffentlichkeit und Literatur. Der Roman »Flugasche« leistet damit einen wichtigen Vorgriff auf die literarische Entwicklung des folgenden Jahrzehnts.

Monika Maron hat in ihrem Roman aber auch zurückgegriffen, ihre Hauptfigur Josefa erinnert deutlich an die Gestalt der Franziska Linkerhand. Ein hervorstechender Charakterzug der beiden Frauen ist die Absolutheit, die Unbedingtheit ihrer Ansprüche und ihres Verhaltens. Wie Josefa läuft Franziska Linkerhand gegen das rein ökonomische Denken und seine fatalen Konsequenzen Sturm. Es gibt aber auch einen wichtigen Unterschied zwischen den beiden Figuren. Franziska kämpft im Rahmen ihres Betriebes für ihre Ideen - an Josefas Beispiel wird deutlich, daß ein solcher Kampf *im* Rahmen nicht möglich ist. Franziskas Aktivitäten verändern das Denken einiger Menschen, wenn auch nur langsam - Josefas Vorstellungen verändern nichts. Sie würden den Rahmen sprengen, grundsätzliche Veränderungen bewirken. Keine anti-sozialistischen, Josefa glaubt mit fast kindlicher Naivität an die Möglichkeit einer sozialistischen Demokratie, an die Möglichkeit von Aufklärung. Aber die Behörde, die die Drucklizenzen in der DDR vergibt, muß die radikale Kritik an Ökonomie und Presse als Angriff auf Machtpositionen verstanden haben, einen Angriff, der umso glaubwürdiger ist, als Maron sehr genau weiß, wovon sie spricht: Sie hat jahrelang als Journalistin gearbeitet.

Schreiben über Verdrängtes

Die achtziger Jahre und die vierte Autorinnen-Generation

1. Vier Generationen

Bestimmen Ende der siebziger Jahre noch die Autorinnen der jüngsten Generation Themen und Tenor weiblichen Schreibens, so ändert sich Anfang der achtziger Jahre das Bild radikal. Nun veröffentlichen Autorinnen aus allen Generationen neue Texte, schon früh zeichnen sich ganz unterschiedliche Themen und Schreibstrategien ab. Das Generationenmodell, mit dem bisher garbeitet wurde, wird in diesem Jahrzehnt zunehmend problematisch. Trotzdem zuerst ein kurzer Überblick über die Generationen.

Viele alte Texte von Autorinnen der ersten Generation werden nach wie vor gedruckt, Ruth Werners »Ein ungewöhnliches Mädchen« (1958) zum Beispiel hat 1986 die 16. Auflage! In den Büchern, die in den achtziger Jahren neu herauskommen, zeigt sich, daß auch bei diesen Autorinnen eine Veränderung in der Schreibweise stattgefunden hat. Sie ist komplexer, vielschichtiger geworden, dem erzählenden Subjekt wird ein wichtiger Platz eingeräumt. Auffällig ist die große Zahl der Autobiographien und autobiographischen Skizzen, zum Beispiel von Elfriede Brüning, Steffie Spira-Ruschin, Berta Waterstradt. Allerdings treten hier die individuellen Erlebnisse häufig zugunsten der Dokumentation des historischen Geschehens zurück, als dessen Zeuginnen die Autorinnen sich verstehen.

Die Schriftstellerinnen der zweiten Generation - Irmtraud Morgner und Christa Wolf - knüpfen mit ihren Büchern »Amanda«, »Kassandra« und »Störfall« an ihre Texte aus den siebziger Jahren an. In ihren Fragestellungen gehen sie aber einen Schritt weiter: Beide leisten eine fundamentale Patriarchatskritik. Beiträge zu einer Theorie weiblichen Schreibens kommen in den achtziger Jahren vor allem von Christa Wolf.

Mit wenigen Ausnahmen veröffentlichen die Autorinnen der dritten Generation in den achtziger Jahren ihr zweites, manchmal sogar ihr drittes und viertes Buch. Einige nehmen bereits einen festen Platz in der DDR-Literatur ein und erfahren große Anerkennung. Königsdorf und Schubert zum Beispiel bekommen 1985 bzw. 1986 den Heinrich-Mann-Preis, einen wichtigen Literaturpreis der DDR. In Themen und Schreibweisen setzt unter den Autorinnen dieser Generation ein Prozeß der Differenzierung ein, thematische Parallelen, die das Bild zwischen 1975 und 1979 beherrschen, treten immer mehr in den Hintergrund.

In den achtziger Jahren schließlich beginnen - wie in den Siebzigern - viele Frauen zu schreiben und zu veröffentlichen. Auch bei ihnen herrscht eine erstaunliche Vielfalt, so daß es problematisch wird, von einer literarischen Generation zu sprechen. Die Jüngeren unter ihnen sind um 1950 geboren - sie sind damit die jüngsten Schriftstellerinnen der DDR. Zu ihnen gehören unter anderen Ingeborg Arlt (1949), Daniela Dahn (1949), Gabriele Eckart (1954), Angela Krauß (1950), Christine Lambrecht (1949), Doris Paschiller (1953). Es gibt aber auch eine Gruppe, die nach Alter und Lebenserfahrung zur vorangehenden Autorinnengeneration gehört: zum Beispiel Brigitte Burmeister (1940), Irina Liebmann (1943), Monika Nothing (1942), Maria Seidemann (1944), Karin Simon (1940), Beate Stanislau (1942), Brigitte Struzyk (1946) und Rosemarie Zeplin (1939). Wie bei den Autorinnen der dritten Generation existieren auch bei diesen Frauen viele Parallelen in den Lebensabläufen. Die meisten haben ein Studium absolviert, zum Beispiel Theaterwissenschaft, Literaturwissenschaft, Philosophie, Journalistik (Burmeister, Dahn, Eckart, Struzyk, Zeplin), einige kommen aus anderen künstlerischen Bereichen, der Graphik, dem Design, dem Film- oder Fernsehschaffen (Perthen, Grosz, Krauß, Simon). Häufiger als bei der vorangegangenen Generation finden sich nun aber 'gebrochene' Biographien. Die Frauen wechseln den Beruf mehrmals und absolvieren verschiedene

Ausbildungen (Nothing, Stanislau, Stern, Paschiller, Zeplin). Auch der Schritt in die freiberufliche Existenz wird schneller als bei den vorangegangenen Generationen vollzogen. Ob die biographische Zusammengehörigkeit der genannten Autorinnen in der Schreibweise ein Pendant findet, wird die folgende Untersuchung zeigen.

In der Fülle und Vielfältigkeit der Texte, die in den achtziger Jahren erscheinen, kristallisieren sich drei unterschiedliche Schreibweisen heraus: eine realistische, eine dokumentarisch-faktographische und eine phantastische.

Realistisch geschriebene Texte bedienen sich in den achtziger Jahren vorwiegend der Form der Erzählung und des Kurzromans. Das Thema der Frauenbefreiung dominiert nicht mehr so deutlich wie in den siebziger Jahren, die Perspektive wird in zweifacher Hinsicht weiter. Zum einen rücken andere Themen - Probleme alter Menschen zum Beispiel - verstärkt in den Mittelpunkt, zum anderen wird die Darstellung weiblicher Befreiung wieder umfassender. So machen die Autorinnen zum Beispiel die Berufsarbeit, die sie in den vorangegangenen Jahren meist ausgeklammert haben, erneut zum Gegenstand literarischer Auseinandersetzung. Neue Themen im Kontext der Frauen-Befreiung sind die weibliche Sozialisation, Gewalt gegen Frauen und die Mittäterschaft der Frauen.

In Ton und Stimmung existieren auffällige Unterschiede zwischen den Texten. Einige Autorinnen erzählen mit Selbstbewußtsein und einer gewissen Zuversicht, was die Veränderbarkeit der Verhältnisse angeht - ohne in Idealisierung oder Selbstüberschätzung zu verfallen. Bei anderen dominieren Anklage, Resignation und Verzweiflung. Ihre Texte erinnern an eine gewisse Strömung in der bundesdeutschen Literatur, die vorwiegend Leidensgeschichten über die Geschlechterbeziehungen schilderte.

Auch bei den dokumentarisch-faktographischen Texten findet man Leidensgeschichten - allerdings in einem anderen Sinne. In den achtziger Jahren erscheinen auffällig viele authentische Berichte über Krankheit, Verletzung und Tod. Diese Texte durchbrechen ein Tabu; bis in die siebziger Jahre hinein wurde die dunkle Seite der menschlichen Existenz in der DDR-Literatur ausgespart - was nicht zuletzt dem »sozialistischen Realismus« und seinem positiven Weltbild zuzuschreiben ist.

Zu den dokumentarisch-faktographischen Texten gehören neben diesen Berichten Protokollbände, Tagebücher und Briefe, Reportagen, Biographien und Porträts. Sie alle zeichnen sich dadurch aus, daß bei ihnen »der Schleier der Kunst so dünn ist, daß ich das wirkliche Leben durchscheinen sehe.« (MiP 202) So beschreibt die Lyrikerin Eva Strittmatter das spezifische Verhältnis von Text und Wirklichkeit, dessen sich diese Schreibweise bedient. Das »wirkliche Leben« umfaßt für sie gleichermaßen die innere Wirklichkeit einer Person wie ihre äußere Realität. Der Begriff der literarischen »Vor-Form«, mit dem Christa Wolf im Vorwort zu Maxie Wanders Protokollen »Guten Morgen, du Schöne« diese beschreibt, bietet eine andere Möglichkeit, den Charakter der dokumentarisch-faktographischen Schreibweise zu erfassen.

Ähnlich wie bei den realistischen Texten ist ihr thematisches Spektrum sehr breit, die Geschlechterbeziehungen bilden aber einen wichtigen Schwerpunkt.

An dritter Stelle ist die phantastische Schreibweise zu nennen, die in den achtziger Jahren - je nach Traditionsbezug - ganz unterschiedliche Ausformungen erfährt. Es gibt Märchen und Hexenromane, mythologische Rückgriffe und erfundene Gegen-Mythologien, Zukunftsvisionen, die mit Elementen von Science-Fiction arbeiten, und surrealistische Texte. Gemeinsam ist allen das Moment der bewußten, betonten Distanz zwischen dem fiktionalen Text und dem »wirklichen Leben«. Damit bildet die phantastische Schreibweise einen genauen Gegenpol zur dokumentarisch-faktographischen, die von der engen Korrelation zwischen Text und Realität lebt.

Die meisten Texte, die sich der phantastischen Schreibweise bedienen, entwerfen ein großes gesellschaftliches und historisches Panorama. Der Blick der Autorinnen löst sich von den engen zeitlichen und räumlichen Grenzen der DDR, er löst sich auch von der Fixierung auf den gegenwärtigen Entwicklungsstand der Geschlechterbeziehungen. Menschheitsprobleme wie Krieg, ökologische Bedrohung, technische und wisenschaftliche Fehl-Entwicklung, Deformation der Demokratie werden zum zentralen Anliegen. In diesem Kontext gewinnen Reflexionen auf Patriarchat und weibliche Unterdrückung eine neue Dimension.

In der abstrakten Darstellung sind die Unterschiede zwischen den Schreibweisen deutlich; an den konkreten Texten wird sich allerdings zeigen, daß sich verschiedene Schreibweisen überlagern können, daß ihre Grenzen manchmal verschwimmen.

2. Rückgriffe auf die literarische Moderne Monika Marons »Die Überläuferin« und Brigitte Burmeisters »Anders oder Vom Aufenthalt in der Fremde«

Monika Marons zweiter Roman »Die Überläuferin« ist der erste surrealistische Roman einer DDR-Autorin. Auch dieses Buch ist - wie »Flugasche«, wie »Das Mißverständnis«, ein Band mit Erzählungen und einem Theaterstück - in der DDR bisher nicht erschienen. Die Gründe sind diesmal nicht bekannt. Spöttisch formuliert die Autorin im Roman eine mögliche Begründung: »Unerlaubte Phantasie in Tateinheit mit Benutzung derselben im Wiederholungsfall.« (Ü 170) Obwohl damit von Monika Maron in der DDR kein Buch erschienen ist, kann man davon ausgehen, daß ihre Texte auch dort bekannt sind. In Veröffentlichungen anderer Autorinnen lassen sich manchmal Hinweise darauf finden (vgl. z.B. Gießler: Unsichtbare Zügel).

Aus 'Mangel' an Publikationen besitzt Maron in der DDR keine Autorinnenstatus, trotzdem kann sie von dessen Vorzügen profitieren: Sie erhält zum Beispiel Visa für Westreisen etc. Nach einem deutsch-deutschen Briefwechsel mit Joseph von Westphalen im »Zeit-Magazin«, der in der DDR heftige Kritik auslöste, reiste sie 1988 mit einem Dreijahresvisum in die Bundesrepublik. Seitdem lebt sie in Hamburg.

In den beiden Büchern »Das Mißverständnis« und »Die Überläuferin«, die thematisch zusammengehören, wird die phantastische Schreibweise zum zentralen Gestaltungsmittel -

eine Entwicklung, auf die die vielen Träume und Phantasien des Romans »Flugasche« bereits hinweisen. Rosalind Polkowski, die Protagonistin der »Überläuferin«, verweigert eines Tages jede Aktivität: Sie schaltet ihren Körper aus, bleibt bewegungs- und bedürfnislos in ihrem Zimmer (vgl. »Flugasche«). Damit ist sie von der Außenwelt vollkommen abgeschnitten - ein Zustand, nach dem sie sich schon lange gesehnt hat. Für Rosalind bedeutet diese neue Lebensweise »Freiheit«, es ist eine Entlassung aus »lebenslanger Dienstverpflichtung« (Ü 10) und gleichzeitig der einzige Weg, »mit sich eins zu werden» (Ü 120).

Vom 'wirklichen' Leben abgeschnitten, läßt Rosalind die Welt an sich vorbeiziehen. In einer merkwürdigen Mischung von Zeit- und Realitätsebenen treten verschiedene Personen und Theaterfiguren auf: Zuerst bewegen sie sich in Rosalinds Phantasie, dann plötzlich in ihrem Zimmer. Sie kommen aber auch ungerufen und agieren gegen Rosalinds Willen - besonders in den »Zwischenspielen«, eingeschobenen, szenischen Sequenzen, in denen herrschende Meinungen und Normen ironisiert und persifliert werden. Rosalind führt mit den auftretenden Personen heftige Auseinandersetzungen, vor allem mit Martha, die seit langem verschwunden ist, und mit Clärchen, die sich umgebracht hat. Diese beiden Freundinnen verhielten sich immer ganz anders als die angepaßte Rosalind: Sie setzten sich gegen das bloße Funktionieren des einzelnen in der Gesellschaft zur Wehr, waren aufmüpfig, ja anarchistisch. Ihre Diskussionen mit Rosalind geraten zur Abrechnung: Allgemein anerkannte Werte, zum Beispiel Nützlichkeit und Ehrlichkeit, werden lächerlich gemacht, Martha propagiert stattdessen die Kultivierung der nutzlosesten Eigenschaft und die bewußte Gesetzesverletzung. Lebensformen wie Ehe und Familie, Gefühle wie Liebe und Mutterliebe entlarvt sie als Illusion, als Selbstbetrug. Auch Wege und Ziele weiblicher Befreiung geraten in diesen Strudel. Die Berufsarbeit der Frauen bezeichnet Martha als Sklavendasein, »Denken für Geld«, wie es Rosalind als Wissenschaftlerin tut, findet sie »pervers« (Ü 44).

Im zweiten Teil des Romans geht Rosalind »mit dem Kopf durch die Wand« (Ü 130). Nun muß sie nicht mehr die Welt in ihr Zimmer zitieren, sondern kann sich phantastisch-real in der Welt außerhalb des Zimmers bewegen. Es ist eine Welt des Schreckens, der Apokalypse. Rosalind gerät in einen Krieg oder Bürgerkrieg in Berlin, beobachtet den Bau einer Mauer, die die Toten dieses Krieges einfach aus dem Blick und damit aus dem Gedächtnis verschwinden läßt; sie erlebt Verhöre, einen Selbstmord und schließlich die Hinrichtung von Martha.

Diese Szene ist besonders im Kontext weiblichen Schreibens interessant. In einer kafkaesken Situation wird Martha mitgeteilt, daß sie von der »Assoziation dichtender Männer« zum Tode verurteilt ist. Der Grund: Sie habe nicht nur - entgegen allen Warnungen - geschrieben, ihre Schreibversuche gehörten auch »zu den schamlosesten und anmaßendsten Verletzungen nicht nur gesicherter literarischer Werte, sondern des guten Geschmacks ... Wir haben Romantizismen, Lyrismen, Pathos, Selbstmitleid, Infantilismus und modisches Feministengeplapper nachweisen können. Worte wie Hoffnung, Sehnsucht, Schmerz, Leid einschließlich der dazugehörigen Adjektive sind durchaus überrepräsentiert ...« (Ü 156)

Die »Assoziation dichtender Männer« sieht in den vielen schreibenden Frauen eine »Volksseuche« (Ü 156), eine Bedrohung für die Kunst. Die Dichtung von zwei Jahrtausenden sei wie ein Turm, aus unterschiedlichem Material zwar (Gold, Kalk, Sand etc.), aber stabil. Literatur von Frauen dagegen sei wie »Wind, Sonnenstrahlen und Wellenschaum« (Ü 159), die den festen Turm der männlichen Kunst unweigerlich zum Einsturz brächten. Um das zu verhindern, habe die »Assoziation dichtender Männer« den Tod der schreibenden Frauen beschlossen. Und dann erfolgt die Hinrichtung: Aus dem urteilsverkündenden Dichter wird ein Vampir, der sein Opfer aussaugt - ein deutlicher Hinweis auf die Ausbeutung weiblicher Kreativität durch Männer.

Die Schilderung von Gewalt, Krieg und Unterdrückung gipfelt in einer Szene, die aus einem Science-Fiction-Roman stammen könnte und auf künftige Schrecken verweist. Rosalind begegnet einem Klon, einem gezüchteten, hundertprozentig funktionstüchtigen Menschen.

Nachdem Rosalind verschiedene zeitliche Dimensionen durchschritten hat, überspringt sie auch die räumlichen Grenzen. Urplötzlich findet sie sich in New York wieder, einer Stadt, die auf die Autorin einen ähnlich starken Eindruck gemacht hat wie Bitterfeld - allerdings mit positivem Vorzeichen. Hier begegnet die Protagonistin inmitten einer Gruppe Obdachloser der verschwundenen Martha - und sich selbst (vgl. Christa Wolfs Erzählung »Unter den Linden«). Denn schlagartig erkennt Rosalind, daß sie selbst *auch* Martha ist, eine widersprüchliche Vielfalt, mit angepaßten und aufrührerischen, mit 'normalen' und mit geheimnisvollen Zügen. Maron zeichnet diese Subjekt-Struktur auch sprachlich nach. Passagenweise erzählt sie in der Ich-Form, läßt aber offen, ob dieses Ich Rosalind oder Martha ist. Dann wechselt sie in eine auktoriale Erzählhaltung, die wieder Distanz zur jeweils beschriebenen Person herstellt.

Die Begegnung zwischen den beiden Frauen endet damit, daß Martha Rosalind in ihr Zimmer und in ihren Sessel zurückführt. Das käme einer Rückkehr zum Ausgangspunkt gleich - wenn die bedürfnislose Frau nicht plötzlich Bedürfnisse, körperliche Bedürfnisse verspürte.

Ist Rosalind am Ende eins mit sich selbst geworden? Beim Gang durch die Welt und durch die Ansichten der anderen hat sie viel begriffen, auch ihre Einheit mit Martha. Aber Identität kann sich auch wieder auflösen, kann auch wieder verloren gehen - darauf verweist Rosalinds Rückkehr in ihr Zimmer und in ihren Sessel. Die Bewegung, die der Roman beschreibt, kann (und muß) also wieder von vorne beginnen, mit einem neuen Gang durch die Welt und das eigene Ich.

Ganz ähnlich endet Brigitte Burmeister Debüt-Roman »Anders oder Vom Aufenthalt in der Fremde«. Im vorletzten Absatz des Textes befindet sich Anders, der Protagonist, wieder an dem Punkt, von dem er zu Anfang aufbrach. Nun hat er zwei verschiedene Möglichkeiten, die die Autorin auch optisch nebeneinanderstellt: Entweder verhält er sich wie am Anfang des Romans, tritt damit in ein zirkuläres Geschehen ein, das ihn die ewige Wiederkehr des gleichen erleben läßt, oder er entscheidet sich für einen Weg ins Unbekannte, der ein Ende des Selbstverlustes zu versprechen scheint. Bewußt läßt der Roman offen, welchen Weg Anders einschlagen wird.

Auch in Burmeisters Buch geht es um Identität und Entfremdung, auch diese Autorin läßt verdrängte Anteile einer Person als selbständige Figuren auftreten, die aber plötzlich verschwinden, wenn die Hauptperson sich dieser Verdrängung bewußt wird. Allerdings ist Burmeisters Hauptfigur Anders (der Name könnte ein Hinweis auf Christa Wolfs Geschlechtertauschgeschichte »Selbstversuch« sein) ein Mann - eine ungewöhnliche Protagonistenwahl im Kontext des weiblichen Schreibens.

Anders ist ein angepaßter Bürokrat im Dienst einer Behörde, die an einer Stelle genauer als »Amt zur Erfassung von Bevölkerungsbewegung« spezifiziert wird. Es ist eine Behörde wie alle anderen auch - trotzdem sind Parallelen zum Staatssicherheitsdienst der DDR nicht von der Hand zu weisen. Dieser Mann hat alles Unangepaßte in sich verdrängt, auch seine weiblichen Anteile. Zur Gestaltung des verdrängten Weiblichen erfindet Burmeister die Figur »D.s Frau« - eine Person, die nicht einmal einen eigenen Namen hat und damit auf die Intensität der Verdrängung verweist. Ihre Hauptbeschäftigung ist ein unentwegtes Schreiben, das sie selbst als »weibliches Schreiben« (AoA 21) bezeichnet. Sie vergleicht es mit dem Betreten eines Labyrinths, mit der Suche nach etwas Unbekanntem an einem fremden Ort - Vergleiche, die auf Burmeisters eigenes Schreiben zurückweisen.

Ihr Roman ist ein Labyrinth, ein Verwirrspiel, ein Spiel mit Wirklichkeit und Un-Wirklichkeit, mit Ordnung und Un-Ordnung. Die Grenzen zwischen den scheinbar getrennten Bereichen sind durchlässig; Unwirkliches wird in vielen Szenen plötzlich wirklich - und umgekehrt. Die Suchbewegung, die seit Anfang der siebziger Jahre die Texte von Autorinnen thematisch bestimmt (die Suche nach dem eigene, unverwechselbaren Lebensentwurf), ist hier und bei Monika Maron am radikalsten auch in der Schreibstrategie umgesetzt.

Die Realität, die Burmeister im Roman zeichnet, ist nicht weniger schrecklich als in der »Überläuferin«, aber diese Autorin interessiert sich mehr für den versteckten, verborgenen Schrekken. Sie schildert zum Beispiel ganz idyllische Szenen, in denen aber gleichzeitig spürbar ist, daß ein Umschlag ins Gegenteil jederzeit möglich ist. Katastrophen bleiben Ahnungen, sie existieren nicht 'wirklich', weil niemand darüber spricht. Auch dies ist ein Verdrängungsmechanismus, der in der DDR-Realität eine wichtige Herrschaftsvariante darstellt (vgl. den Umgang mit Tschernobyl).

»Anders oder Vom Aufenthalt in der Fremde« ist nicht nur eine Abrechnung mit der Wirklichkeit. Der Roman leistet auch eine theoretische und praktische Kritik an einem vereinfachten Wirklichkeitsbegriff und seinen Folgen für die Literatur (Widerspiegelungstheorie). Mit der Figur eines »Bitterfelder Dichters« karrikiert die Autorin diese Schreibweise, mit der eigenen verweist sie auf verschmähte, verdrängte Möglichkeiten der literarischen Moderne, auf den nouveau roman, auf den Surrealismus, die beide in der DDR lange als dekadent denunziert wurden.

Burmeister hat als (ehemalige) Literaturwissenschaftlerin lange über die literarische Moderne gearbeitet; in den letzten Jahren erschienen Studien zum französischen Poststrukturalismus und seiner Theorie weiblichen Schreibens. Auch davon finden sich im Roman deutliche Spuren. Die Darstellung der manisch schreibenden Frau, die mit ihrem Schreiben eine Suchbewegung vollführt, verweist ebenso auf poststrukturalistische Theorie-Elemente wie die literarische Auseinandersetzung mit dem Verdrängten (zum Beispiel die verdrängten weiblichen Anteile der männlichen Hauptperson). Das Unbewußte, Verdrängte wird in dieser Theorie mit dem Weiblichen gleichgesetzt.

Vor diesem theoretischen Hintergrund erscheint die zunehmende Auseinandersetzung mit Verdrängtem in den achtziger Jahren in ganz neuem Licht. Weibliches Schreiben arbeitet sich nicht mehr wie in den siebziger Jahren an der tradierten dualistischen Geschlechterdefinition ab, sondern beginnt, sie durch die Auseinandersetzung mit Verdrängtem zu überschreiten, jenseits der tradierten Fixierungen nach neuen Bestimmungen zu suchen.

Auch bei anderen Autorinnen ist eine - allerdings deutlich vorsichtigere - Rezeption der Moderne erkennbar. Monika Nothing zum Beispiel veröffentlicht in ihrem ersten Erzählband »Ein Mantel aus Hoffnung« eine surreal anmutende Geschichte (»Nenne deinen Namen«), die in einer meterhoch verschneiten Stadt spielt. Fortbewegung ist nur noch durch Schneetunnel möglich, und das gesellschaftliche Leben ist auf ein Minimum reduziert. Der äußeren Eis-Zeit entspricht eine innere: Die Menschen kommunizieren nicht mehr miteinander, verbergen sich, geben sich nicht zu erkennen.

Auch Waldtraud Lewin, die bis Anfang der achtziger Jahre vorwiegend historische Romane und Biographien schreibt, arbeitet in ihrem Erzählungsband »Kuckucksrufe und Ohrfeigen« mit surrealistischen Mitteln. In der Geschichte »Das Karussell» entwirft sie die Vision einer vergifteten Welt und eines totalitären Staates, der das Gift bewußt als Zwangs- und Anpassungsmittel einsetzt. Die meisten Erzählungen dieses Buchs sind glückliche oder unglückliche Liebesgeschichten - zwischen Frauen, zwischen Mutter und Tochter, zwischen Frau und Mann. Aber auch in ihnen jongliert die Autorin mit Wirklichkeit und Unwirklichkeit, erfindet eine kafkaeske Theaterwelt, eine versunkene Insel im Fluß, eine goldene Stadt.

Helga Schubert geht in ihrem zweiten Geschichtenband »Blickwinkel« einen umgekehrten Weg. Sie erfindet keine surreale Welt, sondern arbeitet (vor allem in der Geschichte »Das verbotene Zimmer«) absurde, surreale Momente der vorhandenen Wirklichkeit heraus. Da fahren U-Bahnen durch 'unwirkliche' Bahnhöfe, da gibt es Fahrkarten für Reisen, die gar nicht möglich sind ... Dem Begriff der Verdrängung, der auch hier eine Rolle spielt, verleiht diese Autorin eine politische Wendung: Der Westen des geteilten Berlins, »Das verbotene Zimmer«, wird genauso verdrängt wie unerwünschte Anteile eines Individuums.

Ein spielerischer Umgang mit Wirklichkeit und Un-Wirklichkeit, Realität und Phantasie exitiert auch in Texten, die sich auf andere literarische Traditionen beziehen.

Im Kontext phantastischer Schreibweisen liegt ein Rückgriff auf Elemente der Science-Fiction-Literatur nahe - ein solcher Rückgriff ist aber bei Autorinnen aller Generationen nur selten zu finden. Monika Nothing spielt in der Geschichte »Blavibio oder Der verlorengegangene Erfinder« (aus »Ein Mantel aus Hoffnung«) den Traum vom hilfreichen Maschinenmenschen noch einmal durch. Angela Stachowa malt in »Berührung« (aus »Kleine Verführung«) das Bild einer künftigen Welt, in der die Menschen heimat- und bindungslos geworden sind. Auf dieser Entwicklungsstufe entsteht der unaufhaltsame Wunsch, in ein vormenschliches, amphibisches Dasein zurückzukehren.

Das Märchen dagegen gewinnt seit der verstärkten Romantikrezeption in den siebziger Jahren immer mehr Bedeutung. Einige Autorinnen erfinden neue Märchen, zum Beispiel Waldtraut Lewin mit ihren beiden Büchern »Der Sohn des Adlers, des Müllmanns und der häßlichsten Frau der Welt« und »Viktoria von jenseits des Zauns«. Im Mitteldeutschen Verlag erscheint ein Märchenbuch für Erwachsene (»Der Holzwurm und der König«), in dem auch Texte von Helga Schubert, Monika Helmecke und Christa Müller abgedruckt sind. Waren die Märchen der siebziger Jahre vorwiegend durch den Entwurf von Wunschbildern und positiven Utopien geprägt, so dominiert nun die negative Utopie. Selbst Waldtraut Lewins Texte, die immer noch zu einem glücklichen Ende gelangen, balancieren am Rande des Abgrunds.

Häufiger als neue Märchen sind Rückgriffe auf traditionelle Märchenfiguren und -motive, zum Beispiel auf das Schneewittchen oder die kleine Seejungfrau - auf Figuren, die Tod, Verletzung und Verstummen symbolisieren. Es gibt aber auch Gestalten, die bei aller Unterdrückung Stärke und Unabhängigkeit besitzen: eine Wölfin, eine wilde, freie Frau, die anderen Angst macht (Lewin) - oder die Hexen, die gleich in drei Romanen im

Mittelpunkt stehen: in Irmtraud Morgners »Amanda«, Elke Willkomms »Hexensommer« und Renate Apitz' »Hexenzeit«.

4. Der Planet braucht Hexen
»Amanda«, »Hexensommer«, »Hexenzeit«

Die Hexen - einerseits Sagen- und Märchenfiguren, andererseits wirkliche Frauen, die als Hexen apostrophiert und verfolgt wurden - bergen die Ambivalenz von Wirklichkeit und Un-Wirklichkeit bereits in sich. Sie laden dazu ein, die Phantasie spielen zu lassen und sich gleichzeitig mit Vergangenheit und Gegenwart selbständiger Frauen auseinanderzusetzen. Denn Hexen waren und sind nichts anderes als unangepaßte Frauen, die aus der Rolle fallen und Erwartungen nicht erfüllen. In der Vergangenheit wurden sie deshalb verfolgt und vernichtet. Aber auch in der Gegenwart (der DDR) - so die Romane von Morgner und Willkomm - können sie sich nicht ausleben: Entweder verkümmert die hexische Hälfte von selbst oder sie wird gewaltsam abgetrennt, unterdrückt. Das Resultat ist eine Spaltung der Person, die deutlich an Marons Rosalind und Burmeisters Anders erinnert - nur bleibt hier die Darstellung der unterdrückten Anteile auf der Ebene des Märchenhaft-Phantastischen.

In diesem Grundkonzept besteht zwischen den Romanen von Morgner und Willkomm erstaunliche Ähnlichkeit. Apitz' »Hexenzeit« arbeitet die Möglichkeiten der Hexenfigur nicht aus. In ihrem Roman steht zwar auch eine unangepaßte Frau im Mittelpunkt, ihr können aber Anpassungszwänge und Unterdrückung im Kern nichts anhaben. Das Phantastische bleibt im Roman rudimentär, erschöpft sich in Zaubertricks und einem unmotivierten Rückgriff auf die nordische Sagenwelt.

Elke Willkomm nutzt die Möglichkeiten der Hexenfigur, die vielen phantastischen Motive - Walpurgisnacht, Besenritte, somnambule Begegnungen etc. - sind funktional für Konfliktgestaltung und Handlungsstruktur. In einem langen Prozeß des Nachdenkens und Aufschreibens der eigenen Geschichte gelingt es der Protagonistin des Romans, der Lehrerin Anne Bremer, wieder eins mit ihrer hexischen Hälfte Barbara (= die Wilde) zu werden. Aus ihrer neugewonnenen Identität schöpft sie soviel Kraft und Mut, daß sie beginnt, gegen die schlechte Schulwirklichkeit anzugehen und andere Menschen in ihrer Anpassung aufzustören.

Laura Salman, eine der Hauptfiguren in Morgners »Amanda«, kann die Spaltung nicht überwinden, denn an ihrer Fortdauer sind 'höhere Mächte' interessiert: Gott und Teufel, Oberengel und Oberteufel, gesellschaftliche Institutionen, reaktionäre Männer, kurz - das Patriarchat und seine Vertreter. Mit allen Mitteln wollen sie eine Verschmelzung von Laura und Amanda, Lauras hexischer Hälfte, verhindern. Sie arbeiten mit Eifersucht und Heiratsanträgen, mit Einschüchterung, Verfolgung, Bespitzelung und Rufmord.

»Amanda« ist der zweite Band der geplanten Salmann-Trilogie, das Buch knüpft formal und inhaltlich an die »Trobadora« an. Wieder stehen Laura Salman und die Trobadora Beatriz im Mittelpunkt, aber beide Figuren sind deutlich verändert. Laura ist nicht mehr das »Sinnbild der durchschnittlichen berufstätigen Frau mit dem Tugendsortiment fleißig - genügsam - willig - unauffällig - verzichtsgeneigt - aufopferungsgemut ...« (A 23), sondern nun, trotz der Spaltung, mit einem hexischen Rest von Unangepaßtheit und Unkonventionalität ausgestattet. Durch den Kontakt mit Amanda (der abgetrennten hexischen Hälfte) und mit anderen Hexen entdeckt sie verdrängte Wünsche und vergessene Fähigkeiten neu und beginnt, sie zu reaktivieren. So nimmt sie zum Beispiel ihre alchemistischen Experimente wieder auf, die sie als junge Frau vor ihrer Teilung betrieben hat.

Von diesen Versuchen erhofft sich Laura eine Lösung für ihre Lebenssituation. Der 'normale' Frauenalltag in der DDR hat sie nämlich an den Rand ihrer Kraft, ja ihres Lebenswillens gebracht. Von dem Optimismus, den sie in der »Trobadora« noch ausstrahlte, ist kaum etwas übrig geblieben. Laura glaubt nicht mehr an die Möglichkeit einer schnellen Verbesserung ihrer Situation, Hexerei erscheint ihr daher als der einzige Ausweg. Anfangs versucht sie, ein Schlafersatzelixier herzustellen, um damit mehr Zeit zu bekommen - aber alle Experimente scheitern (vgl. Worgitzky). Ihre letzte Hoffnung ist das »Trinksilber«, ein Stoff, der Frauen entrückt und unteilbar macht, der sich aber in der Hand des Oberteufels befindet. Laura versucht mit allen Mitteln, in seinen Besitz zu kommen, aber auch das gelingt bis zum Ende des Romans nicht.

Für die Veränderung der Figur und ihrer Stimmung nennt Morgner in Interviews zwei wichtige Gründe (vgl. Morgner 1983 und Morgner 1984b). Die Situation der Frauen in der DDR verändere sich viel langsamer, als Anfang der siebziger Jahre, der Entstehungszeit der »Trobadora«, angenommen. Verantwortlich dafür seien vor allem die patriarchalisch geprägten Strukturen des Landes. Darüber hinaus bedrohe die weltweite Männerherrschaft das Überleben der gesamten Menschheit, die Bereitschaft zu nuklearen Auseinandersetzungen nehme zu, die ökologische Zerstörung dauere unvermindert an.

Auf einer zweiten Handlungsebene setzt sich der Roman mit der Männerherrschaft auseinander. Er spürt ihre Wurzeln in die Vorgeschichte auf, in der sich Privateigentum, Männerherrschaft und permanenter Krieg in einem gemeinsamen historischen Kontext herausbildeten, um von dort aus Veränderungsstrategien zu entwerfen. In der griechischen Mythologie ist dieser Übergang vom Matriarchat zum Patriarchat rudimentär erkennbar, daher greift Morgner diese Mythologie auf, interpretiert sie um und macht sie lebendig. Sie erzählt verschiedene Varianten des Parnaß-Mythos und der Geschichte der Pandora, läßt Erdmutter Gaja, ihre Tochter Arke und die Sirenen wieder auferstehen und gibt ihrem Handeln einen einzigen Sinn: Sie sollen die Erde vor dem Untergang retten. Die ununterbrochene Kette der Kriege hat die Sirenen allerdings um Gedächtnis und Stimme gebracht. Nun müssen sich sich (wie die Menschen-Frauen) mühsam erinnern und ihre Stimme trainieren, um mit ihrem Gesang die Menschheit zu warnen.

Die Trobadora Beatriz ist eine dieser Sirenen, auferstanden als Eule mit Menschengesicht, ohne Erinnerungsvermögen und mit krächzender Stimme. Aus der ungeduldig agierenden Person des Trobadora-Romans ist damit ein reduziertes, verletztes

Wesen geworden, das verzweifelt versucht, seine verlorenen Fähigkeiten wiederzugewinnen.

Neben die griechische stellt Morgner eine erfundene, parallel konstruierte Brocken-Mythologie, in der Hexen und Raben, Besenritte, Zaubersprüche und Alchemie eine Rolle spielen. Auch die erfundene Mythologie liefert eine (phantastische) Erklärung für die Entstehung der weiblichen Unterdrückung und verweist gleichzeitig auf eine Möglichkeit ihrer Aufhebung: die Rückeroberung des Trinksilbers, das den Frauen ihre Einheit, ihre Identität zurückgibt. Über die Strategie der Rückeroberung besteht unter den Hexen des Blocksberges keine Einigkeit, sie spalten sich in drei Fraktionen, die sich heftig bekämpfen. - Eine kleine Parodie auf Querelen in der westlichen Frauenbewegung!

Der Rückgriff auf Vorgeschichte und Mythos, der Morgner das Zusammendenken von Krieg und Männerherrschaft erst möglich macht, erklärt gleichzeitig den engen Zusammenhang, den die Autorin zwischen der Rettung der Welt und der Frauenbefreiung sieht. »Alleinherrschendes Eroberungsdenken in Gesellschaft, Wissenschaft und Technik haben die Erde an Abgründe geworfen. Eroberungsdenken von Männern - eine Kulturzüchtung, nicht Männernatur .. Nur wenn die andere Hälfte der Menschheit, die Frauen, bestimmte, bisher nur für private Zwecke entwickelte Fähigkeiten und Tugenden in die große Politik einbringen, können atomare und ökologische Katastrophen abgewendet werden. « (A 306)

Hier liegt Morgners Hoffnung, Morgners Utopie - angesichts der aktuellen Situation hält sie beides für unverzichtbar: »Die Utopie, auch die literarische, sehe ich heute, gerade heute, als unverzichtbares Selbstbehauptungsmittel gegen den Verlust der Zukunftsgewißheit.« (Morgner 1984a:1514)

Morgner verfügt aber noch über ein anderes Mittel der Selbstbehauptung: das Lachen, »eine Widerstandskraft gegen die Lähmung durch Angst« (Morgner 1984a:1512). Das Lachen, die Ironie, der Witz sind ihre besonderen Talente, Morgner hält sie für etwas »Kreatürliches«, das im Charakter begründet liege (Morgner 1984a:1512). Ihr Roman verweist auch hier auf Traditionen, auf mittelalterliche Karnevalsbräuche, auf die

Figur des Narren, schildert selbst »närrische Aktionen« und karnevaleske Szenen und macht aus dem noch ungeteilten Mädchen Laura einen weiblichen Eulenspiegel.

5. Seherin und Warnerin
Christa Wolfs »Kassandra«-Projekt

Der Vergleich von Morgners »Amanda« und Wolfs »Kassandra« macht deutlich, wie groß die Unterschiede im weiblichen Schreiben sein können. Beide Texte erscheinen 1983, beide setzen sich mit dem Thema Krieg und Frauenunterdrückung auseinander, beide greifen für die Darstellung dieses Themas auf die griechische Mythologie zurück. Aber bei Morgner findet man eine Mischung aus Verzweiflung und Lachen, bei Wolf einen durchgängig hohen, elegischen Ton; bei Morgner eine offene, spielerisch überquellende Form, bei Wolf Geschlossenheit, strenge Gestaltung und Dichte.

Christa Wolfs Erzählung beginnt mit dem Ende. Kassandra, eine Tochter des Trojaner-Königs Priamos, Seherin und Prophetin des Untergangs von Troja, sitzt auf dem Beutewagen des Siegers Agamemnon und wartet auf den Tod. Damit ist das äußere Geschehen bereits umrissen; Christa Wolf stellt das innere Geschehen, die Gedanken und Gefühle der Kassandra in den Mittelpunkt. In einem großen inneren Monolog läßt diese noch einmal wichtige Phasen ihres Lebens, wichtige Erkenntnisse und Entscheidungen passieren.

Noch einmal geht es um ihren Beruf, das Amt der Seherin. Schon als junges Mädchen will Kassandra dieses Amt, mit ihm bekommt sie eine Aufgabe und kann gleichzeitig den Männern entgehen. Ihre Wahl hat schwerwiegende Folgen: für die Schwester Polyxena, die ursprünglich zur Seherin bestimmt ist, für die Beziehung zum Vater und für Kassandra selbst. Denn das Amt der Seherin zwingt sie, die Wirklichkeit genau, unverstellt wahrzunehmen, es zwingt sie dazu, das Wahrgenommene auszusprechen, nicht zu verschweigen, nicht zu verdrängen. Kassandra braucht lange, um das herauszufinden und um den

Mut zu einem solchen Handeln aufzubringen. Wahnsinn und Gefängnis bleiben ihr auf diesem Weg ebensowenig erspart wie eine Entscheidung darüber, auf wessen Seite sie sich stellt: auf die der Herrschenden, zu denen sie ihrer Geburt nach gehört, oder auf die Seite der Frauen, die am Ufer des Skamandros leben und sich dem Krieg verweigern.

Noch einmal denkt Kassandra an ihre Liebe: an die Zuneigung zum Vater, die später in Verachtung umschlägt; an die Liebe zu Aineas, einem liebens-werten und liebes-fähigen Mann, der nicht wie die anderen männlichen Tugenden nachjagt, nicht auf Kampf aus ist, sondern auf Versöhnung; und schließlich an die Liebe zu Myrine, einer schönen und kämpferischen Frau, die zu den Amazonen gehört. Aineas und Myrine sind Menschen mit androgynen Zügen, Menschen, die autonom sind und die Autonomie eines anderen gelten lassen.

Kassandra denkt auch an ihren Haß: auf Eumelos, einen kaltblütigen Karrieristen, der die Macht in Troja an sich reißt, den Krieg vorbereitet und schließlich bis zum Untergang vorantreibt; auf Achill, das »Vieh«, einen Mann, der besessen ist von seiner Zerstörungslust. Ihr Haß richtet sich letztlich gegen die männlichen Männer, gegen die Männerherrschaft und ihre schrecklichen Folgen - Krieg, Vernichtung, Unterdrückung des anderen.

Christa Wolf hat mit dieser Kassandra eine Frau erfunden, die um Autonomie und Identität ringt, die mühsam und schmerzlich beides erringt und deshalb sterben muß. Weibliche Autonomie und weibliche Stärke sind bei Trojanern und Griechen nur noch am Rande der Gesellschaft, in engen räumlichen und zeitlichen Grenzen möglich. Eine Frau, die diese Grenzen überschreitet, die sich einmischt und die Wahrheit sagt, muß zum Schweigen gebracht werden.

Kassandra ist aber nicht nur eine erfundene Gestalt. Christa Wolf greift auf die antike Kassandra-Figur zurück, verändert sie aber, setzt der patriarchalen Interpretation dieser Figur im Mythos eine eigene Deutung entgegen. Die Sehergabe etwa wird nach dem Mythos von den Göttern verliehen, Wolfs Kassandra wählt sie. Auch andere Figuren werden umgedeutet: Achill, der strahlende Held, ist bei Wolf »das Vieh«.

»In Kassandra ist eine der ersten Frauengestalten überliefert, deren Schicksal vorformt, was dann, dreitausend Jahre lang, den Frauen geschehen soll: daß sie zum Objekt gemacht werden.« (V 86) Dieses Verständnis der Kassandra-Figur, das Wolf in den »Voraussetzungen einer Erzählung: Kassandra« formuliert, eröffnet zwei Dimensionen der Gestaltung. In historischer Verkleidung kann Wolf drängende Gegenwartsprobleme - Frauenunterdrückung, Kriegsgefahr - literarisch verarbeiten, sich aber gleichzeitig mit dem Ursprung dieser Probleme auseinandersetzen.

Wolfs Kassandra lebt mitten in einer Zeit, in der die alten matriarchalen Strukturen immer mehr zurückgedrängt werden. Bei den Griechen, den Belagerern Trojas, ist die patriarchale Herrschaft bereits etabliert, bei den Trojanern setzt sie sich in der Zeit von Vor-Krieg und Krieg immer wieder durch. Mit der Rückkehr zu diesem historischen Punkt verweist Wolf darauf, daß auch eine andere Entwicklung möglich gewesen wäre.

Zur Zeit des trojanischen Krieges existieren noch viele Relikte der matriarchalen Kultur. Da sind die Amazonen, die Frauen, die mit Waffen kämpfen. Ihre Wertvorstellungen ähneln denen der Männer, auch ihr Denken ist von strengen Alternativen wie Sieg oder Tod geprägt. Matriarchalen Ursprungs ist auch die Lebensweise der Frauen am Skamandros. Sie haben sich aus der trojanischen Gesellschaft zurückgezogen und führen nun ein selbstbestimmtes Leben, das von Freundlichkeit, Solidarität und Gewaltlosigkeit geprägt ist. Aber auch ihre Lebensform wird - wie die der Amazonen - am Ende des Krieges zerstört.

Trotz ihres Untergangs verweisen beide Gruppen auf Möglichkeiten des Widerstandes gegen Männerherrschaft und Krieg. Eine dritte ist die Handlungsweise der Kassandra: das Ringen um individuelle Autonomie und Wahrhaftigkeit *in* einer Gesellschaft und der Kampf um eine Veränderung dieser Gesellschaft. In der Reflexion unterschiedlicher Formen weiblichen Widerstands besteht eine weitere Parallele zwischen Morgners »Amanda« und Wolfs »Kassandra«. Beide Autorinnen favorisieren den Weg der Kassandra, eine Handlungsweise, die sich nicht blind gegen Männer als solche richtet, sondern gegen die männlichen Männer, eine Widerstandsform also, die 'andere' Männer als Verbündete zuläßt.

»Es gibt keinen Weg vorbei an der Persönlichkeitsbildung, an rationalen Modellen der Konfliktlösung, das heißt auch an der Auseinandersetzung und Zusammenarbeit mit Andersdenkenden und, selbstverständlich, Andersgeschlechtlichen. Autonomie ist eine Aufgabe für jedermann ...« (V 116).

Von einer solchen Strategie erhofft sich Wolf - ähnlich wie Morgner - eine Veränderung der patriarchalisch-kriegerischen Welt. Auch sie sieht die Erde durch das Handeln und Denken der männlichen Menschen auf den Abgrund zutreiben: Hochrüstung und ökologischer Raubbau, beide Resultat des »instrumentalen Denkens« und des »blanken Nützlichkeitswahns«, drohen die Erde zu vernichten. In der »Kassandra« stellt Wolf die Kriegsgefahr in den Mittelpunkt, versucht am trojanischen Beispiel herauszufinden, wann der Vor-Krieg beginnt. »Wann Krieg beginnt, das kann man wissen, aber wann beginnt der Vorkrieg. Falls es da Regeln gäbe, müßte man sie weitersagen. In Ton, in Stein eingraben, überliefern. Was stünde da. Da stünde, unter andern Sätzen: Laßt euch nicht von den Eignen täuschen.« (K 78) Der letzte Satz muß auch als Warnung vor den 'DDR-Eigenen' gelesen werden, als Aufforderung, in der Zeit des Vorkriegs - also heute - hinter Parolen und Schlagworte zu blicken, Denkverbote aufzuheben, Zusammenhänge zu reflektieren, die bisher un-denkbar waren!

Die »Voraussetzungen einer Erzählung: Kassandra« und die Erzählung selbst müssen als Einheit verstanden werden. In der DDR-Ausgabe sind alle Texte in einem einzigen Band veröffentlicht, und Wolf selbst hat die »Voraussetzungen« und eine Arbeitsfassung der Erzählung 1982 in Frankfurt am Main als Poetik-Vorlesungen vorgetragen. Die Mischform, die Wolf in den siebziger Jahren bei den Romantikerinnen herausarbeitet und selbst in »Kindheitsmuster« und »Kein Ort. Nirgends« erprobt, wird hier in einer dritten Variante vorgestellt. In den vier »Voraussetzungen« arbeitet Wolf mit den subjektiven Genres, die sie im Kontext ihres Romantik-Projekts bei den schreibenden Frauen vorfand: mit Tagebuch, Brief und Reisebeschreibung. Alle drei machen es möglich, »lebendige Erfahrung« (V 8) auszudrücken und mitzuteilen.

Eine Reise nach Griechenland und der Versuch, sich dort geistig und sinnlich mit dem alten und neuen griechischen Leben auseinanderzusetzen, stehen am Anfang. In dieser Zeit erwacht auch Wolfs Interesse an der Kassandra-Figur. Zu Hause folgt eine detaillierte Arbeit am Material, die Wolf in einem Arbeitstagebuch festhält. Berichte über Lektüre, Reflexionen über die Kassandra-Figur und über verschiedene Konzeptionen, politische Tagesereignisse aus den Jahren 1980 und 1981, Träume, alltägliche Verrichtungen - all das steht dort gleichwertig nebeneinander. Schließlich schreibt Wolf einen Brief an »A.«, in dem sie Gedanken über die »matriarchalisch deutbare Vorgeschichte« (V 132), über Mythen und Mythenrezeption, über Ästhetik und literarische Vorbilder mitteilt. In diesem Kontext stehen auch ihre Reflexionen über weibliches Schreiben: »Inwieweit gibt es wirklich 'weibliches' Schreiben? Insoweit Frauen aus historischen und biologischen Gründen eine andre Wirklichkeit erleben als Männer. Wirklichkeit anders erleben als Männer, und dies ausdrücken. Insoweit Frauen nicht zu den Herrschenden, sondern zu den Beherrschten gehören, jahrhundertelang, zu den Objekten der Objekte, Objekte zweiten Grades, oft genug Objekte von Männern, die selbst Objekte sind, also, ihrer sozialen Lage nach, unbedingt Angehörige der zweiten Kultur; insoweit sie aufhören, sich an dem Versuch abzuarbeiten, sich in die herrschenden Wahnsysteme zu integrieren. Insoweit sie, schreibend und lebend, auf Autonomie aus sind.« (V 114/115)

Mit diesen Überlegungen leistet Christa Wolf eine wichtige Bestimmung weiblichen Schreibens. Auf die einzelnen Argumente wurde bereits im ersten Kapitel dieses Buches genauer eingegangen. Hier sei daher nur auf den Zusammenhang dieser theoretischen Position mit der Kassandra-Figur und mit Wolfs eigenem Schreiben verwiesen.

6. Im Angesicht der Katastrophe
Christa Wolfs »Störfall« und Helga Königsdorfs »Respektloser Umgang«

Drei Jahre später warnt Christa Wolf erneut vor der menschlichen Selbstzerstörung. Diesmal arbeitet sie ohne historische »Verkleidung«, diesmal verringert sie die Distanz zwischen sich und dem erzählenden Ich auf ein Minimum.

»Ein Tag wie dieser ... zwingt uns, zwingt mich, Persönliches nach außen zu kehren, das Widerstreben zu überwinden.« (S 92) »Störfall« protokolliert den ersten Tag, den ein erzählendes Ich mit der »NACHRICHT« von der Reaktorkatastrophe in Tschernobyl leben muß. (Mit der Großschreibung verweist Christa Wolf auf ihre Erzählung »Der geteilte Himmel« (1963), in der die »NACHRICHT« vom ersten Weltraumflug der Sowjetunion als Symbol des Fortschritts fungiert.) Die Autorin spricht aber nicht in der Gegenwart, sondern läßt die Erzählperson aus einer hypothetischen Zukunft auf diesen Tag zurückblicken - eine Perspektive, die Distanz und Verdichtung ermöglicht.

Der Frühlingstag ist scheinbar ein Tag wie jeder andere, aber im ganz Alltäglichen drängt sich die Katastrophe immer wieder in den Vordergrund: bei Gartenarbeit und Essenszubereitung, in Telefonaten und Gesprächen, ja selbst in Liedern und Gedichtzeilen, die der Erzählerin durch den Kopf gehen.

Sehr genau verfolgt Christa Wolf, was im Innern des Ich geschieht. Sie schildert widersprüchliche Gefühle wie Angst, Wut und Trotz, verfolgt Assoziationen und Gedankenketten und notiert die Fragen, die sich einstellen. Wie konnte es zu einer Wissenschaftsentwicklung kommen, die die menschliche Existenz so grundlegend gefährdet? Was sind das für Menschen, die diesen Prozeß vorantreiben? Warum haben wir ihnen nicht Einhalt geboten? Was hätte ich als Schriftstellerin gegen diese Entwicklung tun können? Fragen, auf die nur vorläufige Antworten möglich sind. Eine setzt beim tierischen Ursprung des Menschen an, beim Zusammenhang von Töten und Selektion, von Töten und Erfinden. Eine andere reflektiert die extreme Arbeitsteilung, die den Wissenschaftlern, in der Regel Männer, die Fähigkeit zur Liebe austreibt, sie vom menschlichen Miteinander und Fürsorgen abschneidet und ihnen als Ersatz die 'Liebe' zur Technik bietet - ein Gedanke, den Wolf schon in der Geschichte »Selbstversuch« entwickelt. Eine dritte Antwort deutet sich in einem Telefongespräch mit der Tochter, einer Psychologin, an. Es geht um den Mechanismus der Verdrängung, die als Abwehr, als Selbstschutz »vor eigenen Einsichten über uns selbst und vor den Angriffen von außen« (S 103) funktioniert und vom einzelnen, aber auch von ganzen Kulturen benutzt wird (vgl. Maron, Burmeister). Drei Probe-Antworten, die alle drei auf unterschiedliche Arten der Tötung, der Ab-Tötung des Störenden, des Beängstigenden verweisen.

Auch im Schreiben und Reden steckt dieser Mechanismus der Verdrängung: »Nicht zuviel - zuwenig haben wir gesagt, und das Wenige zu zaghaft und zu spät. Und warum? Aus banalen Gründen. Aus Unsicherheit. Aus Angst. Aus Mangel an Hoffnung. Und, so merkwürdig die Behauptung ist: auch aus Hoffnung. Trügerische Hoffnung ...« (S 68) - darauf, daß die eigene Gesellschaft aus sich heraus dazu in der Lage ist, ihre Probleme und Schwierigkeiten zu bewältigen?

Wolf notiert aber noch eine andere Beobachtung: »Der Umkreis von Zerstörung um einen Schreibenden, wie oft habe ich ihn beobachtet, wie ihn gefürchtet, ihn manchmal umgehen, nicht immer vermeiden können, da es in der Natur der Sache, im Wesen des Lasters Schreiben zu liegen scheint, daß es Rücksichten nicht kennt und der eingreifende Schreibvorgang ... doch auch immer Menschen mit greift, Personen, die durch Beschreibung zu Betroffenen werden, sich beobachtet, aufgespießt, kategorisiert fühlen müssen, verkannt, in schlimmeren Fällen verraten ... dagegen weiß ich kein Mittel außer Schweigen ...« - (S 109)

Schreiben ist damit in zweifacher Hinsicht zerstörerisch: Wenn es ausspricht und wenn es verschweigt! Diese Erkenntnis drängt sich der Erzählperson auf, als sie über Parallelen zwischen Forscher-Lust und Schreib-Lust nachdenkt. Ihre Reaktion ist »Wort-Ekel«, Zweifel am Sinn des Schreibens. Bei Christa Wolf taucht dieser Zweifel seit »Kein Ort. Nirgends« immer wieder auf, und ihre Antwort ist immer wieder die gleiche. Sie muß schreiben, alles andere wäre Selbstbetrug, sie muß der »eigenen Wahrheit ohne Angst ins Gesicht« sehen (S 104). Vielleicht könnte es sogar »eine Chance für eine ganze Kultur sein, wenn es möglichst viele Mitglieder wagen können, der eigenen Wahrheit ohne Angst ins Gesicht zu sehen? ... Ob dies nicht die allerutopischste von allen Utopien ist ...« (S 104) - fragt die Erzählerin lakonisch weiter, erstaunt darüber, daß sie an diesem Tag von Utopien spricht.

Am Tag der »NACHRICHT« wird dem Bruder der Erzählerin ein Hirn-Tumor entfernt. Da ihm später dieser Tag fehlen wird, macht die Ich-Erzählerin ihn zu ihrem ständigen (imaginären) Gesprächspartner. Sie beschreibt für ihn, was vorgeht, sie debattiert mit ihm, sie versucht auch, ihm telepathisch Energie, Mut und Lebenswillen zu vermitteln. Der Bruder steht ihr - das zeigen eingestreute Kindheitserinnerungen (und ein Vergleich mit »Kindheitsmuster«) - sehr nah, an einigen Stellen wirkt er wie ihr anderes Ich. In der Konstruktion der Erzählung bildet er aber gleichzeitig einen Gegenpol zur Erzählerin: Er ist Naturwissenschaftler und ausgerechnet an diesem Tag in extremer Form von hochentwickelter Forschung abhängig. Mit dieser Figur versucht Wolf dem positiven Aspekt, der Nützlichkeit von Wissenschaft und Technologie für den Menschen gerecht zu werden - eine Konstruktion, die künstlich erscheint und wie ein Zugeständnis an das offizielle Wissenschaftsverständnis der DDR wirkt.

»Störfall« wird nicht wie »Kein Ort. Nirgends« und »Kassandra« von Essays, Tagebüchern und Briefen begleitet. In diesem Text verknüpft Wolf Reflexionen, Alltagsbeschreibungen und poetische Passagen ganz direkt; die Verbindung wirkt unmittelbarer, spontaner als in »Kindheitsmuster«, aber auch weniger kunstvoll. Insgesamt ist der Text von seinen reflexiven Passagen geprägt, sie verleihen ihm einen essayistisch-diskursiven Charakter. »Störfall« gehört damit von seiner Schreibweise her nicht in die Reihe der Bücher, von denen bisher die Rede war. Der Text wird an dieser Stelle behandelt, weil er sich wie eine Weiterführung der »Kassandra« liest und gleichzeitig in enger Verbindung zu Helga Königsdorfs erster Langerzählung »Respektloser Umgang« steht - einer Erzählung, die von einer phantastischen Konstruktion lebt.

Auch die Ich-Erzählerin dieses Textes trägt unverkennbar Züge der Autorin: Beide sind leidenschaftliche, erfolgreiche Mathematikerinnen, beide haben Sohn und Tochter (Physiker und Tänzerin von Beruf), beide leiden an einer tödlichen Krankheit, die Konzentrationsfähigkeit und Kreativität immer mehr einschränkt und den Körper zunehmend erstarren läßt.

In der Erzählung setzt diese Krankheit einen Reflexionsprozeß in Gang, der zu einer Lebensbilanz wird. Die Fragen nach der Richtigkeit des bisherigen Lebens, nach seinem Sinn, seiner Wirkung können nicht (mehr) abgewiesen werden. Die 'Krankheit' der Welt, die Gefahr der Selbstzerstörung der Menschheit durch einen Atomkrieg verschärft die individuelle Krise noch - die Ich-Erzählerin ist als Naturwissenschaftlerin an dieser Entwicklung zwar nicht unmittelbar, aber doch indirekt beteiligt. Mit dieser Figurenwahl wirkt die Erzählung wie eine Antwort auf Wolfs Frage: Was sind das für Menschen, die eine Forschung mit menschheitsvernichtender Potenz vorantreiben?

Königsdorf versucht, darauf nicht nur eine individuelle, die Ich-Erzählerin betreffende Antwort zu geben. Sie stellt - und das ist der phantastische Kunstgriff der Erzählung - der Ich-Erzählerin eine andere Frauengestalt zur Seite: Lise Meitner, eine Physikerin, die maßgeblich an der Entdeckung der Kernspaltung beteiligt war. Diese Frau, seit fünfzehn Jahren tot, 'erscheint' nun plötzlich der Ich-Erzählerin. Zuerst glaubt diese an eine Halluzination, die von den Medikamenten herrührt, doch dann muß sie die 'Realität' von Lise Meitner akzeptieren. Die beidenFrauen führen eine intensive Auseinandersetzung, bis Lise Meitner wieder verschwindet - die Ich-Erzählerin braucht sie nicht mehr.

Verglichen mit Texten wie der »Überläuferin« oder »Amanda« sind die phantastischen Elemente im »Respektlosen Umgang« wenig ausgeführt. Trotzdem wird die Erzählung durch die phantastische Grundidee, die 'Erscheinung' der Lise Meitner, geprägt. Insgesamt kann die Schreibweise des Textes als

Mischung phantastischer, realistischer und dokumentarisch-faktographischer Elemente beschrieben werden.

Die Figur der Lise Meitner hat mehrere Funktionen: Sie bildet einen Spiegel und einen Gegenpart für die Ich-Erzählerin, treibt deren Reflexionsprozeß voran, repräsentiert ein Stück Wissenschaftsgeschichte und gibt den Anstoß für eine neue Sinnsetzung.

Was also sind das für Menschen, die naturwissenschaftliche Forschung betreiben, Forschung, die tödliche Konsequenzen in sich birgt? Es sind Menschen, für die Arbeit einen hohen Stellenwert hat. Die Erzählperson erwähnt das Glück und die Befriedigung, die sie aus ihrem Beruf zieht - sie spricht aber auch von Leistungsdruck und Konkurrenz, von der Angst vor dem Versagen und dem Ende der Kreativität. Diese negativen Seiten der Arbeit hat Königsdorf auch schon in ihren Erzählungen geschildert. Dort bedient sie sich bildhafter und satirischer Mittel, hier erzählt sie sachlich und direkt.

Im Laufe des Reflexionsprozesses wird der Erzählperson immer bewußter, daß diese Arbeit männlich strukturiert ist, daß sie alles 'andere' ausschließt, verdrängt - und daß diese Struktur ihrer Persönlichkeit entgegenkommt. Sie ist eine Frau, die männlich sozialisiert ist, sich an männlichen Mustern orientiert und sich mit ihnen identifiziert. Ihre Weiblichkeit hat sie auf den Körper, auf die Sexualität und auf die Gebärfähigkeit reduziert. Die Festigkeit dieses Selbstbilds aber trügt. Äußert jemand die Auffassung, Frauen seien nicht nur körperlich anders als Männer, sondern verfügten auch über andere Wahrnehmungs-, Empfindungs- und Denkstrukturen (vgl. Wolf V 114/115), reagiert sie gekränkt und abweisend (RU 54). Das männliche Lebensmuster, die Vergeudung der Lebenskraft an die Arbeit, wird ihr im Laufe ihres Nachdenkens zunehmend fragwürdig, das Selbstbild und seine implizite Spaltung nicht. Daß die Krankheit gerade in der Abtrennung, in der Reduktion des Weiblichen auf den Körper begründet sein könnte (der Körper, das Weibliche erstarrt) - diesen Gedanken legt die Erzählung zwar nahe, sie macht ihn aber nicht explizit. Es scheint beinahe so, als mache Königsdorf vor diesem Schritt Halt.

Bei Lise Meitner fehlt auf den ersten Blick alles Weibliche.

Sie war »nie Geliebte, nie Mutter« und wird deshalb von der Ich-Erzählerin bedauert (RU 11). Als einzige Frau unter männlichen Wissenschaftlern ist sie in Königsdorfs Erzählung gleichzeitig die einzige Person, die sich der moralischen Verantwortung für die Folgen der Wissenschaft nicht entzieht. Sie vertraut nicht den Regierenden, sondern handelt selbst, greift in den Fortgang der Forschung ein, verficht hartnäckig falsche Thesen, um die richtigen Erkenntnisse und damit die Nutzung der Kernspaltung durch die Nationalsozialisten zu verhindern. Der bewußte Widerstand von Lise Meitner ist eine Erfindung von Königsdorf. Daß sie diese Handlungsweise ausgerechnet einer Frauengestalt zuordnet, Frauen damit als Widerständige zeichnet, vergrößert die Widersprüchlichkeit noch, die Königsdorfs Weiblichkeitsbegriff in sich birgt.

Über Lise Meitner bekommt die Ich-Erzählerin einen »Auftrag der Überwelt«: Auch sie soll ihre Kräfte auf die Rettung der Menschheit richten und einen Weg zur Veränderung der Wissenschaft finden. Im Ende der Rationalität kann allerdings die Lösung nicht liegen: »Keinesfalls werde ich sagen, Wissenschaft verbiete sich von jetzt an. Gefährlich ist der Mythos, wir könnten mir ihrer Hilfe getrost jede Suppe auslöffeln, die wir uns einbrocken ... Aber gefährlicher ist der Glaube, wir kämen ohne neue Erkenntnis aus.« (RU 93)

Die Parallelen zwischen den Texten von Königsdorf und Wolf beginnen bei der Fragestellung und enden beim Ausbleiben fertiger Antworten. Selbst im Schreibanlaß bestehen Gemeinsamkeiten: Beide Texte sind unter dem Eindruck einer Katastrophe entstanden. Die Autorinnen reagieren darauf nicht mit einer emotionalen, sondern mit einer reflexiven Schreibweise, die eher essayistisch als poetisch-bildhaft verfährt. Bei Königsdorf verschwindet dadurch das Ironisch-Groteske, das ihre Texte bis zu diesem Zeitpunkt so unverwechselbar bestimmt.

7. Schreiben in der ersten Person
Tagebücher, Berichte, Autobiographien

In »Störfall« und in »Respektloser Umgang« sind die beiden Autorinnen so un-vermittelt im Text anwesend wie nie zuvor. Auch in anderen Veröffentlichungen aus den achtziger Jahren existiert eine vergleichbare enge Relation zwischen Autorin und Text - selbst bei Schriftstellerinnen, die bisher den unmittelbaren Ausdruck der eigenen Subjektivität vermieden haben und eine distanzierte Schreibweise bevorzugten. Zwei Beispiele: Beate Morgenstern veröffentlicht 1988 einen Roman, in dem sie die eigene Kindheit und Jugend in der streng religiösen Gemeinschaft der Herrenhuter poetisch verarbeitet. Wie in »Kindheitsmuster« kehrt im Roman »Nest im Kopf« eine erwachsene Frau an den Ort der Kindheit zurück, eröffnet sich damit einen Erinnerungsraum, der - vermittelt über Träume, Gespräche, Begegnungen und Dokumente - eine Fülle individueller Erlebnisse und Empfindungen freigibt. Geprägt ist dieser Erinnerungsprozeß von der Frage: Wie und warum bin *ich* so geworden, wie *ich* heute bin? In der Veränderung der Frage wird der Unterschied zu Christa Wolf offensichtlich. Wolf fragte nach den Erfahrungen und Prägungen ihrer Generation, Morgenstern läßt ein ganz besonderes Ich dieser Frage nachgehen.

Helga Schubert wählt eine andere Form als Morgenstern. In einzelnen Geschichten beschreibt sie facettenhaft wichtige Ereignisse ihres Lebens: »Mein Vater« und »Der Tod meiner Großmütter« nennen schon im Titel ihr Thema. »Knoten« schildert die Auseinandersetzung mit einer Krebserkrankung, »Luft zum Leben« das Zusammenleben mit dem Sohn von der Schwangerschaft bis zur endgültigen 'Abnabelung', dem Militärdienst. Die Geschichten thematisieren aber nicht nur Probleme aus dem Privatbereich: »Das verbotene Zimmer« reflektiert Schuberts Erfahrungen mit dem geteilten Berlin, »Frühere Standpunkte« die wechselnden Bilder von der Partei.

Das wachsende Interesse am Tagebuch ist Ausdruck derselben Entwicklung. Dieses Genre läßt zwar auch Distanzierung zu (durch nachträgliche Bearbeitung etwa), gehört aber trotzdem zu den »persönlichsten und subjektivsten Literaturformen«, wie Christa Wolf in »Berührung« schreibt (DdA 202). In den achtziger Jahren erscheinen Tagebücher (und Briefe) von etablierten Autorinnen, von Frauen, die über existentielle Erfahrungen berichten, und von Frauen, die ein ganz normales, alltägliches Leben aufschreiben (vgl. Rüdenauer »Dünne Haut«).

»Leben wär' eine prima Alternative« und »Die geliebte, die verfluchte Hoffnung« werden erst nach dem Tod der Autorinnen Maxie Wander und Brigitte Reimann veröffentlicht. Beide Bücher zeugen eindrucksvoll von den Anstrengungen der Frauen, ein 'ganzer Mensch' zu werden, sich aus alten Mustern zu befreien und ihrem Leben einen ganz eigenen Sinn zu geben. Gleichzeitig vermitteln sie, wie schwierig es für die beiden Frauen war, als Schriftstellerinnen zu leben: den Mut und die Kraft zu dieser Existenz aufzubringen, Mißerfolge, Entmutigungen, Phasen der Unproduktivität durchzustehen oder einen Erfolg zu verarbeiten. Die Tagebücher von Brigitte Reimann geben darüber hinaus einen wichtigen Einblick in die literarische Produktion der Autorin: Der Entstehungsprozeß des Romans »Franziska Linkerhand« kann über viele Jahre hinweg nachvollzogen werden.

Beide Texte geraten gegen Ende immer stärker in den Sog von Krankheit, Angst und Todesangst, aber keine der beiden Frauen überläßt sich diesem Sog. Ihre Lebens-Sehnsucht ist so groß, daß sie versuchen, den verbleibenden Rest auszuschöpfen, sich zu nehmen, was sie noch nehmen können - eine Fähigkeit, die beide erst durch die Krankheit erwerben. In diesen Passagen gewinnen die Tagebücher und Briefe eine ungeheure Dichte, es scheint so, als versuchten die beiden Autorinnen, alles zu sagen, was noch zu sagen ist.

Das kurze Tagebuch der Lyrikerin Eva Strittmatter: »Mai in Piestány« berichtet über eine Krise. Das Älterwerden löst bei dieser Frau tiefe Selbstzweifel aus. Immer stärker bedrängt sie das Gefühl, kein eigenes Leben zu führen, sondern nur auf den Ehemann, den Schriftsteller Erwin Strittmatter, und die Söhne orientiert zu sein.

»Wer bin ich, was kann ich, was bleibt?« (MiP 107) - über

diese Fragen denkt Eva Strittmatter im Tagebuch schonungslos nach. Dabei könnte sie auf die äußeren Erfolge ihres Lebens stolz sein. Sie hat bisher sechs Gedichtbände veröffentlicht und zahlreiche literaturkritische Essays, sie hat die vier Söhne fast allein großgezogen und auf einem ländlichen Gut eine ganz eigene Lebensform entwickelt - eine Mischung von Haus- und Landarbeit, künstlerischer Produktion und intellektueller Kommunikation mit anderen Künstlern. Außerdem ist sie am Werk von Erwin Strittmatter nicht unbeteiligt - das belegen die »Briefe aus Schulzenhof«, eine Auswahl ihrer Briefe. Ein Bewußtsein, ein Gefühl ihrer Fähigkeiten, ihres Wertes hat sie trotzdem nicht.

In einer Situation, in der sie sich aus ihrem Alltag entfernt hat, unternimmt sie den Versuch, aus festgelegten Rollen auszubrechen, ein Versuch, in dem Trauer mitschwingt, ein Versuch ohne große Hoffnung. »Das Leben ist vorbeigegangen«, schreibt sie am Schluß ihres Tagebuches (MiP 212).

»Es ist aufregend zu sehen,« meint der DDR-Literaturkritiker Rulo Melchert in einer Rezension dieses Buches, »daß Motive des Verlustes - Fragen nach der Angst, nach dem Tod, nach Gefahren, die aus Konflikten und ihrer Nichtbewältigung kommen ... gerade von Autorinnen eingebracht und oft am Beispiel des eigenen Lebens eindrucksvoll dargestellt werden.« (Melchert 1987:140)

An dieser Stelle wird die initiatorische Kraft der schreibenden Frauen einmal ganz deutlich. Sie sind es, die Grenzen des Sagbaren hinausschieben, die Tabus durchbrechen. Krankheit, Alter, Selbstmord und Tod galten in der DDR-Literatur lange als Un-Themen. Als Christa Wolf zum Beispiel die Gestalt der Christa T. am Ende des Romans sterben ließ, waren die Kritiker empört. Auch später erschienen immer wieder Rezensionen mit diesem Tenor - und die Literatur blieb davon nicht unberührt. Erst Ende der siebziger, Anfang der achtziger Jahre beginnt eine literarische Auseinandersetzung mit diesen Tabus. Morgner, die in »Amanda« das Thema Selbstmord und Tod streift, versucht in einem Interview eine Erklärung: »Der Marxismus ist eine junge Wissenschaft, er hat sich bisher hauptsächlich mit den gesellschaftlichen Gegenständen beschäftigt, mit privatmenschlichen weniger; aber diese Gegenstände, mit denen sich bis heute nur die Religion befaßt, sind für das Individuum unabweisbar: Tod, Krankheit, Zufall, tragische Verstrickung.« (Morgner 1984:1503)

Eva Strittmatters Überlegungen reichen tiefer: »Wir, 'bei uns im Sozialismus', schweigen über Dramen und Schicksale der Menschen, weil es in unsere (so ehrenhafte) Utopie nicht hineinpaßt, daß das Menschliche so schwer beherrschbar ist ...« (MiP 198). Dann wäre also dieses Verschweigen dem instrumentalen Denken geschuldet, das von der Machbarkeit, der Beherrschbarkeit der Welt ausgeht! Das alles Unbeherrschbare für nicht existent erklärt! Strittmatters Überlegungen verweisen auf die Wissenschafts- und Technologiekritik anderer Autorinnen und machen verständlicher, warum gerade Frauen dieses Tabu aufzubrechen beginnen.

»Aus dem Tagebuch einer Alkoholkranken« stammt Ingrid Johannis' Text mit dem Märchentitel »Das siebente Brennesselhemd«. Minutiös und peinigend wird vom vierjährigen Kampf einer Frau berichtet, die ihre Sucht überwinden will. Hilfe findet sie in einer Therapie, in der sie allmählich die Ursachen ihrer Kranheit begreift, in der sie lernt, sich auseinanderzusetzen und nicht mehr selbst zu verleugnen. Eine andere Hilfe ist das Tagebuch, das sie nach zweijähriger Abstinenz zu schreiben beginnt und schließlich veröffentlicht. Hier ist Schreiben im unmittelbaren Sinne Lebens-Hilfe!

Die Männer, die die Erzählerin kennt und kennenlernt, sind keine Hilfe - das liegt nicht nur an ihnen, sondern auch an den übertriebenen Hoffnungen und dem starken Sicherheitsbedürfnis der Frau. Sie muß sich allein auf die Suche nach der »wahren Gestalt« (DsB 140) begeben, muß allein ein »Leben ohne Täuschung« (DsB 60) aufbauen.

Claudia B., die Protagonistin aus Irene Oberthürs Erzählbericht »Mein fremdes Gesicht« wird durch einen Verkehrsunfall aus allen Gewißheiten und Bindungen herausgeschleudert. Äußerlich schrecklich entstellt, kämpft sie verzweifelt gegen Selbstaufgabe und Selbstmordgedanken, gegen Alleinsein und Alleingelassenwerden. Sie muß sich ein neues Ich, ein neues

Selbstwertgefühl erschaffen und erkennt rückblickend (ähnlich wie Johannis, Reimann und Wander), daß der Kampf um ein 'zweites Leben' auch eine Chance ist. »Es war auch eine Möglichkeit, das Leben neu zu ordnen. Mir scheint, ich habe dreißig Jahre meines Lebens verschenkt, weil ich sie nur gelebt, sie aber nicht erlebt habe.« (MfG 154)

Oberthür mischt Tagebuch- und Briefform und strebt - das legt die Bezeichnung Erzählbericht nahe - eine Verbindung von Bericht und literarischem Erzählen an.

Es gibt noch eine Reihe anderer Versuche, Krankheits- und Todeserfahrung stärker literarisch zu verarbeiten. Roswitha Gepperts »Die Last, die du nicht trägst«, schon in den siebziger Jahren erschienen, berichtet in Romanform vom Leben mit einem behinderten Kind. Hedda Zinners Roman »Katja« erzählt die Geschichte einer Mutter-Tochter-Beziehung, die mit dem Selbstmord der Tochter und unendlichen Schuldgefühlen der Mutter endet. Charlotte Worgitzky veröffentlicht eine Erzählung über den Krebstod einer Frau: »Heute sterben immer nur die andern«. In allen Büchern wird Krankheit und Tod von außen, aus der Perspektive einer unmittelbar teilnehmenden Person - der Mutter, der Freundin - beschrieben, das Verhalten der Menschen, die mit den Kranken und Gefährdeten leben, steht daher auch im Mittelpunkt. Worgitzkys Roman »Meine ungeborenen Kinder«, der sich mit Geschichte und Gegenwart des Schwangerschaftsabbruchs auseinandersetzt, ist ebenfalls ein Versuch, ein verdrängtes Problem, ein Tabu in Romanform zu verarbeiten. Ob es die Perspektive ist oder der Versuch einer stärkeren Literarisierung - die Texte von Worgitzky und Geppert wirken weniger eindringlich, weniger überzeugend als die Tagebücher und die authentischen Berichte.

Auch Valerie Radtkes Buch »Ich suche Liebe« nennt sich Roman. Es ist die erste Veröffentlichung einer Einundsiebzigjährigen, die autobiographisch ihre elende Kindheit beschreibt. Das Mädchen wächst ohne jede Zuneigung auf und gerät dadurch in einen Zustand tiefer seelischer Verstörung, der das ganze spätere Leben prägt. Auch dieser Text muß als 'Krankenbericht' gelesen werden, als Geschichte einer kranken Seele, deren Überlebensstrategie das Schreiben ist.

»Ich suche Liebe« ist nur der erste Band der Autobiographie, der zweite »Wider alle Einsamkeit. Jugend« ist 1988 erschienen, weitere Fortsetzungen sind angekündigt. Valerie Radtke hat dreißig Jahre lang an der Geschichte ihres Lebens geschrieben und dabei zehntausend Schreibmaschinenseiten gefüllt - ein deutlicher Hinweis auf den manischen Charakter dieser Tätigkeit (vgl. Burmeister). Im Kontext des weiblichen Schreibens ist besonders die Sprache bemerkenswert: Sie scheint spontan hervorzubrechen, wirkt fließend und bewegt sich in großen, assoziativen Bögen voran.

Ein Beispiel soll das verdeutlichen. Im Eingangskapitel, das die Entstehung der ersten Seiten der Autobiographie beschreibt, sitzt die Erzählerin verlassen in ihrem Zimmer und beklagt ihre Situation: »In meiner Brust will es zerspringen, ich muß sprechen, in meinem ganzen Leben hab ich so viel durchgemacht und immer nur geschwiegen ... aber heute schrei ich nach einem Jemand. Aber wer, wer, wer! Ich muß schreiben, kommt mir in den Sinn, ja, schreiben werd ich, alles werde ich aufs Papier schreiben, damit mein Herz leer wird und ich schreie, Ich halt es nicht mehr aus, diese Stille, von allen ausgestoßen, verlassen, ich halt es nicht mehr aus, ja, schreiben, schreiben! Wie eine Erlösung sind diese Gedanken, ich suche nach Papier, aber ich finde nichts, ich wühle im Kohlenkasten und greife nach einem zusammengeknitterten Papier, schnell streife ich es glatt, setze mich an den Tisch. Ich habe es mit dem Schreiben eilig ... viel zu schnell kritzele ich Zeilen dahin, meine Hand fliegt nur so übers Papier, und das viele Wasser aus meinen Augen fällt darauf, ich schreibe in den Pfützen weiter und weiter.« (IsL 8/9)

8. Erkundung 'fremder' Wirklichkeit
Protokolle, Reportagen, Biographien

Protokolle, Reisebeschreibungen, Porträts und Biographien wollen primär fremde Wirklichkeit dokumentieren. Die Autorinnen, die in den achtziger Jahren mit diesen Genres arbeiten, geben aber auch dem Ausdruck der eigenen Subjektivität Raum, setzen damit die Schreibweise, die Kirsch und Wander in ihren Frauenprotokollen entwickelten, fort. Das Ausmaß und die Art ihrer Anwesenheit im Text ist allerdings recht unterschiedlich.

»James Dean lernt kochen« und »Männerbekanntschaften« heißen zwei Bände mit Männerprotokollen, die beide 1986 erscheinen. Christine Müller schiebt zwischen die Aussagen der Männer ungekennzeichnete fiktive Passagen, um die jeweilige Person genauer zu charakterisieren. Christine Lambrecht fügt jedem Protokoll ein poetisches Bild hinzu und macht damit erkennbar, welchen Eindruck der jeweilige Gesprächspartner bei ihr hinterlassen hat.

Christiane Barckhausen wählt eine dritte Möglichkeit, sie berichtet auch vom Zustandekommen der Gespräche und von der Lebenssituation, den Verhaltensweisen und der äußeren Erscheinung der jeweiligen Person. In ihrem Buch geht es um fremde »Schwestern«, um Frauen aus südeuropäischen und lateinamerikanischen Ländern. Ein vierter Protokollband, »So sehe ick die Sache», dreht sich um das Leben im Havelländischen Obstanbaugebiet. Gabriele Eckart, seine Autorin, arbeitet mit einer objektivierenden Protokollform - hinter den berichtenden Gesprächspartnern ist die Autorin nicht erkennbar.

Drei der vier Protokollbände bewegen sich damit thematisch im Kontext des Geschlechterkonflikts, wenden sich aber neuen Bereichen zu. Der Alltag von Frauen aus fremden Ländern ist in der Literatur bisher kaum erkundet, die geringen Reisemöglichkeiten der DDR-Bürger sind dafür sicher ein wichtiger Grund. Aber auch die Männer des eigenen Landes sind bisher 'weiße Flecken' im weiblichen Schreiben. Seit Jahren befassen sich die Autorinnen mit der Lebensweise und den Problemen von Frauen. Was Männer tun, was sich für sie im Prozeß der weiblichen Befreiung verändert, interessierte bisher kaum. Erst in den achtziger Jahren, fast zehn Jahre nach dem Erscheinen der Frauenprotokolle von Kirsch und Wander, beginnt eine ähnliche 'Erforschung' der Männer - durch Frauen. Auch dies ist eine 'Pioniertat', denn von männlichen Autoren steht ein solches Unternehmen noch aus. Vielleicht, weil sie ahnen, daß Männer-Protokolle mehr von der ungebrochenen Fortdauer tradierter Denk- und Verhaltensweisen zeugen als von Zweifeln, Unsicherheiten oder sogar Veränderungen? Daß die Verschlossenheit der Männer es oft schwer macht, hinter die Fassade von Stärke und Selbstsicherheit zu blicken? Diese Erfahrungen waren übrigens für Maxie Wander in den siebziger Jahren ein Grund, ein Männer-Protokolle-Projekt aufzugeben.

Die beiden Männerbücher von Müller und Lambrecht sind in der DDR auf heftige Resonanz gestoßen - und haben auch in der Literatur etwas in Bewegung gebracht. Für 1989 ist ein Protokollband von einem Mann über Schwule angekündigt (Jürgen Lemke »Ganz normal anders«), über Männer, die aufgrund ihrer Außenseiterposition stärker gezwungen sind, sich mit traditionellen Zuschreibungen, vor allem mit den Geschlechterrollen auseinanderzusetzen.

Auch Gabriele Eckarts Protokollband zielt auf einen 'weißen Fleck'. Das Leben auf dem Lande ist seit der Kollektivierung der Landwirtschaft zum marginalen Thema in der DDR-Literatur geworden. Die Protokolle aber machen deutlich, daß Auswirkungen von Kollektivierung und Industrialisierung - zum Beispiel Monokultur und Artenvernichtung - ein Konfliktpotential in sich bergen, dessen literarische Gestaltung noch aussteht.

Auch das Leben in der Stadt und die Stadt selbst werden in der DDR-Literatur erst in den achtziger Jahren zu einem wichtigen Thema. Berlin und besonders der Prenzlauer Berg bilden zwar seit den siebziger Jahren immer wieder einen anregenden Hintergrund in der Literatur (vgl. Martin, Morgenstern), Gegenstand sind sie nicht.

Irina Liebmanns »Berliner Mietshaus« und Daniela Dahns »Prenzlauer Berg-Tour« (in der Bundesrepublik unter dem Titel »Kunst und Kohle« erschienen) erzählen vom gegenwärtigen Alltag und von der Geschichte, von 'normalen' Leuten und Außenseitern im Prenzlauer Berg.

Liebmann befragt und beschreibt die Bewohner eines alten Hauses; durch diesen äußeren Rahmen bekommt das Buch

Spannung und Struktur. Dahn durchwandert das ganze Viertel, mit ihrer Erzählweise nimmt sie die Bewegung des Umherstreifens, des Zufällig-Assoziativen in das Buch hinein. Das Interesse dieser Autorin richtet sich stärker auf das Grelle, Ausgefallene, während Liebmann das Alltägliche und seine Besonderheiten betont. Beide Bücher können als Reportagen bezeichnet werden: Beide arbeiten ohne Original-Töne, berichten vielmehr über Begegnungen und Gespräche und lassen den Autorinnen damit Raum, eigene Eindrücke und Empfindungen zu verarbeiten.

Autorinnen, die Erkundungen fremder Städte schildern (Irene Runge in »Himmelhölle Manhatten« und Christine Wolter in »Straße der Stunden. 44 Ansichten von Mailand«), verstärken das subjektive Element sogar noch: Runge in ganz unmittelbarer, direkter Weise, Wolter durch intensive Poetisierung.

Die Erkundung fremder Realität besitzt in den achtziger Jahren noch eine weitere Facette. Eine ganze Reihe von Autorinnen beginnt mit einer Aufarbeitung von Frauengeschichte, einer Erforschung historischer Frauengestalten. In den fünfziger Jahren gab es dazu bereits erste Ansätze, Hedda Zinner schrieb einen Roman über Louise Otto-Peters (»Nur eine Frau«), Marianne Bruns einen über die Frauenbewegung des 19. Jahrhunderts (»Uns hebt die Flut«), Ruth Werner eine Biographie über »Olga Benario«. Diesen Faden nehmen die Autorinnen nun wieder auf; ihr Interesse gilt besonders Frauen, die am Rande standen - nicht weil sie unbedeutend waren, sondern weil sie an den Rand gedrängt wurden und dann aus der öffentlichen Beachtung herausfielen. Alle Texte - es sind Roman-Biographien, Biographien im engeren Sinne und Porträts - zeichnen sich durch eine Mischung aus dokumentarisch-faktographischer Arbeit und deutlich artikuliertem, subjektivem Interesse der Autorinnen aus.

Renate Feyl veröffentlicht elf Porträts von Wissenschaftlerinnen aus drei Jahrhunderten und zeichnet damit den langen, schwierigen Eintritt der Frauen in die Männerdomäne Wissenschaft nach (»Der lautlose Aufbruch«). Fünf Jahre später erscheint von derselben Autorin »Idylle mit Professor«, eine

Roman-Biographie über Luise Adelgunde Victoria Gottsched. Diese Frau mußte ihr Leben im Schatten des berühmten Mannes verbringen, obwohl sie die kreativere, begabtere war. Ihre wissenschaftliche und künstlerische Arbeit stieß nur dann auf Anerkennung und Akzeptanz, wenn sie für den Mann funktional war, alles andere wurde lächerlich gemacht, behindert, unterdrückt.

Auch Brigitte Struzyks Prosadebüt »Caroline unterm Freiheitsbaum« ist eine literarische Biographie. Sie beschäftigt sich mit Caroline Schlegel-Schelling - einer sinnlichen, kommunikativen, kämpferischen Frau, die im Kreis der Frühromantiker lebte. Anders als Christa Wolfs Karoline von Günderrode gelingt es dieser Frau, sich über die Normen und Moralvorstellungen ihrer Zeit hinwegzusetzen und den eigenen Lebensentwurf zu verwirklichen.

Sigrid Damm und Christiane Barckhausen veröffentlichen Biographien im engeren Sinne. Damm schreibt über die Schwester »Cornelia Goethe«. Sie entwirft ein neues Bild dieser Frau, die am Widerspruch zwischen individuellen Wünschen und der Unfähigkeit, sie gegen gesellschaftliche Erwartungen durchzusetzen, zerbricht. Barckhausen recherchiert und beschreibt das Leben von Tina Modotti, einer italienischen Photographin und Kommunistin aus der ersten Hälfte des Jahrhunderts, deren Lebensspuren heute fast verwischt sind. Auch sie ist eine kämpferische, unkonventionelle, leidenschaftliche Person, die aber an der politischen Arbeit, vor allem an den Erfahrungen des spanischen Bürgerkriegs zerbricht.

9. Fortgesetzte Versuche
Realistische Geschichten und Romane

Eine ähnliche Themenbreite wie in den Texten mit dokumentarisch-faktographischer oder phantastischer Schreibweise bestimmt auch die realistisch arbeitenden Geschichten, Erzählungen und Romane. Die Frauenbefreiung bleibt zwar ein wichtiges Thema, es verliert aber - verglichen mit den siebziger Jahren - seine uneingeschränkte Dominanz. Das drückt sich unter anderem in der Wahl der Protagonisten aus: Immer häufiger stehen alte Menschen, Jugendliche, Frauen *und* Männer im Mittelpunkt. In den Texten, in denen es um alte Menschen und ihre Probleme geht (von Gabriele Eckart, Maria Seidemann, Beate Stanislau, Hedda Zinner, Elfriede Brüning), spielt das Thema der Einsamkeit eine große Rolle. Auch in der DDR ist sie kein individuelles, sondern ein gesellschaftliches Problem. Alte stehen am Rande, gleichgültig, ob sie verdiente Antifaschisten sind oder ganz 'normale' Rentner, ob sie arm sind oder sich alles leisten können. Ihre Wünsche und Bedürfnisse werden nicht mehr akzeptiert, wenn sie dennoch versuchen, sie auszuleben, reagiert die Umwelt mit Unverständnis, Mißachtung, Entmündigung.

Texte mit jugendlichen Protagonisten (von Gabriele Eckart, Christine Lambrecht, Christine Perthen, Maria Seidemann, Tanja Stern, Christa Moog und Barbara Honigmann) thematisieren häufig Generationskonflikte, schildern Widersprüche zwischen den Erwartungen von Erwachsenen und den Bedürfnissen und Gefühlen von Jugendlichen. Ein anderes Thema ist der geringe Bewegungsspielraum, den die DDR-Gesellschaft bietet. Berufswahl, Arbeitsplatz, Studienplatz, Wohnung - all das wird für den einzelnen festgelegt und geregelt, die Spielräume für eigene Lebensentwürfe sind eng. Passivität ist eine mögliche Reaktion auf diese Situation (Stern), eine andere ist der Versuch, aus vorgegebenen Mustern auszubrechen. Aber diese Variante, die in der Realität der DDR durchaus gelebt wird, greift die Literatur bisher nur zögernd auf (Moog, Honigmann).

Einige Geschichten machen die politische Dimension dieses Problems explizit. »Feldberg und zurück« (aus dem Geschichtenband »Per Anhalter« von Gabriele Eckart) beschreibt den Anfang einer Liebesgeschichte zwischen einem Mädchen und einem Mann aus West-Berlin, der die Tramperin mitnimmt. Aber das Mädchen hat Angst vor der 'Grenzüberschreitung', es gibt seinen Gefühlen keine Chance und setzt den geregelten, vorgezeichneten Weg fort.

Die Parallele zwischen den Problemen alter und junger Menschen und denen der Frauen drängt sich auf; hier wie dort geht es um individuelle Bedürfnisse und den Konflikt mit vorgezeichneten Lebensmustern.

Anders als in den siebziger Jahren entwerfen die Autorinnen nun auch häufiger Männerfiguren. Ihre Darstellung bleibt aber auf den Geschlechterkonflikt bezogen, die Texte rücken die Einschränkung der Individuen durch die alten Rollen in den Vordergrund. Christine Perthen, Christine Lambrecht und Helga Königsdorf erzählen von der Angst vor Versagen und Konkurrenz, von der Anpassung an vorgegebene Karriere- und Machtstrukturen, von Verdrängung, Flucht und Krankheit.

Bei den Texten mit weiblichen Hauptfiguren lassen sich zwei unterschiedliche Tendenzen erkennen. Eine Reihe von Autorinnen knüpft in Themenstellung und Tenor an die Geschichten vom Ende der siebziger Jahre an. Andere dagegen beziehen sich in Figurenzeichnung, Ton und formaler Gestaltung auf die Texte der frühen siebziger Jahre.

Zur erstgenannten Gruppe. Sie konzentriert sich auf die Geschlechterbeziehungen, deren Zustand sie durchgängig mit Bildern von Eis und Kälte charakterisiert. Männer tauchen in diesen Geschichten nur selten auf, tun sie es doch, wirken sie wie Karikaturen oder ähneln »Schattenrissen«. Die Frauen, meist alleinstehend oder geschieden, sind einander erstaunlich ähnlich, nicht nur in ihrer äußeren Lebenssituation. Sie fühlen sich einsam, verhalten sich passiv und sind oft sogar unfähig, Bedürfnisse oder Probleme zu artikulieren. Es ist ein Widerspruch, der lähmt sie: Einerseits haben sie negative Erfahrungen mit Männern gemacht und daraus ihre Schlüsse gezogen, andererseits sehnen sie sich nach Liebe und dem Ende des Alleinseins. Ein Ausweg aus diesem Widerspruch ist für keine von ihnen in Sicht, und so sind diese Geschichten durchgängig von einer depressiven Stimmung geprägt (vgl. Karin Simon, Angela Stachowa, Rosemarie Zeplin).

Formal setzen diese Texte die Schreibweise der Geschichten aus den siebziger Jahren fort: Die kleine Form, die alltägliche Begebenheit, der Ausschnitt dominieren. Gleichzeitig beginnen aber andere Autorinnen, vom Spot-Light-Verfahren abzurücken. Sie bedienen sich größerer Formen, zum Beispiel der Langerzählung oder des Kurzromans, zeichnen komplexe Figuren und stellen sie in ihrem sozialen Umfeld dar. Drei dieser Bücher ähneln in Tenor und Stimmung den schon genannten kleinen Texten, wie diese erzählen sie Leidensgeschichten von Frauen. Rosemarie Zeplin schildert in »Alpträume aus der Provinz« das Leben eines jungen Mädchens, das in den fünfziger Jahren in einem bürgerlich-provinziellen Elternhaus aufwächst. Die Spießigkeit und Enge des Milieus treiben das junge Mädchen, als es schwanger wird, in eine Katastrophe hinein, der es sich ergeben ausliefert.

Auch Christiane Grosz arbeitet die Geschichte einer weiblichen Sozialisation auf. Aus der »Tochter« wird eine Frau, die sich aus ihrer Vaterbindung nicht befreit hat, eine Frau, die Gewalt und Unterdrückung durch den Ehemann lange Zeit erträgt und in Angstzustände umsetzt. Grosz deutet allerdings auch eine Möglichkeit der Befreiung durch Trennung und Therapie an. Durch die Auseinandersetzung mit der Geschichte weiblichen Verhaltens erreichen die beiden Romane eine psychologische Vertiefung in der Figurenzeichnung, die für die Analyse weiblicher Unterdrückung wichtig ist. Beide Romane sind erste umfangreiche Versuche, die weibliche Mit-Täterschaft an der eigenen Opferrolle zu reflektieren.

Das dritte Buch, das in diesen Kontext gehört, ist der Roman »In Annas Namen«. Auch Helga Schütz erzählt eine Leidensgeschichte: Anna, die Hauptfigur, erlebt eine große Liebe - und wird verlassen, verraten. Nicht an die andere Frau, mit der sich der Mann zusammentut, sondern an die Faszination der westlichen Warenwelt, an die Luxusgüter, welche die andere Frau auf den neuen Geliebten 'herabregnen' läßt. Ein gravierender Unterschied zu den oben geschilderten Frauengestalten aber besteht in Annas Verhalten. Auch sie leidet - aber nicht im Verborgenen. Sie besteht auf ihrem Recht zu leiden, auf dem Recht, starke Gefühle zu haben und diese auch zu leben. Und Anna leidet nicht nur, sie kämpft auch um ihre Liebe, allerdings vergeblich. Der Mann ist korrumpierbar und empfindet die Intensität der Frau als Bedrohung. Am Ende stirbt Anna - die ungeborene Tochter allerdings, die den Unfall überlebt, verkörpert Annas Hoffnung auf eine Zeit, in der wirkliche Liebe einmal möglich sein wird.

Mit ihrer Aktivität und die Unbedingtheit rückt Anna aber gleichzeitig in die Nähe der Protagonistinnen von drei anderen größeren Texten, die sich weder inhaltlich noch formal auf die Geschichten zurückbeziehen, sondern auf das weibliche Schreiben aus der ersten Hälfte der siebziger Jahre.

Doris Paschiller verfolgt in ihrer Debüt-Erzählung »Die Würde« einige Jahre im Leben ihrer Protagonistin. Johanna arbeitet als technische Zeichnerin, lebt mit Mann und Kind in einer Ein-Zimmer-Wohnung und versucht, das alltägliche Leben zu bewältigen, ohne abzustumpfen oder gleichgültig zu werden. Trotzdem muß sie nach einiger Zeit erkennen, daß sie sich in einem ständigen Kreislauf aus »waschen, essen, zeichnen, lesen, spielen, kochen, waschen, trinken, schlafen. Waschen, essen, zeichnen« (W 45) bewegt, daß ihre Kraft und ihre Liebe immer mehr verschwinden. Es gelingt Johanna, aus diesem Zirkel auszubrechen, fortzugehen, nach einem anderen Leben zu suchen - ohne zu wissen, was sie sucht. Den Aufbruch, die Suche hält Paschiller für das Entscheidende: »Sie war in Bewegung. Sie kämpfte gegen all die anderen, um der Mensch zu werden, den sie schon immer in sich erhofft hatte ... daß sie aufgestanden war, das war wichtig. Wer aufstehen geübt hatte, der mußte es immer wieder können.« (W 97)

Eine ähnliche Suchbewegung bestimmt die Struktur von Christine Wolters »Alleinseglerin«. Das Buch muß als Pendant zur »Hintergrundsperson«, dem ersten Roman der Autorin, gelesen werden. Dort steht eine Frau im Mittelpunkt, die in der DDR lebt, sich aber für den Zeitraum der Romanhandlung in Italien aufhält. Die »Alleinseglerin« wird aus der umgekehrten Perspektive entworfen: Eine Frau, die in Italien lebt, betrachtet rückblickend ihr Leben in der DDR. Ein Grund für diesen Perspektivwechsel liegt in Wolters eigener Biographie, dem Wechsel von der DDR nach Italien.

Der Roman »Die Alleinseglerin« ist von einer durchgängigen Metapher geprägt. Immer wieder geht es um den Drachen, ein Segelboot, das für den Wunsch nach einem unabhängigen und freien Leben steht. Almut, die Ich-Erzählerin, hat dieses Boot vom Vater gekauft, der ihr nicht zutraut, mit diesem Besitz fertig zu werden. Und es ist tatsächlich schwierig. Das Boot macht ungeheure Arbeit, kostet Geld, Nerven und Durchstehvermögen - besonders in der Männergesellschaft der Segler. Außerdem ist es schwer, allein damit zu segeln, das Boot ist auf zwei ausgelegt, aber Almut hat nicht immer einen Partner. Also segelt sie allein, und einmal erlebt sie einen Augenblick, in dem Überlastung, Zerrissenheit, Angst und Einsamkeit von ihr abfallen: »Die war Vorschot- und Steuermann gleichzeitig, schaute voraus, warnte vor Böen und Kollisionen und sah auf das Windfähnchen, bestimmte den Kurs. Mit der einen Hand führte sie die Segel, mit der anderen hielt sie das Steuer. Das Zusammenspiel war gut. Die wissenschaftliche Mitarbeiterin, graugesichtig von Montag bis Freitag in einem Institut über Korrekturen, war nicht mehr verachtet; die Einzelkindmutter ohne Vernachlässigungskomplex; die Wochendforscherin und ihre Suche nach dem emanzipierten Menschenbild nicht unterdrückt; die Lackiererin stolz. Die hatten doch miteinander zu tun. Diese getrennten Leben, die sich bedrängt und beengt hatten, atmeten denselben Atem. Es war ganz einfach, jetzt. Die gefällt mir, die möchte ich sein, dachte ich: die Alleinseglerin. ... Was für eine lange, langweilige und anstrengende Vorgeschichte, für diesen einen Moment. Denn es ist nur dieses Jetzt, dieser Augenblick. Ich kann ihn nicht mitnehmen an Land, höchstens einmal wiederfinden.« (AS 190/191)

Barbara, die Protagonistin von Ingeborg Arlts Langerzählung »Das kleine Leben« ist auch eine »Kämpferin«. Sie sagt, was sie denkt und handelt danach, aber mit ihrer Unangepaßtheit eckt sie überall an. Nach einer heftigen Auseinandersetzung mit dem Chef und dem Freund gerät sie in eine Krise und beginnt, das eigene Verhalten in Frage zu stellen. Doch am Schluß steht die Einsicht, daß sie nicht anders handeln kann: »Würde, denkt Barbara plötzlich hellwach. Und dann sogar: natürliche Würde. Barbara weiß endlich, was für sie maßgebend ist.« (AS 138) Die Verbindung zu Paschiller könnte nicht deutlicher sein!

Die Lebenssituation von Johanna, Almut und Barbara unterscheidet sich nicht grundsätzlich von derjenigen der 'leidenden' Frauen. Auch sie sind oft einsam, liefern sich aber dieser Stimmung nicht aus. Alle drei haben die Fixierung auf den Mann, auf die Partnerschaft aufgegeben, sehen den Sinn ihres Lebens vielmehr darin, »der Mensch zu werden, den sie schon immer in sich erhofft hatten« (Paschiller). Auch hier ist der Rückgriff auf die Romane aus der ersten Hälfte der siebziger Jahre überdeutlich.

Felizitas Händschel ist achtzehn, ungelernte Arbeiterin und alleinstehende Mutter eines dreijährigen Kindes. Die wenigen Angaben genügen, um deutlich zu machen, daß die Protagonistin von Angela Krauß' Kurzroman »Das Vergnügen« gegen eine ganze Reihe von Normen der DDR-Gesellschaft verstößt: Sie hat in der Schule versagt, hat das Kind zu früh bekommen, hat keine Ausbildung und weigert sich, eine zu beginnen ...

Für Felizitas ist die Arbeit - eine monotone, schmutzige Arbeit in einer Brikettfabrik - der richtige Platz. Hier kann sie allmählich ihre Ängste, ihre Sprachlosigkeit überwinden und ein Gefühl für den eigenen Wert entwickeln. Am 18. Geburtstag nach Wünschen gefragt, weiß sie nichts zu antworten, sie hat keine Wünsche. »Weil Felizitas weniger nachdenkt. Etwa darüber, ob sie glücklich ist oder ob sie es nicht ist. Sie ist einfach.« (DV 30) Nach langem Drängen äußert sie aber doch einen Wunsch: Es ist eine Schallplatte aus dem Intershop mit dem Titel »Eimfrie« (I'm free), die sie dem Freund schenken will.

Krauß führt uns eine Frau vor, die nicht auf der Suche nach sich selbst ist, sondern ihren Platz gefunden hat. Eine Frau, die mit ihrer Situation zufrieden ist, eine Frau, die nicht leidet. Ohne Ironie, ohne Kritik verwendet Krauß für ihre Darstellung Elemente des alten Frauenbildes: Sie greift auf das weibliche Schweigen und die weibliche Bescheidenheit zurück, schildert vor allem Bedürfnisse, die sich auf das Wohl anderer richten und rekurriert sogar auf das Moment der unreflektierten weiblichen Seinsweise.

In der Darstellung arbeitet sie auch mit Elementen, die in der Literatur der sechziger Jahre dominieren. Das Motiv der Ankunft wird eingesetzt, der Ort der Handlung ist eine Fabrik, der Direktor tritt auf, der Parteisekretär, Arbeiterinnen ... Lucie zum Beispiel, eine Kollegin von Felizitas und ihre Gegenfigur, ist eine Aktivistin, die Glück und Selbstwert nur in der Arbeit erlebt. In ihrer Darstellung wird aber deutlich, daß Krauß Elemente aus der »Ankunftsliteratur« benutzt, um sie umzukehren. In den sechziger Jahren wäre Lucie die Heldin des Buches gewesen, nicht Felizitas! Jetzt fungiert sie als Warnung vor dem Modell 'Befreiung durch Arbeit'. Felizitas grenzt sich von ihr ab, obwohl sie auch selbst erst durch die Arbeit ein Mensch mit Selbstwertgefühl und Sprache wird.

Bei der Darstellung der Fabrik, des Arbeitstages und des Betriebsvergnügens fehlt eine solche Umkehrung der alten Bilder. Die Monotonie, der Schmutz, der Lärm der Arbeit, die starke Belastung der Umwelt werden zwar nicht verschwiegen, aber in ein idyllisierendes Bild eingebettet. Die Landschaft ist voll leuchtender Farben und blühender Gärten, der Arbeitsplatz von Felizitas bietet Geborgenheit und Ruhe ... Mit dieser Darstellung deckt Krauß Mißstände zu, die von anderen Autorinnen (z.B. Monika Maron in »Flugasche«) endlich aufgedeckt und ausgesprochen werden; sie beschönigt, verkleinert, verharmlost. Die Literaturkritik der DDR reagierte übrigens positiv, 1986 erhielt Krauß für das Buch den Marchwitza-Preis!

»Das Vergnügen« ist ein Einzelfall - hätte es exemplarische Bedeutung, müßten Zweifel an der Weiterentwicklung des weiblichen Schreibens angemeldet werden. Die Darstellung einer Idylle und die Neigung, sich mit dem Gegebenen zu bescheiden, würde das Bemühen anderer Autorinnen um fundamentale Kritik an gesellschaftlichen Zuständen konterkarieren. Auch bei der Lektüre der Texte, die sich im Kreis um den Mann und die Liebe drehen, taucht die Frage nach ihrem Beitrag zum weiblichen Schreiben auf.

Aber Entwicklungen sind komplexe Prozesse, sie verlaufen nicht geradlinig, Umwege, Rückschritte, Stillstand gehören dazu. Am Ende ihres Amanda-Romans faßt Irmtraud Morgner einen solchen Prozeß in einem optimistischen Bild zusammen. Dort fragen die Hexen, die den Blocksberg erobert haben und nun die Sirene Beatritz befreien: »'Und wie weit bist du mit deinem Buch 'Amanda',' fragten die Hexen. 'Bis zur Niederlage der individualistischen Strategien von Laura Salman und Konrad Tenner', antwortete ich (Beatriz). 'Die Niederlagen waren der halbe Sieg und der erste Teil des Blocksberg-Umsturzes. Der ganze Sieg ist freilich auch eine lange Geschichte.'« (A 533)

Auf die »lange Geschichte« bis zum »ganzen Sieg« und auf die vielen Bücher, die in dieser Zeit geschrieben werden, dürfen wir uns freuen. Vor allem die Texte mit phantastischer und dokumentarisch-faktographischer Schreibweise, die in den letzten Jahren entstanden sind, markieren eine inhaltliche und formale Weiterentwicklung des weiblichen Schreibens, die weit über sich hinausweist.

Ich beneide die jungen Autoren

Ein Gespräch mit Elfriede Brüning

Frage: Frau Brüning, Sie haben Ende der zwanziger Jahre zu schreiben und zu veröffentlichen begonnen. Was haben Sie damals geschrieben? Waren es journalistische Texte oder haben Sie damals auch schon literarische Ambitionen entwickelt?

E. Brüning: Ganz zu Anfang waren es journalistische Texte. Ich habe schon mit sechzehn Jahren für Zeitungen geschrieben, mein erster Beitrag war ein Bericht über eine Schönheitskonkurrenz, damals in den zwanziger Jahren war so etwas sehr en vogue. Da traten mehrere junge Damen im Wintergarten auf, und das »Zwölf-Uhr-Blatt«, ein Boulevard-Blättchen, brachte auf seiner letzten Seite die Fotos von diesen jungen Damen. Ich war damals in einem Pressebüro angestellt - da fielen mir diese Bilder in die Hände und ich dachte sofort, darüber müßte man schreiben. Ich ging zum Wintergarten, bewarb mich darum, teilnehmen zu können und bin dann dort auch aufgetreten, in einem Kleid von meiner Mutter. Ich habe zwar keinen Preis bekommen, aber ich habe über das Ereignis geschrieben und den Bericht an das »Zwölf-Uhr-Blatt« geschickt. Postwendend bekam ich einen Antwortbrief, ich sollte doch einmal in die Redaktion kommen, weil mein Artikel Talent verrate. Der Feuilletonchef gab mir dann hin und wieder Tips, worüber ich schreiben könnte. Und so habe ich zum Beispiel über den »Besten Uhrmacher Deutschlands« geschrieben, über »Fünf Generationen unter einem Dach«, über den »Clou des Nordens« und ähnliches.

Zu den literarischen Ambitionen. Mit achtzehn schrieb ich ein Feuilleton, »Über Sonntag«, das ich unverfroren ans »Berliner Tageblatt« schickte, ein Weltblatt, in dem damals so berühmte Autoren wie Thomas Mann, Hermann Hesse oder Alfred Polgar mitarbeiteten. Aber das Wunder geschah, mein Beitrag erschien in der Sonntagsausgabe. Ich konnte dann im »Berliner Tageblatt« noch mehrere Sachen unterbringen, auch in der Vossischen und in der »Frankfurter Zeitung«. Die war besonders kritisch. Selbst wenn sie eine Arbeit ablehnten, schrieben sie seitenlange Begründungen, die natürlich sehr hilfreich waren. Ich wünsche mir oft, daß auch heute dieRedaktionen so einfühlsam auf die jungen Autoren eingehen würden, wie es damals die »Frankfurter Zeitung« tat.

Frage: Sie haben sich Ende der Weimarer Republik politisch engagiert, wurden Mitglied in der KPD und im BPRS (Bund proletarisch revolutionärer Schriftsteller). Welchen Einfluß hatte dieses Engagement auf ihr Schreiben?

E. Brüning: Ich war damals arbeitslos und erlebte, wie mein Vater, ein kleiner Handwerksmeister, bei allem Fleiß nie auf einen grünen Zweig kommen konnte, sondern immer mehr verelendete. Es war ja damals die Zeit der Weltwirtschaftskrise, es ging uns allen sehr schlecht und einer nach dem anderen machte Pleite. Beeinflußt durch diese Wirtschaftslage bin ich sehr früh in die kommunistische Partei eingetreten, 1930. Dort kam ich mit jungen Genossen zusammen, die ebenfalls schreiben wollten, und einer von ihnen nahm mich eines Tages mit in eine Versammlung des Bundes. Ich weiß noch, daß Johannes R. Becher sprach, auch Anna Seghers und Ludwig Renn, den ich aber schon von der »Marxistischen Arbeiterschule« her kannte, wo er seine militär-politischen Vorträge hielt. Im Bund waren wir in Arbeitsgruppen eingeteilt, ich gehörte zur Gruppe Nord. Dort las man sich gegenseitig seine Arbeiten vor, die dann gemeinsam diskutiert wurden. Als ich nun meine Feuilletons vorlas, die in den bürgerlichen Zeitungen erschienen waren und auf die ich so stolz gewesen war, erlebte ich eine große Enttäuschung. Meine Genossen kritisierten diese Arbeiten scharf und ließen kein gutes Haar daran. Ich hätte immer nur über die Sonntage des Lebens geschrieben, warfen sie mir vor, aber den Alltag darüber vergessen. - Nun wußte ich überhaupt nicht mehr, was ich schreiben sollte, und geriet in eine Krise. In der alten Weise zu schreiben, das ging nicht mehr, aber ich fand auch noch nicht zu neuen Themen. Dann begann ich, Betriebsreportagen zu schreiben, und allmählich tastete ich mich an eine neue Thematik heran, schrieb für unsere proletarische Presse, also für die Münzenberg-Blätter »Welt am Abend«, »Berlin am Morgen«, »Rote Post« und besonders und sogar regelmäßig für die »Neue Montags-Zeitung«, die einmal in der Woche erschien. Leider habe ich fast alle diese Arbeiten später vernichten müssen, damit sie nicht der Gestapo in die Hände fielen. Aber ich bin gerade dabei, in den Bibliotheken zu stöbern, um vielleicht die eine oder andere Arbeit wiederzufinden. Zwei habe ich bereits gefunden: eine Reportage über die Verkäuferinnen bei Wertheim und eine über die Zeltstädte rund um Berlin.

Frage: Hat damals das 'Frauenthema' für Sie schon eine Rolle gespielt?

E. Brüning: Nein. Ich habe über alles mögliche geschrieben, meist über soziale Dinge.

Frage: Haben literaturtheoretische Debatten, über proletarische Literatur, über realistisches Schreiben und so weiter Einfluß auf Sie gehabt?

E. Brüning: Leider habe ich davon nicht mehr viel mitbekommen. Ich bin ja erst 1932 zum Bund gekommen, also sozusagen kurz vor Toresschluß, denn der Bund wurde sofort nach Hitlers Machtantritt verboten. Ich habe den Bund also mehr in der Illegalität erlebt. Als wir uns nach dem ersten Schock allmählich wieder zusammenfanden, trafen wir uns nur in kleinen Gruppen, fuhren mit dem Boot oder mit dem Rad in die Umgebung von Berlin und lasen uns dort unsere Arbeiten vor, meist wahrheitsgetreue Berichte über Hitler-Deutschland, die auf illegalen Wegen ins Ausland geschmuggelt und dort veröffentlicht wurden.

Frage: Sie haben während des Faschismus in Deutschland gelebt und in dieser Zeit drei Bücher veröffentlicht: »Und außerdem ist Sommer« (1934), »Junges Herz muß wandern« (1936), »Auf schmalem Land« (1938).

E. Brüning: »Und außerdem ist Sommer« hat jahrelang als mein Erstling gegolten, es war aber nicht mein erstes Buch. Mein erstes Buch war »Kleine Leute«, das ich mit zweiundzwanzig Jahren geschrieben habe und damals »Handwerk hat goldenen Boden« nannte. Das konnte aber 1933 nicht mehr erscheinen, sondern wurde erst vierzig Jahre später, also 1970, in der DDR gedruckt.

»Junges Herz muß wandern« habe ich im Gefängnis geschrieben, unter den Augen der Gestapo, der ich jeden Abend die fertigen Seiten abliefern mußte. Wir Berliner Bund-Mitglieder waren im Oktober 1935 verhaftet worden; ein Spitzel hatte sich eingeschlichen und uns an die Gestapo verraten. Ich kam ins Frauengefängnis Barnimstraße, weil das Untersuchungsgefängnis am Alex bereits überfüllt war. Dort bekam ich Schreiberlaubnis. Auf Anordnung des Gefängnisdirektors war ich streng zu isolieren, saß also in Einzelhaft. Schreiben wurde damit Therapie und in gewissem Sinne auch Tarnung gegenüber der Gestapo. Wer so unbekümmert an einem Romänchen schrieb, mußte ja wohl ein reines Gewissen haben. Das »Junge Herz« spielt in Ahrenshoop, wo ich kurz zuvor ein paar Tage verbracht hatte. Die Putzmacherin Annett erlebt dort eine verwirrende Liebesromanze.

»Auf schmalem Land« spielt auf der Kurischen Nehrung. Dort hatte ich mich 1934 ein paar Monate aufgehalten. Fritz Gaupp von der Ullstein-Romanabteilung, der mein Sommerbuch kannte und schätzte, hatte mich mit dem Auftrag dorthin geschickt, etwas über das Segelfliegerlager dort oben zu schreiben. Ich wohnte eine Weile in dem Barackenlager in Pillkoppen zusammen mit den sportbegeisterten jungen Leuten, zukünftigen Fliegern, die aber alle, wie ich bald merkte, schon auf den Krieg getrimmt wurden. Ich brachte keine Zeile zustande, verließ das Lager bald und mietete mich bei einem Fischer ein. Die Landschaft auf der Nehrung faszinierte mich, es fiel mir schwer, mich wieder von dort zu trennen - zumal mir die Nähe zu Litauen (Pillkoppen ist das letzte Dorf vor der ehemaligen litauische Grenze) die Möglichkeit gab, antifaschistische Literatur einzuschmuggeln. Meine Erlebnisse in Pillkoppen und die harte Existenz der Fischer habe ich später in meinem Buch »Auf schmalem Land« verarbeitet.

Frage: Die Literaturkritik spricht von leichter Unterhaltungsliteratur ...

E. Brüning: Ich weiß nicht, welche Literaturkritik Sie meinen und auf welche Bücher Sie anspielen. Auf »Junges Herz muß wandern« trifft das Urteil zu, da will ich nicht widersprechen, aber ich habe Ihnen ja geschildert, unter welchen Umständen das Buch entstanden ist. Auch »Ein Kind für mich allein« ist ein leichter Unterhaltungsroman, ihn habe ich ebenfalls noch in der Nazizeit geschrieben, kurz vor Ende des Krieges. Er handelt von einer Frau, die sich bewußt ein Kind anschafft, den Vater des Kindes aber ablehnt. Den Anstoß zu diesem Buch hatte mir ein Gerichtsbericht gegeben, der in dem Buch von Sling »Richter und Gerichtete« abgedruckt war. Darin hatte eine Krankenschwester auf den Vater ihres Kindes, einen Arzt, geschossen. Diese Sache ging mir lange im Kopf herum, und als ich 1942 meine Tochter zur Welt brachte und längere Zeit in der Klinik lag, hatte ich plötzlich auch das Milieu, in dem meine Handlung spielen konnte. Ich schrieb den Roman herunter, wußte aber, daß er, schon aus Papiermangel, im Nazireich nicht mehr erscheinen konnte. Aber ich mußte einfach schreiben, ich kann nicht anders leben.

Nun können Sie natürlich sagen, ich hätte ja Bedeutenderes schreiben können. Die Gegenwart bot Stoffe genug, und was für Stoffe! Wir glaubten damals, wenn dieses alles endlich mal ein Ende hat, dann werden -zig Manuskripte aus den Schubladen ans Tageslicht kommen. Aber was ist gekommen? Nichts - jedenfalls ist mir kein einziger wichtiger Roman bekannt, der in der Nazizeit entstanden ist. Und wo hätte man ein Manuskript, das Wesentliches aussagt, verbergen können? Wo war man sicher vor der Gestapo? Uns saß doch ständig die Angst im Nacken.

Aber nach 1945 bestand ein ungeheurer Lesebedarf. Viele

Bücher hatten aus den Bibliotheken entfernt werden müssen, es fehlten einfach Bücher, die für die bisher üblichen Frauenromane, die bei uns nicht mehr verlegt wurden, Ersatz bieten konnten. Da kam mein »Kind für mich allein« gerade recht. Die Lektorin, der ich davon erzählte, hat es mir halb und halb gegen meinen Willen aus den Händen gerissen. Das Buch erschien 1949 - und wurde zu unserer aller Verblüffung zu einem großen Erfolg, zumindest was den Absatz betrifft. Jahr für Jahr wurden 20.000 Exemplare gedruckt und buchstäblich unter dem Ladentisch verkauft. Die Kritik beschränkte sich, wenn sie überhaupt Notiz nahm, auf eine kurze Inhaltsangabe.

Aber ich möchte noch etwas zu meinen anderen Büchern sagen. Als mein literarischer Erstling vierzig Jahre nach Entstehen veröffentlicht wurde, erhielt er durchweg lobende Kritiken. Auch mein Sommerbuch, das 1934 erschien, wurde günstig von der Kritik aufgenommen, es erschienen spaltenlange Rezensionen in allen großen Zeitungen. Allerdings gab es auch einen Kritiker aus der Nazipresse, der mein Buch als »Asphaltliteratur« abtat und mit den Büchern von Irmgard Keun oder Joe Lederer verglich, die seiner Meinung nach ausgemerzt werden mußten.

Was aber konnte man noch schreiben? Wie sollte man sich ernähren? Für die Beiträge, die im Ausland veröffentlicht wurden, bekamen wir keinen Pfennig Honorar ...

Frage: Planten Sie nicht damals auch ein Buch über »Die Frau im Dritten Reich«?

E. Brüning: Das war ein Auftrag meiner Genossen vom Bund. Es sollte eine Dokumentation werden, wir sammelten schon alle fleißig Material, Zeitungsausschnitte und so weiter. Bei einer größeren Zusammenkunft im Sommer 1935, die wir leichtsinnigerweise organisiert hatten, um über unsere künftige Arbeit zu sprechen, wurde auch über dieses Projekt geredet - und der Spitzel hörte mit. Später bei meiner ersten Vernehmung sagte mir der Gestapo-Mann auf den Kopf zu, daß ich doch an einem Buch schreibe über die Frau im Dritten Reich. Ich stockte nur einen Moment - konterte dann aber sofort: Nein, ich schriebe kein Buch, sondern nur eine Artikelserie über Frauenberufe. Ich hatte nämlich gerade einen Artikel über meine beste Freundin geschrieben, die war Architektin. Dieser Artikel war im BT erschienen und wurde von vielen Provinzzeitungen nachgedruckt. Ich hatte also ein gutes Alibi. Und da der Spitzel mich nur einmal - eben bei dieser größeren Zusammenkunft - gesehen hatte, redete ich mich damit heraus, daß ich nur darum dabei gewesen sei, um eine Bibliothekarin zu interviewen.

Aus der Dokumentation ist natürlich nichts mehr geworden. Ich glaube auch, ich hätte das damals noch gar nicht 'packen' können, vor allem unter den herrschenden Verhältnissen. Man mußte ja ständig auf Haussuchungen gefaßt sein.

Frage: Woran haben Sie in den ersten Jahren der SBZ bzw. der DDR gearbeitet?

E. Brüning: Ich war 1943 evakuiert und lebte auf dem Land, westlich der Elbe. Mit dem ersten Lastauto fuhr ich nach Berlin. Ich wußte, daß in Berlin meine früheren Genossen waren und daß allmählich das Kulturleben wieder in Gang kam. Ich ging sofort zum Kulturbund, der sein Büro damals noch in West-Berlin hatte, und sagte zu Heinz Willmann, der mich empfing: Hier bin ich, sagt mir, was ich tun kann, ich will mitmachen. Willmann schickte mich zum zukünftigen Chefredakteur des »Sonntag«, der Wochenzeitung des Kulturbundes, deren Gründung noch bevorstand. Ich wurde als Feuilletonredakteurin eingestellt, gab aber bei dem Blatt nur eine kurze Gastrolle, weil es mir nicht gefiel, nur in fremden Manuskripten herumzumalen ... Ich wollte selber schreiben! Eines Tages gab man mir die Adresse von Frieda Coppi, deren Sohn und Schwiegertochter, Hans und Hilde Coppi, der Widerstandsgruppe Schulze-Boysen-Harnack angehört hatten und hingerichtet worden waren. Frieda Coppi gab mir die Briefe zu lesen, die die beiden miteinander gewechselt hatten, während sie im Gefängnis saßen. Und ich war so beeindruckt von diesen Briefen, daß ich den Wunsch hatte, über die großartigen jungen Menschen und ihre illegale Arbeit mehr zu erfahren. Aber damals war das sehr schwierig. An die Archive kam man noch nicht heran, sodaß ich auf die Erzählungen der Wenigen angewiesen war, die überlebt hatten. Das war Greta Kuckhoff, Elfriede Paul ... Das Buch, das ich dann geschrieben habe, »Damit du weiterlebst«, ist kein Dokumentarbericht, sondern ein Roman, aber ich habe doch ziemlich genau die wahren Hintergründe aufgespürt. Doch ich glaube, ich konnte das Buch nur schreiben, weil ich die zwölf Jahre in Hitlerdeutschland gelebt hatte, weil ich die Atmosphäre des Dritten Reiches am eigenen Leibe gespürt hatte. Das Buch erschien bereits 1949, hat bis heute sechzehn Auflagen erlebt und wurde in mehrere Sprachen übersetzt.

Fast gleichzeitig erschien »Ein Kind für mich allein«, von dem ich ja schon gesprochen habe. Ich hatte zuvor schon im Reclam-Verlag zwei Novellen veröffentlicht, und die Lektorin wollte unbedingt ein weiteres Manuskript von mir haben. Als ich ihr von dem »Kind« erzählte, war sie hell begeistert: Genau das brauchten wir jetzt, meinte sie. Sie hatte ja Recht, aber meinem literarischen Ruf hat das Buch nicht genützt. Ich habe später oft gedacht, es wäre klüger gewesen, das Manuskript im Schreibtisch verschwinden zu lassen. Andererseits - das Buch kam im richtigen Augenblick. Wir hatten ja nach dem Krieg einen riesigen Frauenüberschuß, und die Frauen, die ihren Lebensgefährten oder Partner verloren hatten, suchten nach einem neuen Lebensinhalt. Ganze Jahrgänge von Männern waren ja ausgefallen, die Frauen waren gezwungen, allein zu bleiben. Viele haben mir damals geschrieben, daß sie sich genau nach dem Muster der Johanna bewußt ein Kind angeschafft hatten. Die Problematik der alleinstehenden Frauen hat mich sehr lange beschäftigt.

Frage: »Ein Kind für mich allein« und »Regine Haberkorn« sind 1949 bzw. 1955 erschienen - heißt das, daß Frauenbefreiung für Sie in den fünfziger Jahren zu einem wichtigen Thema wurde?

E. Brüning: »Regine Haberkorn« war eine Auftragsarbeit, der Verlag kam direkt zu mir. Wir brauchten damals dringend die

Frauen in der Produktion, also wollte man ein Buch haben über eine Arbeiterin und ihre Probleme. Nun, ich bin selbst eine Frau und habe viele Probleme der Frauen am eigenen Leib erlebt - aber es sollte eine Arbeiterin sein, und deshalb bin ich erst einmal in einen Betrieb gegangen. Ich habe mich sehr intensiv überall umgesehen, habe allmählich eine Fabel erfunden und angefangen zu schreiben. Aber ich merkte, daß ich noch nicht genügend Betriebsatmosphäre eingeatmet hatte, und fing deshalb an, als Glimmerlegerin zu arbeiten. Die Frauen, mit denen ich am Band stand, wußten nichts von meinen Plänen und von meinem Beruf, sie wunderten sich nur, daß ich mich so ungeschickt anstellte. Aber die Arbeit hat mir doch sehr geholfen, den Frauen näherzukommen. Praktisch habe ich damals schon den »Bitterfelder Weg« vorweggenommen.

Sie wissen vielleicht, daß das Buch damals heftige Diskussionen auslöste? In den fünfziger Jahren wurde überhaupt viel diskutiert, anders als heute. Heute werden Bücher entweder hochgelobt - oder nicht beachtet. Damals erschien in der »Berliner Zeitung« der - na ja, man kann schon sagen - Verriß von Ursula Püschel, einer Literaturwissenschaftlerin, die gerade die Hochschule hinter sich gebracht hatte und wahrscheinlich elitäre Ansprüche stellte. Ursel überschrieb ihre Kritik: Vor roten Rosen wird gewarnt. Das bezog sich auf die Blumen, die Regines Arbeitskamerad ihr in die Hand drückt, als sie ihn einmal in seiner Laube aufsucht, um sich bei ihm Rat zu holen. Und diese Rosen fand Ursula Püschel oberkitschig! Nun gab es eine heftige Debatte! Rudolf Hirsch zum Beispiel schrieb: Vor solchen Kritiken wird gewarnt! Und er fragte zuletzt: Was hätte der Mann denn der Frau in die Hand geben sollen? Etwa einen Band Politökonomie? Sogar Otto Grotewohl spielte bei einer Zusammenkunft mit Schriftstellern auf die roten Rosen an und fragte: Aber wozu züchten wir denn die Rosen? Doch wohl in erster Linie, um sie unseren Frauen zu schenken!

Schlimmer als die Warnung vor den roten Rosen - die letztlich meinem Buch zu einem guten Absatz verhalf, schon nach kurzer Zeit waren über hunderttausend verkauft - traf mich ein anderer Vorwurf. Jahrelang lebte ich unter dem Makel der 'Kleinbürgerlichkeit'. Heute weiß ich, daß ich mich in guter

Gesellschaft befand. Jurij Trifonow schreibt in seinem Artikel »Warum ich über den Alltag schreibe«, daß seine Bücher jahrzehntelang abwertend zur »Byt«-Literatur gezählt wurden, weil er über alltägliche Dinge schrieb, das Familienleben, das Verhältnis zwischen Mann und Frau, Eltern und Kindern ...

Frage: Von westlichen Kritikerinnen wird Ihnen vorgeworfen, Sie hätten in »Regine Haberkorn« nur die aktuelle Frauenpolitik dieser Jahre propagiert und illustriert ...

E. Brüning: Aber gerade das, glaube ich, habe ich nicht getan - und das wurde mir übelgenommen. Sie müssen wissen, es war die Zeit der Betriebsromane, »Stahl«, der Roman von Maria Langner, der den Nationalpreis erhielt, spielte fast nur im Betrieb und bestand genaugenommen aus aneinandergefügten Leitartikeln. Ich habe in meinem Buch auch private Probleme angesprochen, Probleme der Kindererziehung zum Beispiel, habe diesen Ehekonflikt geschildert, der sich dadurch entspinnt, daß die Frau nun arbeitet und sich nicht mehr so hundertprozentig um ihren Haushalt kümmern kann.

Frage: Finden Sie den Vorwurf, Sie hätten die offizielle Frauenpolitik jener Jahre propagiert und illustriert, ungerecht?

E. Brüning: Mir ist nicht klar, was damit gemeint ist. Daß die Frauen wieder Berufe ergreifen - und möglichst den, den sie sich wünschen, auch ergreifen können - das war mein echtes Anliegen. Ich selbst und viele meinesgleichen hatten ja zwölf Jahre darunter gelitten, daß wir unter den Nazis an Heim und Herd verbannt waren. Ich habe die Berufstätigkeit also hundertprozentig bejaht. Übrigens blieb vielen alleinstehenden Frauen gar nichts anderes übrig, sie mußten Geld verdienen. Damals habe ich noch nicht die Probleme gesehen, die mit der Berufstätigkeit der Frauen verbunden sind. Daß Emanzipation ihre Grenzen hat, ging mir erst später auf.

Frage: Es stimmt also, daß Sie mit dem Buch eine didaktische Intention verfolgt haben? Wollten Sie die Frauen dazu animieren, in den Beruf zu gehen?

E. Brüning: Ob das so gewirkt hat ... Es war mein Anliegen. Ich habe auch viele Frauen im Betrieb kennengelernt, die meiner Regine Haberkorn glichen, also Frauen, die sich als Aktivistin durchgesetzt haben und die dann angefeindet wurden von den anderen. Das waren ja die Probleme damals.

Frage: Wie sah es mit den anderen Autorinnen in den fünfziger Jahren aus? War die Frauenfrage auch für sie ein wichtiges Thema?

E. Brüning: Nein, ich glaube nicht. Wer schrieb denn damals? Auf Anhieb fallen mir ein paar Namen ein: Marianne Bruns, Irma Harder, Ruth Kraft, Maria Langner, Berta Lask, Annemarie Reinhard, Inge von Wangenheim, Ruth Werner. Und natürlich Anna Seghers. Aber alle diese Bücher beschäftigten sich mit der unmittelbaren Vergangenheit. Annemarie Reinhard behandelte in »Treibgut« Probleme der Umsiedler, also der Flüchtlinge. Berta Lasks »Stille und Sturm« ist ein Generationsroman. Maria Langner hatte vor »Stahl« schon ihr Buch die »Letzte Bastion» geschrieben, das in der Festung Breslau spielt. Ruth Krafts «Insel ohne Leuchtfeuer« handelt von Peenemünde, wo die V 1- und V 2-Waffen hergestellt wurden. Ruth Kraft war als ganz junges Mädchen Stenotypistin in Peenemünde. Damals schon hat sie bemerkenwerte Beobachtungen machen können, die sie später in ihrem Buch verarbeitet hat. Inge von Wangenheim schrieb über ihre Erlebnisse als Emigrantin in der Sowjetunion, andere Autorinnen behandelten Themen des antifaschistischen Widerstandes. Nur Marianne Bruns schrieb in ihrem Buch »Uns hebt die Flut« etwas über die Frauenbewegung, und Hedda Zinner setzte in »Nur eine Frau« Louise Otto-Peters ein Denkmal. Dies alles waren Themen der fünfziger Jahre.

Frage: In den sechziger Jahren haben Sie drei Bücher veröffentlicht, »Wege und Schicksale. Frauenporträts« (1962), »Kinder ohne Eltern« (1968) und »Septemberreise« (1967) - ist das eine Fortsetzung Ihrer Beschäftigung mit Frauen und mit ihren Problemen?

E. Brüning: »Wege und Schicksale« enthält Porträts von Frauen aus der DDR, aber auch von einigen westdeutschen Frauen, unter anderem von einer, die drei Söhne zu Kriegsdienstverweigerern erzogen hat ... In »Septemberreise« geht es um eine Frau, die nach Ungarn reist, um sich dort mit ihrer Tochter zu treffen, die in Westdeutschland lebt und die sie seit zwanzig Jahren nicht gesehen hat. Aber als die Tochter dann kommt, gibt sie sich gar nicht als Mutter zu erkennen, weil sie das Gefühl hat, sie hätten sich zu sehr auseinandergelebt. In diesem Buch wird auch das Verhalten eines Mannes kritisch geschildert, der ein vorbildlicher Genosse ist und im Beruf hervorragend, aber im Verhalten den Frauen gegenüber ein Spießbürger bleibt.

»Kinder ohne Eltern« - dazu bin ich so gekommen: In dieser Zeit konnte ich mich nicht an ein großes Romanthema heranwagen, weil ich hauptberuflich Großmutter wurde. Meine Tochter - Christiane Barckhausen - war sehr viel beruflich unterwegs als Dolmetscherin, einer mußte für's Kind da sein, also ... Da ich sowieso zu Hause war, blieb das an mir hängen. Wenn ich schreibe, muß ich mich ganz auf meine Arbeit konzentrieren können - und das konnte ich damals nicht. So bin ich wieder auf Reportagen ausgewichen. Und eines Tages las ich im »Neuen Deutschland« eine Notiz, daß eine siebzehnjährige Mutter ihr zweijähriges Kind auf einem Hausboden ausgesetzt hätte. Ich fragte mich, was da passiert sein konnte, fragte mich nach den Hintergründen und ging, zusammen mit einer Freundin, einer Jugendrichterin, der Sache nach. Ich schrieb dann einen Artikel: Warum setzt eine junge Mutter ihr Kind aus?, der im »Neuen Deutschland« gedruckt worden ist - und durch diesen Fall kam ich mit Mitarbeitern des Referates Jugendhilfe in Verbindung, also mit Jugendfürsorgern. Und das war wieder eine schlimme Erfahrung. Ich war bisher doch der Meinung gewesen, daß die Jugendhilfe bei uns allenfalls die Aufgabe hat, Alimente einzutreiben oder ähnliches. Wir waren doch der Überzeugung, auch die Jugendrichterin, daß wir bald nichts mehr zu tun haben werden. Die Nachkriegskriminalität haben wir aufgearbeitet, und nun ist unser Paradies auf Erden gekommen. Wir dachten doch, sowie wir die Bedingungen verändern,

verändern sich auch die Menschen. Das war ein langer Prozeß, ehe wir gelernt haben, daß das nicht so ist.

Ich habe mich also wochenlang den Jugendfürsorgern an die Fersen geheftet, habe an den Sprechstunden teilgenommen, bin mitgegangen zu Hausbesuchen - und war erschüttert, was es so alles gab. Das war damals eine Pionierarbeit, berührte ein Tabu - fehlentwickelte Jugendliche hatte es in der DDR nicht zu geben und gab es also auch nicht. Aber merkwürdigerweise hat das »ND« - also ich muß das »ND« hier loben - einige Folgen abgedruckt. Und die Reportage ist dann später auch als Buch erschienen, unter dem Titel »Kinder ohne Eltern«.

Frage: Sie sind also noch einmal in die journalistische Arbeit zurückgegangen ...

E. Brüning: Ich habe immer gerne Reportagen gemacht, und häufig war es ja auch Vorarbeit für eine größere Sache.

Frage: Ihr Buch »Partnerinnen« von 1978 ist zwar auch eine Kritik an einer Frau, die nur für die Familie lebt, ist aber vor allem eine Kritik an der erfolgreichen berufstätigen Frau, der Karrierefrau. Und damit letztlich eine Reflexion auf die Kosten oder den Preis der Emanzipation. Mich beschäftigt die Frage, warum Sie dieses Buch ausgerechnet zu einer Zeit geschrieben haben, als in der DDR ein ganz neuer Aufbruch der Frauen, der schreibenden Frauen, stattfand. In einer Zeit, in der Gleichberechtigung und Emanzipation massiv thematisiert und intensiv reflektiert werden, kommt eine ältere Autorin und warnt.

E. Brüning: Also zunächst: Ich höre ungern das Wort »Karrierefrau«. Die Barbara in meinem Buch arbeitet nicht, um Karriere zu machen, sondern aus einem wirklichen Bedürfnis heraus. Und es ist doch so: Wer nur acht Stunden des Tages im Büro oder an der Maschine sitzt und danach den Kopf von der Arbeit frei hat, kann die zweite Schicht zuhause einigermaßen gut bewältigen. Daneben gibt es jedoch Berufe, die den ganzen Menschen fordern, und da fängt es an, problematisch zu werden. Ich sehe die Barbara überhaupt nicht kritisch, ich verurteile sie nicht - aber es ist zwangsläufig, daß sie auf dem anderen Sektor versagt, in diesem Fall ihren Mann verliert.

Mit der Entstehung dieses Buches war es übrigens so: Die Älteste der Frauen, die sechzigjährige Johanna, ist mir über den Weg gelaufen. Sie hat mir ihr Leben erzählt, das annähernd so verlaufen ist, wie ich es geschildert habe: Sie hat den Mann im Krieg verloren, mußte ihre beiden Kinder allein aufziehen, hat sich voll und ganz in den Beruf gestürzt - und dann mit einiger Bitterkeit festgestellt: Ich habe meine Kinder vernachlässigt. Ich habe ihre Geschichte niedergeschrieben und hatte eigentlich gar nicht die Absicht, mehr darüber zu schreiben. Da hat Annemarie Auer, eine Kritikerin und Literaturwissenschaftlerin, mit der ich seit vielen Jahren befreundet bin, mir geraten: Schreib doch auch die Geschichte der anderen Frauen auf, die in dieser ersten Erzählung vorkommen. Ja, und das habe ich dann getan. Barbara, die erfolgreiche Journalistin, scheitert in ihrem Privatleben. Ihr Mann, der langsam erblindet, geht zu Renate, die zwei uneheliche Kinder hat und obendrein ein Heimkind zu sich nimmt. Bei ihr kann sich auch der Mann geborgen fühlen. Mit dieser Renate haben sich die meisten Leser identifiziert. Sie meistert ihr Leben, aber im Beruf ist sie gezwungen, kurzzutreten. Ist das also doch der richtige Weg? Oder der von Rita, Johannes Tochter, die alles besser machen will als ihre Mutter und die nach der Geburt ihrer Töchter den Beruf an den Nagel hängt? Aber als die Kinder groß sind und ihrer Wege gehen, ist ihr Leben inhaltslos geworden, und ganz allmählich beginnt sie ihre Mutter zu verstehen, die ja seinerzeit gezwungen war, Geld zu verdienen, um ihre Kinder zu ernähren. Wie gesagt, ich habe das Thema Emanzipation der Frau in allen vier Erzählungen aufgegriffen. Rezepte habe ich nicht geben können, aber ich wollte zum Denken anregen.

Übrigens habe ich in meinem Buch »Wie andere Leute auch« das gleiche Thema behandelt. Dort sind Mutter und Tochter beruflich sehr engagiert. Als Juliane, die als Dolmetscherin dauernd unterwegs ist, ein Kind bekommt, stellt sich die Frage: Wer zieht das Kind auf? Wer von den beiden Frauen - die Mutter ist Schriftstellerin - stellt sich im Beruf zurück? Ich finde, die Emanzipation sollte in Grenzen bleiben, auf keinen Fall darf sie auf Kosten anderer Menschen gehen. Meistens geht sie auf Kosten der Kinder, die sich selbst überlassen bleiben.

Frage: Mich ärgert daran, daß es immer die Frauen sind, bei denen es heißt, da sind die Grenzen. Die Männer machen schön weiter wie bisher, und die Frauen wollen sich befreien und müssen gleichzeitig zusehen, daß sie niemand verletzen ...

E. Brüning: Nein, natürlich müssen sich auch die Männer ändern. Aber da stehen wir erst am Anfang, das ist noch ein weiter Weg. Übrigens dachte ich bisher immer, und man hat es mir gegenüber auch oft zum Ausdruck gebracht, man kritisiere in der BRD an unseren Büchern, daß wir alle Probleme glätten, daß wir zu sehr beschönigen. Auch in unserer Frauenzeitschrift werden ja oft Superfrauen als Vorbilder hingestellt, die alles können, die im Beruf Hervorragendes leisten und nebenbei ihre sechs Kinder zu Sozialisten erziehen. Ich bin da immer sehr skeptisch gewesen. Wenn man genauer hinguckt, entdeckt man im Hintergrund eine liebe Oma oder sonst eine Vertrauensperson, die die Kinder und den Haushalt versorgt. Umgekehrt erinnere ich mich an eine Frau, die im Betrieb hochgelobt wurde und eine Auszeichnung erhielt - ich wußte aber, daß ihre Kinder von der Jugendhilfe betreut werden mußten. Eine Frau kann sich eben nicht zerteilen, sie kann nur eins!

Ich wollte daher in den »Partnerinnen« die Probleme ganz offen zeigen, so wie sie sind. Und die Reaktion auf das Buch hat mir recht gegeben. Jede Nachauflage ist immer sehr schnell vergriffen, das Buch wird lebhaft diskutiert, und von 130 Betrieben, darunter sind Großbetriebe wie Leuna und Bitterfeld, wurde es für den Kunstpreis des Gewerkschaftsbundes vorgeschlagen, den ich dann auch bekommen habe.

Frage: Wenn man das zurückbezieht auf die »Regine Haberkorn«, kann man dann sagen, das ist eine Art Selbstkritik an Ihrem älteren Buch?

E. Brüning: Ja. Damals habe ich die Probleme noch nicht gesehen. Vielleicht waren auch viele Wunschvorstellungen dabei, man wollte, daß es klappt.

Frage: In ihrem neuesten Buch »Altweiberspiele« setzen Sie sich mit Dingen auseinander, die sie selbst offensichtlich zur Zeit sehr beschäftigen, mit Problemen des Alterns oder des Todes zum Beispiel. Die Texte wirken dadurch sehr authentisch. Ein Vorwurf westlich-feministischer Literaturkritik an Ihren älteren Büchern ist, daß diese Texte wenig authentisch seien, wenig mit Ihnen selbst zu tun hätten. Sie wählten vorbildliche Figuren, Arbeiterinnen ....

E. Brüning: Man darf doch die Kulturpolitik der fünfziger Jahre nicht vergessen! Wir wurden doch angehalten, einen »positiven Helden« zu schaffen! In jedem Buch sollte ein Parteisekretär vorkommen oder ein Gewerkschaftsmann, und beide mußten natürlich ohne Fehl und Tadel sein. Ich beneide die jungen Autoren, die heute schreiben und die schon ganz souverän mit ihrem Stoff umgehen können. Wir waren damals durch hundert Zwänge gebunden. Es war nicht leicht zu schreiben.

Als ich zum Beispiel das Exposé zu meinem Mädchenbuch »Gabriele« vorlegte, sagte man mir: So geht das nicht. Wenn die Mutter Dolmetscherin ist, also einen Intelligenzberuf hat, muß wenigstens der Vater Arbeiter sein.

Aber zurück zu den »Altweiberspielen«. Es stimmt, daß ich dort viel Selbsterlebtes beschreibe. Jedes meiner Bücher enthält Selbsterlebtes. Das Mädchenbuch »Gabriele«, in dem es darum geht, daß ein zwölfjähriges Mädchen einen neuen Vater bekommen soll, entstand aus der einfachen Tatsache, daß in der Schulklasse meiner Tochter achtzig Prozent der Kinder ohne Vater aufwuchsen!

Frage: Wieviele Bücher haben Sie im Laufe Ihres Lebens geschrieben?

E. Brüning: Ich muß immer wieder selbst nachzählen. Es sind genau zwanzig. Dazu kommen zwei Fernsehspiele, zwei Theaterstücke und ein Filmszenarium.

Frage: Meine letzte Frage, Frau Brüning. Woran arbeiten Sie jetzt?

E. Brüning: Die Ereignisse in der Sowjetunion berühren mich tief, die Veränderungen, die sich da vollziehen, die schonungslose Abrechnung mit der Stalinzeit. Auch wir sollten endlich darüber sprechen. Ich habe mich daher entschlossen, Tonbandgespräche mit Frauen zu führen, die während der Stalinzeit in der Sowjetunion Schweres erlebt haben. Zum erstenmal hörte ich 1956 davon, als meine Kollegin Trude Richter aus Sibirien zurückkam - Anna Seghers hatte sich darum bemüht, daß sie ausreisen durfte. Ich kannte Trude Richter schon aus den dreißiger Jahren, aus der Arbeit beim Bund, sie hat damals Kurse mit uns abgehalten, uns die Theorie des Marxismus nahegebracht. Es war, glaube ich, 1934, als sie eines Tages sagte, sie würde in die Sowjetunion gehen, ihr Lebensgefährte Hans Günther war schon dort, und sie wollte ihm nachfahren. Wir bestürmten sie, uns bald zu schreiben, und wir beneideten sie glühend; wir alle hätten ja gerne in der Sowjetunion beim Aufbau mitgeholfen. Aber wir hörten nie wieder von ihr. Sie war als angebliche Trotzkistin nach Madagan verschickt worden, also weit nach Sibirien, wo sie zwanzig Jahre ihres Lebens verbringen mußte, während ihr Mann schon auf dem Transport dorthin an Entkräftung gestorben war. Trude erzählte uns nach und nach einiges von ihren Erlebnissen, die wir ihr zunächst kaum glauben mochten. Auch andere meiner Freunde, die in die SU emigriert waren, verstummten abrupt, ohne daß ich mir damals ihr Schweigen erklären konnte. Dann habe ich eine Frau kennengelernt, die mir erzählte, sie habe ein interessantes, allerdings auch ein schweres Leben hinter sich. Sie war die letzte Sekretärin von Clara Zetkin. Mit ihrem Mann, einem Spezialisten, war sie schon Anfang der dreißiger Jahre in die Sowjetunion gegangen. Als ihr Mann 1936 verhaftet wurde, wies man sie aus Moskau aus, und sie mußte sich irgendwo im Osten mit ihrem kleinen Jungen durchschlagen. Eine ältere Freundin von ihr, Ruth, habe ich vor kurzem gesprochen. Sie hatte ein noch viel schwereres Schicksal. Ihr Mann wurde verhaftet, als sie im fünften Monat schwanger war. Und als der Sohn noch nicht einmal drei Jahre alt war, wurde auch sie verschickt, sie lebte lange in Kasachstan und später in Sibirien. Ihren Jungen hatte sie zurücklassen müssen. Für den wird gesorgt, hatte man ihr bei der Verhaftung versichert. Viele Jahre später wurde sie in die Verwaltung gerufen, wo man sie zwingen wollte zu unterschreiben, daß sie mit der Adoption des Kindes einverstanden sei. Was sie natürlich ablehnte. Wenn ich meine zehn Jahre hier hinter mir habe, sagte sie, dann möchte ich mein Kind wiederhaben, es ist das einzige, was mich noch am Leben hält. Ihr Kind wurde aber dennoch adoptiert, lebte unter einem fremden Namen, mit einem falschen Geburtsdatum, und sie hatte unendliche Schwierigkeiten, ihren Sohn wiederzufinden. Sie hat ihn erst getroffen, als er achtzehn war.

Das sind zum Beispiel so ein paar Geschichten. Aber man muß sich beeilen. Alle Frauen, mit denen ich bisher gesprochen habe, sind schon hoch in den Siebzigern oder sogar über achtzig. Und viele der Betroffenen sind leider schon tot.

Ich habe noch keine Ahnung, ob mein Buch je erscheinen wird, aber ich denke, man muß diese Dinge festhalten. Irgendwann wird es kommen.

Autorinnenverzeichnis

Geburtsdaten, selbständige Veröffentlichungen, Erscheinungsdaten

A-Autobiographie, B-Biographie, Br-Briefe, E-Erzählung, En-Erzählungen, Es-Essays, L-Lyrik, M-Märchen, P-Protokolle, R-Roman, Rp - literarische Reportage, Rs - Reisebericht, Ta-Tagebuch
Titel bundesdeutscher Ausgaben, die von denen der DDR-Ausgaben abweichen, werden in Klammern hinter dem DDR-Titel angeführt

Waltraud Ahrndt (1933) - Atempause (R) 1978, Flugversuche (En) 1985
Renate Apitz (1939) - Evastöchter (En) 1981, Hexenzeit (R) 1984
Ingeborg Arlt (1949) - Das kleine Leben (E) 1987, Lyrik
Christiane Barckhausen (1942) - Schwestern (P) 1985, Eine Handvoll Nebel (Auf den Spuren von Tina Modotti) (B) 1989 (1988) Kinderbücher, Reiseberichte, Reportagen
Johanna Braun (1929) - Science Fiction, Krimis (zusammen mit Günter Braun)
Elfriede Brüning (1910) - Und außerdem ist Sommer (R) 1934, Junges Herz muß wandern (R) 1936, Auf schmalem Land (R) 1939, Die Umkehr/Das ist Agnes (En) 1949, Damit du weiterlebst (B) 1949, Ein Kind für mich allein (R) 1949, Vor uns das Leben (R) 1952, Regine Haberkorn (R) 1955, Rom, hauptpostlagernd (R) 1958, Sonntag der dreizehnte (R) 1960, Wege und Schicksale. Frauenporträts 1962, Kleine Leute (R) 1970, Septemberreise (E) 1967, Partnerinnen (En) 1978, Wie andere Leute auch (R) 1983, Altweiberspiele (En) 1986, Reportagen, Kinderbücher, Fernsehspiele, Theaterstükke, Filmszenarium
Marianne Bruns (1897) - Flugsamen (R) 1948, Wiegand der Feuerträger (E) 1949, Uns hebt die Flut (R) 1950, Glück fällt nicht vom Himmel (R) 1954, Darüber wächst kein Gras (R) 1956, Bauer und Richter (R) 1956, Frau Doktor privat (R) 1957, Das ist Diebstahl (E) 1960, Schuldig befunden (E) 1961, Zwischen Pflicht und Kür (R) 1962, Verständis für die Neunte (R) 1962, Der neunte Sohn des Veit Stoß (R) 1967, Großaufnahme - leicht retuschiert (R) 1973, Die Spur des namenlosen Malers (R) 1975, Zeichen und Wunder (R) 1977, Der grüne Zweig (R) 1979, Szenenwechsel (R) 1982, O Nini-

ve! Die Geschichte des Propheten Jona (E) 1984, Luftschaukel (E/L) 1985, Hörspiele, Kinderbücher, Lyrik

Brigitte Burmeister (1940) - Anders oder Vom Aufenthalt in der Fremde (R) 1987

Daniela Dahn (1949) - Spitzenzeit (Es) 1980, Prenzlauer Berg-Tour (Kunst und Kohle) (Rp) 1987, Hörspiele

Sigrid Damm (1940) - Vögel die verkünden Land. Das Leben des Jakob Michael Reinhold Lenz (B) 1986, Cornelia Goethe (B) 1988

Gabriele Eckart (1954) - Per Anhalter (En) 1982, So sehe ick die Sache (P) 1984 (BRD), Der Seidelstein (E) 1986, Lyrik, Reportagen

Renate Feyl (1944) - Das dritte Auge war aus Glas (R) 1971, Bau mir eine Brücke (R) 1972, Bilder ohne Rahmen (B) 1977, Der lautlose Aufbruch. Frauen in der Wissenschaft (B) 1981, Idylle mit Professor (R) 1986

Rosemarie Fret (1935) - Nachsaison (En) 1973, Hoffnung auf Schneewittchen (En) 1981

Vera Friedländer - Mein polnischer Nachbar (En) 1986

Roswitha Geppert - Die Last, die du nicht trägst (R) 1978 (4. Aufl.)

Christa Gießler (1954) - Unsichtbare Zügel (R) 1987

Christiane Grosz (1944) - Die Tochter (R) 1987, Lyrik, Kinderbücher

Lea Grundig (1906) - Gesichte und Geschichte (A) 1958

Lilo Hardel (1914) - Das Mädchen aus Wiederau (R) 1964, Kinderbücher

Irma Harder (1915) - Im Haus am Wiesenweg (R) 1956, Wolken überm Wiesenweg (R) 1960, Die Frau vom Ziegelhof (R) 1984

Regine Hastedt (1921) - Die Tage mit Sepp Zach (R) 1959, Barbara Uthmann (R) 1987

Monika Helmecke (1943) - Klopfzeichen (En) 1979, Hörspiele

Ursula Höntsch-Harendt (1934) - Wir Flüchtlingskinder (R) 1985

Ursula Hörig (1932) - Palermo und die himmelblauen Höschen (En) 1972, Spatzensommer (En) 1972, Timmes Häuser (E) 1975

Renate Holland-Moritz (1935) - Das Durchgangszimmer (E) 1967, Graffunda räumt auf (E) 1969, Die tote Else 1986

Rosita Ionescu (1941) - Lila, Kolorit auf Breitwand (En) 1976

Ingrid Johannis - Das siebente Brennesselhemd (Ta) 1986

Gabriele Kachold (1953) - Zügellos 1989

Gisela Karau (1932) - Berliner Liebe 1984, Kinderbücher

Dorothea Kleine - Annette (R) 1972, Eintreffe heute (R) 1978, Jahre mit Christine (R) 1980, Das schöne bißchen Leben (R) 1985

Sarah Kirsch (1935) - Die ungeheuren bergehohen Wellen auf See (En)

1973, Die Pantherfrau (P) 1973, Allerlei-Rauh (poetische Prosa) 1988, Lyrik, Kinderbücher, Hörspiele

Helga Königsdorf (1938) - Meine ungehörigen Träume (En) 1978, Der Lauf der Dinge (En) 1982, Mit Klischmann im Regen 1983 (BRD), Respektloser Umgang (E) 1986, Lichtverhältnisse (Die geschlossenen Türen am Abend) (En) 1989

Ilse Korn (1907) - Kinderbücher

Christa Kozik - Kinderbücher, Fernsehfilme

Ruth Kraft (1920) - Insel ohne Leuchtfeuer (R) 1959, Menschen im Gegenwind (R) 1965, Gestundete Liebe (R) 1970, Träume im Gepäck (E) 1971, Solo für Martina (R) 1978, Die Kunst, Damen zu empfangen (E) 1983

Angela Krauß (1950) - Das Vergnügen (R) 1984, Glashaus (En) 1988

Monika Lätzsch (1930) - Geburtstag ohne Nelken (E) 1969, Das Jahr mit Strobl (R) 1978

Christine Lambrecht (1949) - Dezemberbriefe (En) 1982, Männerbekanntschaften (P) 1986

Maria Langner - Die letzte Bastion (R) 1948, Stahl (R) 1952

Berta Lask (1878-1967) - Stille und Sturm (3 Romane) 1955, Otto und Else (En) 1956, Aus ganzem Herzen 1961, Theaterstücke, Reiseberichte, Reportagen, Kinderbücher

Auguste Lazar (1897-1970) - Arasbesken (A) 1957, Kinderbücher

Waldtraut Lewin (1937) - Herr Lucius und sein schwarzer Schwan (R) 1973, Die Ärztin von Lakros (R) 1977, Die stillen Römer (R) 1979, Gaius Julius Caesar (B) 1980, Viktoria von jenseits des Zauns (M) 1981, Der Sohn des Adlers, des Müllmanns und der häßlichsten Frau der Welt (M) 1981, Kuckucksrufe und Ohrfeigen (En) 1983, Federico (R) 1984, Georg Friedrich Händel (B) 1985 (zusammen mit Miriam Margraf), Märchen von den Hügeln (M) 1986 (zusammen mit Miriam Margraf), Die Zaubermenagerie (En) 1987 (zusammen mit Miriam Margraf) Kinderbücher, Reiseberichte, Rockoper, Hörspiele, Filme

Irina Liebmann (1943) - Berliner Mietshaus (Rp) 1982, Hörspiele, Theaterstücke

Irmgard Litten - Eine Mutter kämpft gegen Hitler 1949

Miriam Margraf (1964) - Georg Friedrich Händel (B) 1985 (zusammen mit Waldtraut Lewin), Märchen von den Hügeln (M) 1986 (zusammen mit Waldtraut Lewin), Die Zaubermenagerie (En) 1987 (zusammen mit Waldtraut Lewin), Kinderbücher

Monika Maron (1941) - Flugasche (R) 1981 (BRD), Das Mißverständnis (En, Th) 1982 (BRD), Die Überläuferin (R) 1986 (BRD)

Brigitte Martin (1939) - Der rote Ballon (En) 1977, Nach Freude anstehen (E) 1981

Käthe Miethe (1893-1961) - Kinderbücher

Beate Morgenstern (1946) - Jenseits der Allee (En) 1979, Nest im Kopf (R) 1988, Theaterstück, Hörspiele

Irmtraud Morgner (1933) - Das Signal steht auf Fahrt (E) 1959, Ein Haus am Rand der Stadt (R) 1961, Notturno (E) 1964, Hochzeit in Konstantinopel (R) 1968, Gauklerlegende. Eine Spielfrauengeschichte (E) 1971, Die wundersamen Reisen Gustav des Weltfahrers (R) 1972, Leben und Abenteuer der Trobadora Beatriz nach Zeugnissen ihrer Spielfrau Laura (R) 1974, Amanda (R) 1983

Christa Müller (1936) - Vertreibung aus dem Paradies (En) 1979, Lyrik, Hörspiele

Christine Müller (1949) - Männerprotokolle (James Dean lernt kochen) (P) 1986

Sibylle Muthesius - Flucht in die Wolken (Rp) 1981

Inge Müller (1925-1966) - Lyrik, Theaterstücke, Kinderbücher

Margarethe Neumann (1917) - Weg über den Acker (R) 1955, Lene Bastians Geschichte (En) 1956, Der lange Weg (En) 1958, Der Zaunkönig (En) 1959, Der Wasserträger (E) 1960, Elisabeth (En) 1960, Der Spiegel (En) 1961, Der Totengräber (R) 1963, ... und sie liebten sich doch (R) 1966, Die Liebenden (R) 1970, Der grüne Salon (R) 1972, Am Abend vor der Heimreise (En) 1974, Die Webers (R) 1976, Orenburger Tagebuch 1977, Windflöte und andere Geschichten (En) 1978, Ein ungewöhnlicher Nachmittag (En) 1983, Magda Adomeit (R) 1985, Der Geisterkämpfer (E) 1986, Kinderbücher, Lyrik, Reiseberichte

Monika Nothing (1942) - Ein Mantel aus Hoffnung (En) 1985, Gedichte, Kinderhörspiele

Irene Oberthür (1941) - Mein fremdes Gesicht (Rp) 1984

Doris Paschiller (1953) - Die Würde (E) 1980, Theaterstück

Christine Perthen (1948) - Papierliebe (En) 1987

Lia Pirskawetz (1938) - Der stille Grund (R) 1985, Hörspiele

Valerie Radtke (1913) - Ich suche Liebe. Kindheit (A) 1984, Wider alle Einsamkeit. Jugend (A) 1988

Hildegard Maria Rauchfuss - Wenn die Steine Antwort geben 1953, Schlesisches Himmelreich (R) 1968, Fische auf den Zweigen (R) 1980, Schlußstrich (R) 1986, Lyrik

Brigitte Reimann (1933-1973) - Frau am Pranger (E) 1956, Ankunft im Alltag (E) 1961, Die Geschwister (E) 1963, Das grüne Licht der

Steppe (Rs) 1965, Franziska Linkerhand (R) 1974, Die geliebte, die verfluchte Hoffnung (Ta/Br) 1983, Reiseberichte

Annemarie Reinhard (1921) - Treibgut (R) 1949, Kinderbücher

Trude Richter (1899) - Die Plakette (A) 1972

Regina Röhner (1952) - Holunderzeit (En) 1982, Hörspiele

Irene Runge (1942) - Himmelhölle Manhattan (Rs) 1986

Jutta Schlott (1944) - Das liebliche Fest (R) 1984, Kinderbücher, Hörspiele

Helga Schubert (1940) - Lauter Leben (En) 1975, Das verbotene Zimmer 1982 (BRD), Blickwinkel (En) 1984, Anna kann Deutsch 1985 (BRD), Hörspiele, Filme, Kinderbücher

Rosemarie Schuder (1928) - Der Ketzer von Naumburg (R) 1955, Der Sohn der Hexe (R) 1957, In der Mühle des Teufels (R) 1959, Der Gefesselte (R) 1962, Die zerschlagene Madonna (R) 1965, Die Erleuchteten oder Das Bild vom armen Lazarus zu Münster in Westfalen - von wenig Furchtsamen auch der Terror der Liebe genannt (R) 1968, Paracelsus oder der Garten der Lüste (R) 1972, Hieronymus Bosch (R) 1975, Agrippa und Das Schiff der Zufriedenen (R) 1977, Serveto vor Pilatus (R) 1982

Helga Schütz (1937) - Vorgeschichten oder Schöne Gegend Probstein (R) 1970, Das Erdbeben bei Sangerhausen (En) 1972, Festbeleuchtung (E) 1974, Jette in Dresden (Mädchenrätsel) (R) 1977, Julia oder die Erziehung zum Chorgesang (R) 1980, Martin Luther (E) 1983, In Annas Namen (R) 1987, Hörspiele, Filme

Elisabeth Schulz-Semrau - Jedes Leben hat auch seine Zeit (E) 1974, Ausstellung einer Prinzessin (R) 1977, Suche nach Karalantschi 1984

Tina Schulze-Gerlach (1920) - Kreuzotter und Lerche (R) 1963, Mit goldenen Händen (R) 1966, Die Nacht bei grünem Tee (E) 1972, Die Flaschenpost (E) 1974, Der Hügel vor der Stadt (E) 1976, Bürgschaft für ein Jahr (R) 1978, Inselmärz (E) 1985

Anna Seghers (1900-1983) - Grubetsch (E) 1927, Aufstand der Fischer von Santa Barbara (E) 1928, Auf dem Weg zur amerikanischen Botschaft (En) 1930, Die Gefährten (R) 1932, Der Kopflohn (R) 1933, Der Weg durch den Februar (R) 1935, Die Rettung (R) 1937, Das siebte Kreuz (R) 1942, Transit (R) 1944, Der Ausflug der toten Mädchen und andere Erzählungen (En) 1946, Das Argonautenschiff (E) 1949, Die Toten bleiben jung (R) 1949, Die Hochzeit von Haiti (En) 1949, Friedensgeschichten (En) 1950, Die Linie (En) 1950, Crisanta (En) 1951, Die Kinder (E) 1951, Der Mann und sein Name (E) 1952, Die Tochter der Delegierten (En) 1957, Brot und Salz (En)

1958, Die Entscheidung (R) 1959, Das Licht auf dem Galgen (E) 1961, Die Kraft der Schwachen (En) 1965, Sagen von Artemis (En) 1965, Das wirkliche Blau (E) 1967, Das Vertrauen (R) 1968, Glauben an Irdisches (Es) 1969, Aufstellen eines Maschinengewehrs im Wohnzimmer de Frau Kamptschik (E) 1970, Über Kunstwerk und Wirklichkeit (Es) 1970/71, Überfahrt (E) 1971, Sonderbare Begegnungen (En) 1973, Steinzeit. Wiederbegegnung (En) 1977, Drei Frauen aus Haiti (E) 1980

Maria Seidemann (1944) - Der Tag, an dem Sir Henry starb (En) 1980, Nasenflöte (En) 1983, Das geschminkte Chämeleon (R) 1986, Lyrik, Kinderbücher, Hörspiele

Karin Simon (1940) - Drei Häute aus Eis (En) 1983

Steffie Spira-Ruschin - Trab der Schaukelpferde (A) 1984

Angela Stachowa (1948) - Stunde zwischen Hund und Katz (En) 1976, Geschichten für Majka (En) 1978 (2. Aufl.), Kleine Verführung (En) 1983, Hörspiele, Kinderbücher

Beate Stanislau (1942) - Das Mädchen und der Alte (En) 1983, Die Erbschaft (E) 1986, Hörspiele

Gisela Steineckert (1931) - Gesichter in meinem Spiegel (Es) 1977, Einfach Zuneigung (Es) 1986, Lyrik, Theaterstück

Tanja Stern (1952) - Fern von Cannes (En) 1984

Eva Strittmatter (1930) - Briefe aus Schulzenhof (Br) 1977, Poesie und andere Nebendinge (Es) 1983, Mai in Piestány (Ta) 1986, Lyrik, Kinderbücher

Brigitte Struzyk (1946) - Caroline unterm Freiheitsbaum (R) 1988, Lyrik, Hörspiele

Gerti Tetzner (1936) - Karen W. (R) 1974, Kinderbücher

Maxie Wander (1933-1977) - Guten Morgen, du Schöne (P) 1977, Leben wär' eine prima Alternative (Ta/Br) 1979, Kinderbücher

Inge von Wangenheim (1912) - Mein Haus Vaterland. Erinnerungen einer jungen Frau (A) 1950, Auf weitem Feld (A) 1954, Am Morgen ist der Tag ein Kind (R) 1957, Einer Mutter Sohn (R) 1958, Professor Hudebraach (R) 1961, Das Zimmer mit den offenen Augen (R) 1965, Die Probe (R) 1974, Hamburgische Elegie 1977, Spaal (R) 1979, Die Entgleisung (R) 1980, Weiterbildung (E) 1983, Schauplätze. Bilder eines Lebens 1983, Station fünf 1985, Deutsch und Geschichte (R) 1986, Essays

Berta Waterstradt (1907) - Blick zurück und wundere dich (En) 1985, Filme, Szenarien, Hörspiele, Gedichte

Alex Wedding (1905-1966) - Kinderbücher, Filme, Märchen

Liselotte Welskopf-Henrich (1901) - Jan und Jutta (R) 1954, Zwei Freunde (R) 1956, Kinderbücher

Petra Werner (1951) - Sich einen Mann backen (En) 1982, Die Lüge hat bunte Flügel (En) 1986

Ruth Werner (1907) - Ein ungewöhnliches Mädchen (R) 1958), Olga Benario (B) 1961, Über hundert Berge (R) 1965, Ein Sommertag (E) 1966, In der Klinik (E) 1969, Kleine Fische - große Fische 1973, Sonjas Rapport (R) 1977

Maja Wiens (1952) - Traumgrenzen (R) 1983, Hörspiele

Elke Willkomm - Mit Feuer und Schwert (R) 1973, Das Mirakel von Bernsdorf (R) 1977, Hexensommer (R) 1984

Christa Wolf (1929) - Moskauer Novelle (E) 1961, Der geteilte Himmel (E) 1963, Nachdenken über Christa T. (R) 1968, Till Eulenspiegel (E) 1972 (zusammen mit Gerhard Wolf), Unter den Linden (En) 1974, Kindheitsmuster (R) 1976, Kein Ort. Nirgends (E) 1979, Kassandra (E) 1983, Die Dimension des Autors (Es) 1986, Störfall (E) 1987, Sommerstück 1989

Christine Wolter (1939) - Wie ich meine Unschuld verlor (En) 1976, Die Hintergrundsperson oder Versuche zu lieben (Stückweise leben) (R) 1979, Die Alleinseglerin (R) 1982, Aereopolis (En) 1985, Straße der Stunden (Rp) 1987, Reiseberichte

Charlotte Worgitzky (1934) - Die Unschuldigen (R) 1975, Vieräugig oder blind (En) 1976, Meine ungeborenen Kinder (R) 1982, Heute sterben immer nur die andern (E) 1986

Rosemarie Zeplin (1939) - Schattenriß eines Liebhabers (En) 1980, Alpträume aus der Provinz (R) 1984

Hedda Zinner (1905) - Nur eine Frau (R) 1954, Wenn die Liebe stirbt (En) 1965, Ahnen und Erben (Regina (R) 1968, Die Schwestern (R) 1970, Fini (R) 1973), Katja (R) 1980, Die Lösung (R) 1981, Arrangement mit dem Tod (R) 1984, Die große Ungeduld (E) 1988, Theaterstücke, Kinderbücher, Filme, Lyrik, Reportagen, Hörspiele

Verzeichnis der Siglen

A - Irmtraud Morgner: Amanda
AoA - Brigitte Burmeister: Anders oder Vom Aufenthalt in der Fremde
AS - Christine Wolter: Die Alleinseglerin

BA - Bestandsaufnahme
CT - Christa Wolf: Nachdenken über Christa T.

DdA - Christa Wolf: Die Dimension des Autors
DsB - Ingrid Johannis: Das siebente Brennesselhemd
DV - Angela Krauß: Das Vergnügen

F - Monika Maron: Flugasche
FL - Brigitte Reimann: Franziska Linkerhand

G - Sarah Kirsch/Irmtraud Morgner/ChristaWolf: Geschlechtertausch
GM - Maxie Wander: Guten Morgen, du Schöne
GvH - Brigitte Reimann: Die geliebte, die verfluchte Hoffnung

HP - Christine Wolter: Die Hintergrundsperson oder Versuche zu lieben

IsL - Valerie Radtke: Ich suche Liebe

J - Helga Schütz: Julia oder Erziehung zum Chorgesang

K - Christa Wolf: Kassandra
KiR - Helga Königsdorf: Mit Klischmann im Regen
KM - Christa Wolf: Kindheitsmuster
KON - Christa Wolf: Kein Ort. Nirgends
KW - Gerti Tetzner: Karen W.

LiG - Literatur im Gespräch

MfG - Irene Oberthür: Mein fremdes Gesicht
MiP - Eva Strittmatter: Mai in Piéstany

ND - Neues Deutschland
NDL - Neue deutsche Literatur

PF - Sarah Kirsch: Die Pantherfrau

RH - Elfriede Brüning: Regine Haberkorn

RU - Helga Königsdorf: Respektloser Umgang

S - Christa Wolf: Störfall
SuF - Sinn und Form

T - Irmtraud Morgner: Leben und Abenteuer der Trobadora Beatriz nach Zeugnissen ihrer Spielfrau Laura
Temp - Temperamente

UdL - Christa Wolf: Unter den Linden
Ü - Monika Maron: Die Überläuferin
UT - Helga Königsdorf: Meine ungehörigen Träume

V - Christa Wolf: Voraussetzungen einer Erzählung
VP - Christa Müller: Vertreibung aus dem Paradies
VZ - Helga Schubert: Das verbotene Zimmer

W - Doris Paschiller: Die Würde
WB - Weimarer Beiträge

ZfG - Zeitschrift für Germanistik

Literaturverzeichnis

Vorbemerkung

Texte der Autorinnen werden - soweit möglich - nach der preiswertesten bundesdeutschen Ausgabe zitiert. Manchmal auftretende Titelabweichungen zwischen östlicher und westlicher Ausgabe sind im Autorinnenverzeichnis notiert.
Hinter den Titeln sind die jeweiligen Siglen, mit denen der Text arbeitet, festgehalten, ein Verzeichnis der Siglen ist dem Literaturverzeichnis vorangestellt.
Das Literaturverzeichnis enthält keine vollständige Bibliographie, sondern führt nur die wichtigste benutzte Sekundärliteratur auf. Daher beginnt dieses Verzeichnis mit einigen allgemeinen Hinweisen auf Rezensions- und Aufsatzquellen.

Allgemeine Hinweise

Rezensionen und Aufsätze zu DDR-Literatur findet man vor allem in folgenden Zeitschriften und Sammelbänden:

Neue deutsche Literatur. Hg. vom Schriftstellerverband der DDR. Berlin (DDR) - Sigle: NDL

Sinn und Form. Hg. von der Akademie der Künste. Berlin (DDR) - Sigle: SuF

Zeitschrift für Germanistik. Hg. an der Humboldt Universität zu Berlin (DDR) - Sigle: ZfG

Temperamente. Blätter für junge Literatur. Berlin (DDR) - Sigle: Temp

Weimarer Beiträge. Zeitschrift für Literaturwissenschaft, Ästhetik und Kulturtheorie. Hg. vom Aufbau-Verlag. Berlin/Weimar - Sigle: WB

Bestandsaufnahme 1/2/3. Literarische Steckbriefe. Hg. von Brigitte Böttcher. Halle 1975, 1981, 1987 - Sigle: BA

DDR-Literatur im Gespräch '83ff. Hg. von Siegfried Rönisch. Berlin/Weimar - Sigle: LiG

Im Blick: Junge Autoren. Lesarten zu neuen Büchern. Hg. von Walfried Hartinger, Klaus Schuhmann. Halle/Leipzig

Kritik 75-83. Rezensionen zur DDR-Literatur. Hg. von Eberhard Günther, Werner Liersch, Klaus Walther. Halle/Leipzig.

Positionen. Wortmeldungen zur DDR-Literatur. Hg. von Eberhard Günther. Halle/Leipzig (setzt die Kritik-Bände fort)

Deutschland Archiv. Zeitschrift für Fragen der DDR und der Deutschlandpolitik. Hg. von Reinhold Neven Dumont und Ilse Spittmann, Köln

GDR Bulletin. Informationsbrief für Literatur und Kultur in der DDR. Hg. von Robert Leventhal. St. Louis/Missouri

GDR Monitor. Hg. von Ian Wallace, Loughborough/GB

Jahrbuch zur Literatur in der DDR 1-5. Hg. von Paul Gerhard Klussmann und Heinrich Mohr. Bonn

Studies in GDR Culture and Society. Hg. von Margy Gerber u.a. Lanham, New York, London

Die Zeitungsausschnittsammlung der Stadtbücherei Dortmund (Am Markt 12, 4600 Dortmund 1) stellt Rezensionen aus der DDR und der Bundesrepublik - nach Autoren gesammelt - zur Verfügung.

Primärtexte, besonders solche älteren Datums, können beim Gesamteuropäischen Studienwerk (Bibliothek, Südfeldstraße 2-4, 4973 Vlotho) direkt und per Post ausgeliehen werden.

Das Maß für den Menschen ...

Waldtraut Lewin: DDR: Abschied vom Puritanismus? Interview, Klaus Müller. In: Christel Hildebrandt (Hg.): Liebes- und andere Erklärungen. Texte von und über DDR-Autorinnen. Bonn 1988. S. 102-108

Monika Maron: Porträt und Interview, Michael Schmitz. Kennzeichen D (ZDF) 23.9.1986 - Sigle: Maron 1986

Irmtraud Morgner: Amanda. Darmstadt/Neuwied 1984 - Sigle: A

Irmtraud Morgner: Aber die großen Veränderungen beginnen leise. Interview, Erika Nowak. In: Für Dich. Illustrierte Wochenzeitung für die Frau. Berlin (DDR) 21/1978 - Sigle: Morgner 1978

Irmtraud Morgner: Das eine tun und das andere nicht lassen. Interview, Ursula Krechel. In: Konkret 8/1976 - Sigle: Morgner 1976a

Irmtraud Morgner: Der Planet braucht Hexen. Interview, Gabi Swiderski. In: Rote Blätter 4/1983 - Sigle: Morgner 1983

Irmtraud Morgner: Frauenstaat. Interview, Harrie Lemmens. In: Konkret 10/1984 - Sigle: Morgner 1984b
Irmtraud Morgner: Hochzeit in Konstantinopel. Darmstadt/Neuwied 1979
Irmtraud Morgner: Interview mit Eva Kaufmann. In: WB 9/1984 - Sigle: Morgner 1984a
Irmtraud Morgner: Leben und Abenteuer der Trobadora Beatriz nach Zeugnissen ihrer Spielfrau Laura. Darmstadt/Neuwied 1977 - Sigle: T
Brigitte Reimann: Ankunft im Alltag. München 1986
Jutta Rosenkranz/Hanne Castein (Hg.): Wenn wir den Königen schreiben. Lyrikerinnen aus der DDR. Darmstadt 1988
Maxie Wander: Guten Morgen, du Schöne. Frauen in der DDR. Darmstadt/Neuwied 1979 - Sigle: GM
Christa Wolf: Die Dimension des Autors. Essays und Aufsätze. Reden und Gespräche 1959-1985. Darmstadt/Neuwied 1987 - Sigle: DdA
Christa Wolf: Kassandra. Darmstadt/Neuwied 1986 - Sigle: K
Christa Wolf: Kein Ort. Nirgends. Darmstadt/Neuwied 1979 - Sigle: KON
Christa Wolf: Nachdenken über Christa T. Darmstadt/Neuwied 1971 - Sigle: CT
Christa Wolf: Voraussetzungen einer Erzählung: Kassandra. Frankfurter Poetik-Vorlesungen. Darmstadt/Neuwied 1983 - Sigle: V

DDR. Geo-Special. Hamburg 1984
Gabi Ahlings/Ingeborg Nordmann: Arbeiten wie ein Mann und wie eine Frau dazu. Frauen in der DDR. In: Ästhetik und Kommunikation 37/1979
Barbara Bronnen/Franz Henny: Liebe, Ehe, Sexualität in der DDR. Interviews und Dokumente. München 1975
Irene Dölling: Entwicklungswidersprüche berufstätiger Frauen in der sozialistischen Gesellschaft. In: Formen der Individualität. Mitteilungen aus der kulturwissenschaftlichen Forschung 11. Berlin (DDR) 1982 (Manuskriptdruck)
Irene Dölling: Zur kulturtheoretischen Analyse der Geschlechterbeziehungen. In: WB 1/1980
Wolfgang Emmerich: Kleine Literaturgeschichte der DDR. Darmstadt/Neuwied 1981
Ulrike Enders: Kinder, Küche, Kombinat - Frauen in der DDR. In: Aus Politik und Zeitgeschichte. Beilage zur Wochenzeitung 'Das Parlament'. 8.2.1986

Wolfgang Gabler: Moralintensität und Geschlechterbeziehungen. Zur Prosa-Literatur junger DDR-Autoren in der zweiten Hälfte der siebziger Jahre. In: WB 5/1987

Wilhelm Girnus: Wer baute das siebentorige Theben? Kritische Bemerkungen zu Christa Wolfs Beitrag in Sinn und Form 1/1983. In: SuF 2/1983

Wilhelm Girnus: Kein »Wenn und Aber« und das poetische Licht Sapphos. In: SuF 5/1983

Ingrid Hähnel/Hans Kaufmann: Eine Literatur der achtziger Jahre? Prosawerke der DDR am Beginn des Jahrzehnts. In: Zeitschrift für Germanistik. 1/1985

Christel Hildebrandt: Hoffnung auf Veränderung. Dramatikerinnen in der DDR. In: Schreiben. FrauenLiteraturForum. 29/30/1986

Erich Honecker: Schlußwort auf der vierten Tagung des ZK der SED. Dezember 1971. In: Dokumente zur Kunst-, Literatur- und Kulturpolitik der SED 1971-1974, Hg. von Gisela Rüß. Stuttgart 1976

Irene Hübner: ... einfach ist es trotzdem nicht. Frauen in der DDR. In: Frauen, war das wirklich alles? Psychologie Heute Special 1987

Irene Hübner/Heinz Schäfer: Frauen in der DDR. Frankfurt am Main 1986

Hermann Kähler: Widersprüchliches zu »Amanda«. In: SuF 1/1984

Hans Kaufmann: Glück ohne Ruh'. Zur Darstellung der Geschlechterbeziehungen. In: Eva und Hans Kaufmann: Erwartungen und Angebot. Studien zum gegenwärtigen Verhältnis von Literatur und Gesellschaft in der DDR. Berlin (DDR) 1976.

Reinhild Köhler-Hausmann: Literaturbetrieb in der DDR. Schriftsteller und Literaturinstanzen. Stuttgart 1984

Gabriele Lindner: Weibliches Schreiben. Annäherung an ein Problem. In: LiG 1987

Rulo Melchert: Abschied und Willkommen. In: NDL 10/1987

Jutta Menschik/Evelyn Leopold: Gretchens rote Schwestern. Frauen in der DDR. Frankfurt am Main 1974

Ilse Nagelschmidt: Sozialistische Frauenliteratur. Überlegungen zu einem Phänomen der DDR-Literatur in den siebziger und achtziger Jahren. In: WB 3/1989

Eberhard Panitz: In Geschichten die Vielfalt und die Größe unserer Zeit gestalten. In: ND 20./21.8.1983

Helga Paris: Gesichter. Frauen in der DDR. Vorwort von Helga Schubert. Berlin 1986

Protokoll der Verhandlungen des 8. Parteitages der Sozialistischen Einheitspartei Deutschlands. Berlin (DDR) 1971. Band 1.

Dieter Schlenstedt: Entwicklungslinien der neueren DDR-Literatur. In: ZfG 1/1988
Statistisches Taschenbuch der Deutschen Demokratischen Republik. Hg. von der Staatlichen Zentralverwaltung für Statistik Berlin (DDR) - erscheint jährlich

Als ganzer Mensch leben

Elfriede Brüning: Regine Haberkorn. Berlin (DDR) 1955 - Sigle: RH
Sarah Kirsch, Irmtraud Morgner, Christa Wolf: Geschlechtertausch. Drei Geschichten über die Umwandlung der Verhältnisse. Hg. von Wolfgang Emmerich. Darmstadt/Neuwied 1980 - Sigle: G
Irmtraud Morgner: Aber die großen Veränderungen beginnen leise. A.a.O. Kapitel 1 - Sigle: Morgner 1978
Irmtraud Morgner: Die täglichen Zerstückelungen. Interview: Ursula Krechel. In: Frauenoffensive Jorunal 5/1976 - Sigle: Morgner 1976c
Irmtraud Morgner: Die wundersamen Reisen Gustav des Weltfahrers. Frankfurt am Main 1975
Irmtraud Morgner: Gauklerlegende. Eine Spielfraungeschichte. München 1971
Irmtraud Morgner: Gespräch mit Joachim Walther. In: Joachim Walther (Hg.): Meinetwegen Schmetterlinge. Berlin (DDR) 1973 - Sigle: Morgner 1973
Irmtraud Morgner: Hochzeit in Konstantinopel. A.a.O. Kapitel 1
Irmtraud Morgner: Interview mit Eva Kaufmann. A.a.O. Kapitel 1 - Sigle: Morgner 1984a
Irmtraud Morgner: Leben und Abenteuer der Trobadora Beatriz nach Zeugnissen ihrer Spielfrau Laura. A.a.O. Kapitel 1 - Sigle: T
Irmtraud Morgner: Produktivkraft Sexualität souverän nutzen. Gespräch mit Karin Huffzky. In: Jutta Menschik (Hg.): Grundlagentexte zur Emanzipation der Frau. Köln 1976 - Sigle: Morgner 1976b
Brigitte Reimann: Ankunft im Alltag. A.a.O. Kapitel 1
Brigitte Reimann: Die Frau am Pranger. Das Geständnis. Die Geschwister. Erzählungen. Berlin (DDR) 1969
Brigitte Reimann: Die geliebte, die verfluchte Hoffnung. Tagebücher und Briefe. Hg. von Elisabeth Elten-Krause, Walter Lewerenz. Darmstadt/Neuwied 1986 - Sigle: GvH
Brigitte Reimann: Franziska Linkerhand. München 1977 - Sigle: FL
Helga Schütz: Das Erdbeben bei Sangerhausen. Zürich/Köln 1974

Helga Schütz: Erziehung zum Chorgesang (DDR-Titel: Julia oder Erziehung zum Chorgesang). München 1983 - Sigle: J
Helga Schütz: Festbeleuchtung. Berlin/Weimar 1976
Helga Schütz: Mädchenrätsel (DDR-Titel: Jette in Dresen). Zürich/Köln 1978
Helga Schütz: Vorgeschichten oder Schöne Gegend Probstein. Berlin/Weimar 1987
Anna Seghers: Die Kraft der Schwachen. Darmstadt/Neuwied 1988
Anna Seghers: Der Ausflug der toten Mädchen. Erzählungen. Darmstadt/Neuwied 1979
Anna Seghers: Transit. Darmstadt/Neuwied 1978
Gerti Tetzner: Karen W. Darmstadt/Neuwied 1975 -Sigle: KW
Christa Wolf: Der geteilte Himmel. München 1979
Christa Wolf: Die Dimension des Autors. A.a.O. Kapitel 1 - Sigle: DdA
Christa Wolf: Moskauer Novelle. Halle 1961
Christa Wolf: Nachdenken über Christa T. A.a.O. Kapitel 1 - Sigle: CT
Christa Wolf: Unter den Linden. Darmstadt/Neuwied 1977 - Sigle: UdL
Gabi Ahlings/Ingeborg Nordmann: Arbeiten wie ein Mann und wie eine Frau dazu. A.a.O. Kapitel 1
Annemarie Auer: Trobadora unterwegs oder Schulung in Realismus. In: SuF 5/1976
Autorenkollektiv: Geschichte der deutschen Literatur von den Anfängen bis zur Gegenwart. Band 11: Literatur der DDR. Berlin (DDR) 1977
Stephan Bock: Literatur - Gesellschaft - Nation. Zur frühen DDR-Literatur 1945-1956. Stuttgart 1980
Irene Dölling: Zur kulturtheoretischen Analyse der Geschlechterbeziehungen. A.a.O. Kapitel 1
Wolfgang Emmerich: Identität und Geschlechtertausch. Notizen zur Selbstdarstellung der Frau in der neueren DDR. In: Basis. Jahrbuch für deutsche Gegenwartsliteratur. Band 8. Hg. von Reinhold Grimm und Jost Hermand. Frankfurt am Main 1978
Wolfgang Emmerich: Kleine Literaturgeschichte der DDR. A.a.O. Kapitel 1
Wolfgang Emmerich: Nachwort. In: Sarah Kirsch, Irmtraud Morgner, Christa Wolf: Geschlechtertausch. A.a.O. Kapitel 3
Wolfgang Gabler: Helga Schütz. In: Autorenkollektiv: Literatur der DDR in Einzeldarstellungen. Band 3. Berlin (DDR) 1987

Wolfgang Hähnel: Brigitte Reimann. In: Autorenkollektiv: Literatur der DDR in Einzeldarstellungen. Band 3. Berlin (DDR) 1987

Patricia Herminghouse: 'Der Autor nämlich ist ein wichtiger Mensch'. Zur Prosa (von Autorinnen in der DDR). In: Hiltrud Gnüg, Renate Möhrmann (Hg.): Frauen Literatur Geschichte. Schreibende Frauen vom Mittelalter bis zur Gegenwart. Stuttgart 1985

Patricia Herminghouse: Wunschbild, Vorbild oder Porträt? Zur Darstellung der Frau im Roman der DDR. In: Peter Uwe Hohendahl/Patricia Herminghouse (Hg.): Literatur und Literaturtheorie in der DDR. Frankfurt am Main 1976

Christel Hildebrandt: Zwölf schreibende Frauen in der DDR. Hamburg 1974

Sonja Hilzinger: 'Als ganzer Mensch zu leben ...' Emanzipatorische Tendenzen in der neueren Frauen-Literatur der DDR. Frankfurt/Bern/New York 1985

Sonja Hilzinger: Christa Wolf. Stuttgart 1986

Therese Hörnigk: Christa Wolf. Göttingen 1989

Hans und Eva Kaufmann: Ein Vermächtnis - ein Debüt. In: Erwartung und Angebot. Studien zum gegenwärtigen Verhältnis von Literatur und Gesellschaft in der DDR. Berlin (DDR) 1976

Eva Kaufmann: Der Hölle die Zunge rausstrecken ... Der Weg der Erzählerin Irmtraud Morgner. In: WB 9/1984

Ingeborg Kunze: Zum Frauenbild in der Literatur des 'Bitterfelder Weges'. In: Wissenschaftliche Zeitschrift der Karl-Marx-Universität Leipzig. Gesellschafts- und Sprachwissenschaftliche Reihe, 4/5 1966

Literaturzentrum Neubrandenburg (Hg.): Brigitte Reimann 1933-1973. 1978

Irene Lorisika: Frauendarstellungen bei Irmgard Keun und Anna Seghers. Frankfurt am Main 1985

Ingeborg Nordmann: Die halbierte Geschichtsfähigkeit der Frau. Zu Irmtraud Morgners 'Leben und Abenteuer...' In: Jens Hoogeveen, Gerd Labroisse (Hg.): DDR-Roman und Literaturgesellschaft. Amsterdam 1981

Heinz Puknus (Hg.): Neue Literatur der Frauen. Deutschsprachige Autorinnen der Gegenwart. München 1980

Dorothee Schmitz: Weibliche Selbstentwürfe und männliche Bilder. Zur Darstellung der Frau in DDR-Romanen der siebziger Jahre. Frankfurt/Bern/New York 1983

Christa Thomassen: Der lange Weg zu uns selbst. Christa Wolfs Roman »Nachdenken über Christa T.« als Erfahrungs- und Handlungsmuster. Kronberg/Ts. 1977

Renate Wall: Verbrannt, verboten, vergessen. Kleines Lexikon deutschsprachiger Schriftstellerinnen 1933-1945. Köln 1988

Das Ende der Hoffnungen?

Elfriede Brüning: Partnerinnen. In: Dies.: Frauenschicksale. Halle/Leipzig 1981

Monika Helmecke: Klopfzeichen. Berlin (DDR) 1979

Rosita Ionescu: Lila, Kolorit auf Breitwand. Berlin/Weimar 1976

Sarah Kirsch: Die Pantherfrau. Fünf Frauen in der DDR. Reinbek bei Hamburg 1978 - Sigle: PF

Sarah Kirsch: Die ungeheuren bergehohen Wellen auf See. Berlin (DDR) 1973

Helga Königsdorf: Meine ungehörigen Träume. Berlin/Weimar 1978 - Sigle: UT

Helga Königsdorf: Der Lauf der Dinge. Berlin/Weimar 1982

Helga Königsdorf: Mit Klischmann im Regen. Darmstadt/Neuwied 1983 - Sigle: KiR

Monika Maron: Flugasche. Frankfurt am Main 1981 - Sigle: F

Beate Morgenstern: Jenseits der Allee. Berlin/Weimar 1979

Irmtraud Morgner: Aber die großen Veränderungen beginnen leise. Interview, Erika Nowak. A.a.O. Kapitel 1 - Sigle: Morgner 1978

Christa Müller: Vertreibung aus dem Paradies. Berlin/Weimar 1979

Helga Schubert: Blickwinkel. Berlin/Weimar 1984

Helga Schubert: Das verbotene Zimmer. Darmstadt/Neuwied 1984 (enthält Geschichten aus: Lauter Leben und Blickwinkel) - Sigle: VZ

Helga Schubert: Lauter Leben. Berlin/Weimar 1975

Helga Schütz: Mädchenrätsel (in der DDR unter dem Titel Jette in Dresden erschienen). A.a.O. Kapitel 2

Anna Seghers: Steinzeit. Wiederbegegnung. Darmstadt/Neuwied 1984

Anna Seghers: Die Kraft der Schwachen. A.a.O. Kapitel 2

Maria Seidemann: Der Tag, an dem Sir Henry starb. Berlin (DDR) 1980

Angela Stachowa: Stunde zwischen Hund und Katz. Halle 1976

Angela Stachowa: Geschichten für Majka. Halle/Leipzig 1978 (2. Aufl.)

Maxie Wander: Guten Morgen, du Schöne. Frauen in der DDR.

A.a.O. Kapitel 1 (die DDR-Ausgabe enthält zwei Protokolle mehr - Sigle: GM
Christa Wolf: Die Dimension des Autors. A.a.O. Kapitel 1 - Sigle: DdA (darin unter anderem: Berührung. Maxie Wander; Der Schatten eines Traumes. Karoline von Günderrode - ein Entwurf; Nun ja, das nächste Leben geht aber heute an. Ein Brief über die Bettine)
Christa Wolf (Hg.): Karoline von Günderrode: Der Schatten eines Traumes. Gedichte, Prosa, Briefe, Zeugnisse von Zeitgenossen. Darmstadt/Neuwied 1979
Christa Wolf: Kindheitsmuster. A.a.O. Kapitel 2 - Sigle: KM
Christa Wolf: Kein Ort. Nirgends. A.a.O. Kapitel 1 - Sigle: KON
Christine Wolter: Stückweise leben. (DDR-Titel: Die Hintergrundsperson oder Versuche zu lieben) Zürich/Köln 1980 - Sigle: HP
Christine Wolter: Wie ich meine Unschuld verlor. Berlin/Weimar 1976
Charlotte Worgitzky: Meine ungeborenen Kinder. München 1984
Charlotte Worgitzky: Vieräugig oder blind. München 1986
Rosemarie Zeplin: Alpträume aus der Provinz. Berlin/Weimar 1984
Bestandsaufnahme 1. A.a.O. Allgemeine Hinweise
Irene Dölling: Zur kulturtheoretischen Analyse der Geschlechterbeziehungen. A.a.O. Kapitel 1
Wolfgang Emmerich: Identität und Geschlechtertausch. Notizen zur Selbstdarstellung der Frau in der neueren DDR-Literatur. A.a.O. Kapitel 2
Helen Fehervary: Die erzählerische Kolonisierung des weiblichen Schweigens. Frau und Arbeit in der DDR-Literatur. In: Arbeit als Thema in der deutschen Literatur vom Mittelalter bis zur Gegenwart. Hg. von Reinhold Grimm und Jost Hermand. Königstein/Ts. 1979
Wolfgang Gabler: Moralintensität und Geschlechterbeziehungen. A.a.O. Kapitel 1
Antonia Grunenberg: Träumen und Fliegen. Neue Identitätsbilder in der Frauenliteratur der DDR. In: Jahrbuch zur Literatur in der DDR, Band 3. A.a.O. Allgemeine Hinweise
Patricia Herminghouse: 'Der Autor ist nämlich ein wichtiger Mensch'. A.a.O. Kapitel 2
Christel Hildebrandt: Zwölf schreibende Frauen in der DDR. A.a.O. Kapitel 2
Sonja Hilzinger: 'Als ganzer Mensch zu leben'. A.a.O. Kapitel 2
Sonja Hilzinger: Christa Wolf. A.a.O. Kapitel 2

Karin Hirdina: Frauen in der Literatur der DDR. In: Formen der Individualität. Mitteilungen aus der kulturwissenschaftlichen Forschung 11. A.a.O. Kapitel 1 (Dölling)
Therese Hörnigk: Christa Wolf. A.a.O. Kapitel 2
Sara Lennox: 'Nun ja! Das nächste Leben geht aber heute an'. Prosa von Frauen und Frauenbefreiung in der DDR. In: Literatur der DDR in den siebziger Jahren. Hg. von Peter Uwe Hohendahl und Patricia Herminghouse. Frankfurt am Main 1983
Dorothy Rosenberg: Another Perspective: Young Writers in the GDR. In: Studies in GDR 4/1984
Dorothee Schmitz: Weibliche Selbstentwürfe und männliche Bilder. A.a.O. Kapitel 2
Dorothee Schmitz-Köster: DDR-Frauenliteratur in den siebziger und achtziger Jahren. In: Feministische Studien 1/1986

Schreiben über Verdrängtes

Renate Apitz: Hexenzeit. Rostock 1984
Ingeborg Arlt: Das kleine Leben. Rostock 1987
Christiane Barckhausen: Auf den Spuren von Tina Modotti. Köln 1988
Christiane Barckhausen: Schwestern. Berlin (DDR) 1985 (2. Aufl.)
Elfriede Brüning: Altweiberspiele. Halle/Leipzig 1986
Brigitte Burmeister: Anders oder Vom Aufenthalt in der Fremde. Darmstadt 1988
Brigitte Burmeister: Weibliches Schreiben. Zu einigen Aspekten französischer Frauentexte der siebziger Jahre. In: WB 10/1985
Daniela Dahn: Kunst und Kohle. Die 'Szene' am Prenzlauer Berg Berlin, DDR. Darmstadt/Neuwied 1987
Sigrid Damm: Cornelia Goethe. Frankfurt am Main 1988
Gabriele Eckart: Per Anhalter. Köln 1986
Gabriele Eckart: So sehe ick die Sache. Köln 1984
Renate Feyl: Der lautlose Aufbruch. Frauen in der Wissenschaft. Darmstadt/Neuwied 1983
Renate Feyl: Idylle mit Professor. Berlin (DDR) 1986
Roswitha Geppert: Die Last, die du nicht trägst. Halle/Leipzig 1978 (4. Aufl.)
Christa Gießler: Unsichtbare Zügel. Halle/Leipzig 1987
Christiane Grosz: Die Tochter. Berlin/Weimar 1987

Der Holzwurm und der König. Phantastische Erzählungen und Märchen für Erwachsene aus der DDR. Hg. von Klaus Hammer. Halle/Leipzig 1985
Barbara Honigmann: Roman von einem Kinde. Darmstadt/Neuwied 1986
Ingrid Johannis: Das siebente Brennesselhemd. Aus dem Tagebuch einer Alkoholkranken. Berlin (DDR) 1986
Helga Königsdorf: Der Lauf der Dinge. A.a.O. Kapitel 3
Helga Königsdorf: Respektloser Umgang. Darmstadt/Neuwied 1986 - Sigle: RU
Angela Krauß: Das Vergnügen. Berlin/Weimar 1984 - Sigle: DV
Christine Lambrecht: Dezemberbriefe. München 1986
Christine Lambrecht: Männerbekanntschaften. Freimütige Protokolle. Dortmund 1986
Waldtraud Lewin: Der Sohn des Adlers, des Müllmanns und der häßlichsten Frau der Welt. Berlin (DDR) 1981
Waldtraut Lewin: Villa im Regen. Impressionen aus der Toscana. Berlin (DDR) 1986
Waldtraud Lewin: Kuckucksrufe und Ohrfeigen. Berlin (DDR) 1983
Waldtraud Lewin: Viktoria von jenseits des Zauns. Berlin (DDR) 1981
Irina Liebmann: Berliner Mietshaus. Halle/Leipzig 1982
Monika Maron: Das Mißverständnis. Frankfurt am Main 1982
Monika Maron: Die Überläuferin. Frankfurt am Main 1986
Christa Moog: Die Fans von Union. Düsseldorf 1985
Beate Morgenstern: Nest im Kopf. Berlin/Weimar 1988
Irmtraud Morgner: Amanda. A.a.O. Kapitel 1 - Sigle: A
Irmtraud Morgner: Frauenstaat. A.a.O. Kapitel 1 - Sigle: Morgner 1984b
Irmtraud Morgner: Der Planet braucht Hexen. A.a.O. Kapitel 1 - Sigle: Morgner 1983
Irmtraud Morgner: Interview mit Eva Kaufmann. A.a.O. Kapitel 1 - Sigle: Morgner 1984a
Christine Müller: James Dean lernt kochen. Männer in der DDR. Darmstadt/Neuwied 1986
Monika Nothing: Ein Mantel aus Hoffnung. Rostock 1985
Irene Oberthür: Mein fremdes Gesicht. Berlin (DDR) 1984
Doris Paschiller: Die Würde. Berlin (DDR) 1980
Christine Perthen: Papierliebe. Rostock 1987
Valerie Radtke: Ich suche Liebe. Roman meines Lebens. Kindheit. Berlin (DDR) 1984

Valerie Radtke: Wider alle Einsamkeit. Jugend. Berlin (DDR) 1988
Brigitte Reimann: Die geliebte, die verfluchte Hoffnung. A.a.O. Kapitel 2 - Sigle: GvH
Erika Rüdenauer (Hg.): Dünne Haut. Tagebücher von Frauen aus der DDR. Halle/Leipzig 1987
Irene Runge: Himmelhölle Manhattan. Berlin (DDR) 1986
Helga Schubert: Das verbotene Zimmer. A.a.O. Kapitel 1 - Sigle: VZ
Maria Seidemann: Nasenflöte. Berlin (DDR) 1983
Karin Simon: Drei Häute aus Eis. Rostock 1983
Steffi Spira-Ruschin: Der Trab der Schaukelpferde. Berlin/Weimar 1984
Angela Stachowa: Kleine Verführung. Halle/Leipzig 1983
Beate Stanislau: Das Mädchen und der Alte. Halle/Leipzig 1983
Beate Stanislau: Die Erbschaft. Halle/Leipzig 1986
Tanja Stern: Fern von Cannes. Berlin (DDR) 1984
Eva Strittmatter: Briefe aus Schulzenhof. Berlin/Weimar 1979 (2. Aufl.)
Eva Strittmatter: Mai in Piestány. Berlin/Weimar 1986 - Sigle: MiP
Brigitte Struzyk: Caroline unterm Freiheitsbaum. Darmstadt 1988
Elke Willkomm: Hexensommer. Hamburg 1984
Maxie Wander: Leben wär' eine prima Alternative. Darmstadt/Neuwied 1980
Berta Waterstradt: Blick zurück und wundre dich. Berlin (DDR) 1985
Christa Wolf: Kassandra. A.a.O. Kapitel 1 - Sigle: K
Christa Wolf: Störfall. Nachrichten eines Tages. Darmstadt/Neuwied 1987 - Sigle: S
Christa Wolf: Voraussetzungen einer Erzählung: Kassandra. A.a.O. Kapitel 1 - Sigle: V
Christine Wolter: Die Alleinseglerin. München 1984 - Sigle: AS
Christine Wolter: Straße der Stunden. 44 Ansichten von Mailand. Berlin/Weimar 1987
Charlotte Worgitzky: Heute sterben immer nur die andern. Berlin (DDR) 1986
Charlotte Worgitzky: Meine ungeborenen Kinder. A.a.O. Kapitel 3
Rosemarie Zeplin: Alpträume aus der Provinz. Berlin/Weimar 1984
Rosemarie Zeplin: Schattenriß eines Liebhabers. Berlin (West) 1984
Hedda Zinner: Die Lösung. Berlin (DDR) 1981
Hedda Zinner: Katja. Berlin (DDR) 1980

Synnöve Clason: Auf den Zauberbergen der Zukunft. Die Sehnsüchte der Irmtraud Morgner. In: Text und Kontext 12/1984

Antonia Grunenberg: Entgrenzung und Selbstbeschränkung. Zur Literatur der DDR in den achtziger Jahren. In: Aus Politik und Zeitgeschichte. Beilage zur Wochenzeitung 'Das Parlament'. 3.10.1987

Ingrid Hähnel/Hans Kaufmann: Eine Literatur der achtziger Jahre. A.a.O. Kapitel 1

Sonja Hilzinger: Christa Wolf. A.a.O. Kapitel 2

Karin Hirdina: Soziale Erkundungen in unserer Literatur. Das Individuum in den gesellschaftlichen Bedingungen. In: NDL 3/1989

Therese Hörnigk: Christa Wolf. A.a.O. Kapitel 2

Eva Kaufmann: Der Hölle die Zunge 'rausstrecken. Der Weg der Erzählerin Irmtraud Morgner. A.a.O. Kapitel 2

Sara Lennox: Nun ja! Das nächste Leben geht aber heute an. A.a.O. Kapitel 3

Gabriele Lindner: Weibliches Schreiben. Annäherung an ein Problem. A.a.O. Kapitel 1

Rulo Melchert: Abschied und Willkommen. A.a.O. Kapitel 1

Gabriele Pleßke: Das ferne Maß der Harmonie. Kulturkritisches von Irmtraud Morgner, Christa Wolf und Inge von Wangenheim. In: Generationen. Temperamente. Schreibweisen. DDR-Literatur in neuer Sicht. Halle/Leipzig 1986